江苏省高等学校重点教材（编号：2021-2-117）
扬州大学出版基金资助项目

有效写作与沟通

主　编　刘　佳

副主编　王　逊　施秋香　姜子云

南京大学出版社

图书在版编目(CIP)数据

有效写作与沟通 / 刘佳主编. —— 南京：南京大学出版社，2022.11(2025.1重印)
ISBN 978-7-305-25848-0

Ⅰ.①有… Ⅱ.①刘… Ⅲ.①汉语－写作－高等学校－教材 Ⅳ.①H15

中国版本图书馆 CIP 数据核字(2022)第 092244 号

出版发行　南京大学出版社
社　　址　南京市汉口路 22 号　　邮　编　210093
书　　名　**有效写作与沟通**
　　　　　YOUXIAO XIEZUO YU GOUTONG
主　　编　刘　佳
责任编辑　高　军　　　　　　　编辑热线　025-83592123
照　　排　南京南琳图文制作有限公司
印　　刷　南京人民印刷厂有限责任公司
开　　本　787 mm×1092 mm　1/16 开　印张 14.75　字数 350 千
版　　次　2022 年 11 月第 1 版　2025 年 1 月第 2 次印刷
ISBN 978-7-305-25848-0
定　　价　42.00 元

网址：http://www.njupco.com
官方微博：http://weibo.com/njupco
官方微信号：njupress
销售咨询热线：(025) 83594756

* 版权所有，侵权必究
* 凡购买南大版图书，如有印装质量问题，请与所购图书销售部门联系调换

前　言

面对现代社会生活的复杂性，我们需要从来自文本、媒体和人际交往的信息中获得对环境的感知，同时通过文字、语言、表情、动作等向周围释放信号，为了工作、为了合作、为了获得理解和友情、为了争取更多的机会。在复杂的多元文化思潮和价值观念相互碰撞的冲击下，青年学生的理想信念、道德观念、价值取向都面临新挑战。施良方教授认为："每一种课程定义都隐含着作者的一些哲学假设和价值取向，隐含着某种意识形态以及对教育的某种信仰。"本教材采用显性教育与隐性教育相结合的编写理念，以"知识传授与价值引领相结合"为课程目标，旨在实现显性课程的能力提升作用和通识课程的隐性价值引领功能。

"写作与沟通"是信息时代最重要的文化存在形式，它的建设涉及人才能力素质培养体系的合理性，取决于教育决策者对人才核心能力和通专关系的认知水平。哈佛前校长德雷克·博克指出："所有的本科生都需要提高各种形式的表达能力，其中最广为人知的是精确而优美的书面表达能力，其次是清晰而有说服力的口头表达能力。……人们很难找到其他哪门大学课程能像口头和书面表达课程那样，让如此多本科生终身受益。"

本书对应的课程定位为非文学写作，包括面向高校学生开设的公共基础必修课或者通修课，是大学人文素质教育系统工程的实践性核心课程之一。课程偏向于应用性写作与情境性沟通，力图在传统的"应用写作"课的基础上进行"以实践性、体验性、对话式理念指导写作与沟通教学改革"的实践探索。课程体系由八个篇章构成，其知识点覆盖了"以品德为基，以素养为本"育人导向下的生活写作、事务写作、网络写作以及表达素养、倾听素养、情绪素养、合作素养等核心内容，实现"情境导入—知识讲解—模拟训练—点评反思—能力拓展"模块式教学，提炼出更多典型的分类案例和情景模拟演练项目供学习者使用，进一步实践以品德和素养为指向的写作与沟通能力培养。加强大学生自我教育和探究性学习，从课堂走向职场，从高校走向社会，加强自我认知和社会认知，增强社会适应性，以期在提升大学生写作表达能力与沟通交流能力的同时，训练其逻辑思维和批判性思维的能力。更重要的是将大学生思想政治教育潜移默化地融入课程教学的各环节,从培养人的视角,立足课程建设实现知识传授、能力提升、人格健全与价值引领。

一、本书的独特之处

1. 试图在课程思政和通识教育之间建立一种联系,通识教育不仅局限于人才培养的功能,还应促进人的全面发展和自我实现,促进受教育者从价值自发向价值自觉的有效转变。

2. 试图在写作与沟通之间建立一种联系,将写作教学的指导目标定位于服务现实的应用需要,同时将沟通建立在文本写作、事务写作等表达方式的基础上,将沟通行为进行整体化的架构,包括认知、行为、情感与情绪。

3. 试图在理论和实践中寻求一种流畅的转向,将教学行为定位于教与学的共同生长,既要克服工具主义的实用性,也要克服理论概念的刻板性,在书中传达一种以学为基,学以致用的教学与学习态度。

4. 试图在不同学科与不同专业的学生中培养一种基础性能力,帮助他们将写作沟通行为与生活实际联系在一起,纠正写作教学为训练而训练的技术化倾向。给学生的不仅是一个拿起工具的手臂、一双关注社会的眼睛,更是一种功能强大的全通道式的与环境、社会、人对话的能力。

二、本书的受益对象

如果你是刚刚进校的大学生,如果你是即将毕业的大学生,如果你是刚刚踏入职场的大学生,你都需要通过写作与沟通来实现你的学业和生涯发展。你通过阅读本书,将会了解以下事实:

1. 不管是生活写作还是事务写作,都是和外部世界对话的通道。
2. 你完成的文本都是会说话的,因为文字背后是你的态度和价值观。
3. 沟通是需要克服思维定式,从认知到行为逐步调整的过程。
4. 情绪是有效沟通的最大破坏者,所以沟通中的情绪管理至关重要。
5. 倾听是获得理解、解决冲突、消解矛盾、处理抱怨的最好方法。
6. 团队是指向未来的合作方式,共同利益需要有效表达和良好沟通。

三、本书的内容结构

本书一共分为三个主要部分:

第一部分　写作与沟通：从分离走向融合（第一篇）

写作是个人情感积蓄到一定程度而传递给特定对象的个人行为，文字是个人心声的表达。当写作成为考试项目，学生首要考虑的问题不是情感的自由抒发，而是分数的多少，一切要以评分标准和优秀范文为依据，尽可能地写出符合某种预期的作文。而以写作为基础的沟通更是被简单理解为写归写，说归说，把写训练到八股，把说训练成表演。即便是以"实用"为导向的应用文写作也高度重视文体格式训练，让学生误以为只需要识记各类文体格式即可。从分离走向融合的写作与沟通就是以书面语言为媒介，遵循沟通的逻辑规律和情态要求，形成有效的应用文本，然后通过文本的传递，来实现实际问题的"有效沟通"。从信息的收集、信息的加工整理到信息的输出，并产生影响，构成了有效沟通的基本环节，在文字的双向互动中达到"理解和认同"。

第二部分　写作：以"品德"为基的文字表达
（第二、三、四篇）

写作为了什么？为了生活，为了更好地处理因事而生的人际关系。我们在生活中扮演着多重角色，同学和子女、朋友和知己，通过文字的交流我们彼此间交换信息、传递思想、分享体验、协调关系，其实这四项功用本质上都是为了让生活更和谐，让社会支持更稳定。而事务写作则是与生存技能、自身发展和职场工作密切相关的应用文体，尝试从"观察—筛选—方法—修改"四个维度关注写作具体过程，把相对抽象的抓事务特征的要求转化为具有可操作性的训练步骤，引导学生抓住事物特征，进行创意表达。网络时代，我们在网络空间中表达着生存态度、价值观念、时空情绪、行为准则，网络写作不是对构思结果的照本宣科，相反，它在立意之后的写作是不确定的、未知的，充满着生长、变化的创造性行为，自由生长的写作与自由生存的生命完美合一。

第三部分　沟通：以"素养"为本的社会互动
（第五、六、七、八篇）

沟通是人与人之间传递信息、传播思想、传达情感的过程，是一个人获得他人思想、情感、见解、价值观的一种途径，是人与人之间交往的一座桥梁。通过这个桥梁，人们可以分享彼此的情感和知识，消除误会，增进了解，达成共同认识或共同信念。沟通的训练是科学认知和正确行为的结合，也是书面语言、口头语言和肢体语言的全方位结合。沟通中的倾听和情绪管理更是在群体和团队沟通中非常重要的技能。怎样克服负面情绪造成的语言暴力？怎样让你的肢体语言丰富而得体？怎样让你学会拒绝而又不至于让人心存芥蒂？怎样在群体中赢得好感并且能消除分歧？怎样在社会生活中与他人求同存异，合作成长？在一个个问题的解决过程中，沟通已经超越了主客二元对立的传统思维模式，而成为一种系统性、整体性、创造性的具有美感和质感的社会行为艺术。

四、感谢本书的写作团队

王　逊　扬州大学文学院副教授、博士

宋立华　湖州师范学院教师教育学院教授、博士

施秋香　扬州大学文学院副教授、博士

张奇勇　扬州大学教育科学学院教授、博士

姜子云　扬州大学教育科学学院副教授、博士

郭兆云　扬州大学文学院副教授、硕士

陈佩沛　扬州大学马克思主义学院博士生

张　琼　扬州大学教育科学学院博士生

以及陈馨怡、祝欣、胡月、丁星雯四位研究生同学。

在完成书稿的过程中,我们面临着同样的挑战,在这样一个并不新鲜的命题里却要尝试一种跨界的合作,在习惯于理论建构的话语体系里不断寻找实践案例和情境,同时在寻访调查中选择阅读受众最需要的知识支持,既要让学生学会运用,又不能一味模仿而放弃反思力和创造力。我们在本书的编写过程中已经开展了教学尝试,形成了一个高效而富有活力的教学团队,实现了在"写作与沟通"话题分享中的共同成长!

目录

第一部分　写作与沟通：从分离走向融合

第一篇　基于沟通的写作和超越写作的沟通 ································ 3
 专题一　谁在写作？写作什么？为何而写？ ································ 4
  一、谁在写？写作的主体意识 ·· 4
  二、写什么？情感、观点与事务 ··· 7
  三、为何而写？表达自我与认识他人 ·· 8
 专题二　整体的写作沟通观 ··· 11
  一、什么是基于沟通的写作 ·· 11
  二、什么是超越写作的沟通 ·· 14
 专题三　有效写作与沟通：面向品德和修养 ·································· 16
  一、有"品"之作与有"德"之人 ··· 16
  二、从能力培养到价值体悟 ·· 19

第二部分　写作：以"品德"为基的文字表达

第二篇　生活写作：纸短情长　见字如面 ······························· 25
 专题一　情感沟通　涵德育心　亲密无间 ···································· 26
  一、情感智力发展：青年的必修课 ··· 27
  二、发现情感：生活日常写作的价值 ·· 29
  三、体验情感：在阅读与写作中积累 ·· 30
  四、传递情感：在技与艺中学会共情 ·· 32
 专题二　家书如金　家风如雨　润物无声 ···································· 33
  一、亲情：家书写作的情感基础 ·· 33
  二、家书写作的基本特征和格式规范 ·· 34
  三、亲子关系：家书写作的沟通目标 ·· 40

四、两性交往：在分寸感中表达情思 ································ 41

第三篇　事务写作：询事考言　相机而动 ································ 43

专题一　因事而起：事务写作的实用性 ································ 44
　　一、事务写作的概念和分类 ································ 44
　　二、事务写作的行文规则和格式规范 ································ 46
　　三、事务写作的主要特点 ································ 49

专题二　因事而新：事务写作的艺术性 ································ 50
　　一、主旨、材料、结构、语言 ································ 50
　　二、规则与突破：在"破"与"立"之间 ································ 52
　　三、文本内容与文本形式的关系 ································ 53

专题三　因事制宜：事务写作的适切性 ································ 54
　　一、"事"出有因：请假条与申请书 ································ 54
　　二、实"事"求是：应聘表与自荐信 ································ 57
　　三、优"事"呈现：创新创业项目申报书 ································ 63
　　四、寓理于"事"：工作计划与总结 ································ 69
　　五、依"事"成势：校园活动策划创意书 ································ 80

第四篇　网络写作：空间表达　互联互通 ································ 85

专题一　网络表达：虚拟空间的关系管理 ································ 87
　　一、网络语言是怎样构成的？ ································ 87
　　二、网络空间的关系管理 ································ 88
　　三、网络表达中的道德修养 ································ 90

专题二　网络空间的形象塑造与影响力 ································ 92
　　一、"朋友圈"印象管理、语言分寸 ································ 92
　　二、"互粉"中的好感与信任 ································ 94
　　三、表情包与文字的"消失" ································ 97
　　四、"自拍"中的社交心理 ································ 98
　　五、"网络语言暴力"的抵制与防范 ································ 99

专题三　网络新闻：融媒体时代的宣传主力 ································ 101
　　一、融媒体时代，你准备好了吗？ ································ 101
　　二、网络新闻的特点 ································ 101
　　三、网络新闻的写作要素 ································ 103

第三部分 沟通：以"素养"为本的社会互动

第五篇 认知素养：言为心声 言之成理 ……………………… 111
专题一 推本溯源：沟通的逻辑内涵与价值意蕴 ……………… 112
一、人为何要沟通 ……………………………………… 113
二、何为沟通 …………………………………………… 114

专题二 认知与行为：沟通的内隐与外显 ……………………… 119
一、沟通障碍 …………………………………………… 119
二、沟通障碍的认知根源——思维定式和认知偏差 … 119
三、沟通障碍的行为表现 ……………………………… 127

专题三 知行合一：有效沟通的艺术与方法 …………………… 134
一、建构认同管理 ……………………………………… 134
二、提升认知复杂度 …………………………………… 137
三、培养同理心 ………………………………………… 138

第六篇 倾听素养：此时无声 胜似有声 ……………………… 143
专题一 寻找倾听的意义之旅 …………………………………… 144
一、究竟什么是倾听 …………………………………… 145
二、沟通中的倾听 ……………………………………… 147
三、善于倾听：美好生活的开端 ……………………… 148

专题二 探析倾听的类型之路 …………………………………… 149
一、理解性倾听 ………………………………………… 150
二、批判性倾听 ………………………………………… 152
三、治疗性倾听 ………………………………………… 154
四、欣赏性倾听 ………………………………………… 157

专题三 学会倾听的方法之途 …………………………………… 158
一、倾听意识的生成 …………………………………… 158
二、非言语信息的注意 ………………………………… 160
三、学会记笔记 ………………………………………… 161
四、恰当的回应 ………………………………………… 162

第七篇 情绪素养：觉浅知深 知言养气 ……………………… 164
专题一 沟通中的情绪心理现象 ………………………………… 165
一、沟通中的情绪觉察 ………………………………… 166

二、沟通中的情绪表达 169
　　三、沟通中的情绪传递 173
专题二　沟通中的情绪冲突与调节 177
　　一、沟通中的情绪冲突 177
　　二、沟通中的情绪调节 184
　　三、个性特征与情绪调节 187
专题三　沟通中的情绪劳动 190
　　一、情绪劳动在沟通中的意义 190
　　二、情绪劳动的理论 193
　　三、情绪劳动的策略 197

第八篇　团队素养：和合而立　求同存异 201

专题一　游戏与团队建设：以沟通为基础 202
　　一、游戏：增进沟通促进心智发展 202
　　二、团队建设中善用沟通 205
　　三、领导者：团队沟通的组织者 207

专题二　合作：面向未来的生存方式 209
　　一、校园合作的表现形式 209
　　二、团队合作的意义 210
　　三、合作与竞争的关系 211
　　四、命运共同体：以合作面向未来 214

专题三　群体动力：主动构筑"共同利益" 216
　　一、群体动力与群体效率 217
　　二、沟通、激励与群体士气 218
　　三、沟通、激励与群体凝聚力 220
　　四、构筑"共同利益"：群体压力与群体规范 221
　　五、平衡群体与个体：沟通与激励 223

第一部分

写作与沟通：从分离走向融合

> ◆ 仰观宇宙之大,俯察品类之盛。(王羲之)
> ◆ 文学远非一种仅使有教养者惬意的消遣品,它让每个人更好地回应其之为人的使命。(茨维坦·托多罗夫)
>
> ——题记

第一篇　基于沟通的写作和超越写作的沟通

本篇要点
- 写作是主体表达和传递意义的积极行为。
- 写作与沟通具有密切关联。
- 个人的品德与素养往往表现在沟通与写作之间。

核心概念

写作;主体;沟通;品德;素养

内容导图

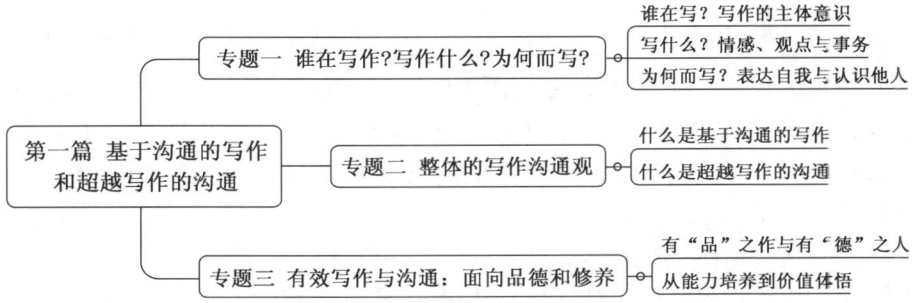

【引导案例】

清华 2018 级新生将开设"写作与沟通"必修课

2018 年 5 月,清华大学将在秋季入学的 2018 级新生中开设"写作与沟通"必修课,计划到 2020 年这门必修课将覆盖所有本科生,并力争面向研究生提供该课程和指导。这门课程由中文系教授、著名作家刘勇(格非)和历史系教授、教务处处长彭刚共同担任

负责人。

"'写作与沟通'课程定位为非文学写作,偏向于逻辑性写作或说理写作,以期通过高挑战度的小班训练,显著提升学生的写作表达能力、提高沟通交流能力、培养逻辑思维和批判性思维的能力。"教务处处长、课程共同负责人彭刚说。

【案例分析】

清华大学此举引起巨大反响,不断有高校响应,开设相关课程。写作与沟通都是个人工作和生活的必备能力,但写作能力低下、沟通不畅却日益成为摆在我们面前的严峻现实。为了改变这一现象,清华大学试图通过革新教学理念,创新教学模式,显著提升学生的写作与沟通能力。事实上,不少世界一流大学都很重视对学生写作和沟通能力的培养与训练,哈佛大学和普林斯顿大学本科生必修的唯一一门课程就是写作课。因此,我们要重新认识写作与沟通的意义,积极完善和提高自我素质。

专题一 谁在写作?写作什么?为何而写?

关于写作起源的问题,古今中外有多种解释。《诗大序》中说道:

> 诗者,志之所之也,在心为志,发言为诗。情动于中而形于言,言之不足故嗟叹之,嗟叹之不足故永歌之,永歌之不足,不知手之舞之足之蹈之也。

作为写作的最初形态,诗歌的产生(乃至一切文艺形式)是出于表达思想、抒发感情的需要。然而人类为什么会生发出情感?《礼记·乐记》做出了回答:

> 凡音之起,由人心生也。人心之动,物使之然也。感于物而动,故形于声。

写作的动力来自外在的刺激、触发而生成的情绪情感,古人的诸多经验充分印证了这一说法,譬如"遵四时以叹逝,瞻万物而思纷,悲落叶于劲秋,喜柔条于芳春"(《文赋》),又或者"《诗》三百篇,大抵贤圣发愤之所为作也"(《史记·太史公自序》),这其中的机理形成了影响深远的"感物说"。较之于《乐记》中对外物的强调,刘勰则更加倾向于"人禀七情,应物斯感;感物吟志,莫非自然"(《文心雕龙·明诗》)。

"人"生于大千世界之中,时而感触于四时更替的自然万象,时而惆怅于悲欢离合的人生百态,于是在特定人或事的影响和刺激下生发出内在感慨,并在特定场景和时间的激发下,以文字(或其他符号)的形式将它呈现出来。因此,写作是个体不由自主的、难以回避的活动/行为。

一、谁在写?写作的主体意识

在谈及为何要写作时,巴金说"我想用它来改变我的生活,改变我的环境,改变我的精神世界",白先勇说"我写作,是因为我愿把内心深处无声的痛苦用文字表达出来",维

第一篇 基于沟通的写作和超越写作的沟通

吉利奥·弗雷拉则强调"我写作是为了活着;我写作是为了存在;我写作是因为我写作",他们共同突出的都是"我"要如何。写作营造了万千气象,但都不超出"我"的世界,是"我"作为写作主体始终在起着主导作用。要想保证写作活动的完成与完善,每一写作主体都需具备必要的素养。所谓"写作素养"就是作者围绕文章的选材、运思、表达等活动表现出的素养,它是"写作主体思想意识、文化水平、价值观念、思维方式、生活积累的综合反映"①。因此,来源于生活阅历进而形成的思维活动会以写作的方式呈现出来。

(一) 文学性写作以什么为基础?

生活中的人、景、物都会在文字的烘托下和情感的浸染中变得生动或深刻,因此生活是写作的源泉。有人曾根据《外国名作家传》进行统计,发现最能出文学家的职业要数军人和记者,一个重要原因即在于其经历和阅历丰富。著名作家陆文夫也曾经说过:

> 我熟悉小巷深处的各种人物,也知道这些人在解放前后的变迁。我认识现今成了女工的妓女,也记得她们在解放前站在昏暗路灯下的情景。我住过耦园,也知道苏州的各个园林,那留园的假山、西园的茶社,这一切都会自然而然地进入到我的小说中来。我不能把我要写的人物放到大海之滨,因为我不知道大海的涛声在深夜里是低诉还是轰鸣,可我知道那卖馄饨的梆子在深夜的空巷中会发出回声。当我在艺术的幻想中拼命地搜索我的人物的踪影时,那客观的存在就会把我的各种想象吸附过去,让天马行空的艺术想象找到一处歇脚的地方。②

可见如果没有丰厚的生活积累作为支撑,写出的作品可能会内容干瘪失实,甚至根本无法进行写作。如果笔下出现违背生活常识的内容更是不能取信于人,影响整部作品的表达效果。

(二) 青年写作缺了什么?

时下谈到青年人的写作有诸多社会热议,但结合"我们"的时代和"我们"的身份,这一话题仍有细致思量和深入探讨的必要。关于青年学生的写作,时下多有苛刻批评,青年批评家黄平认为:

> 这些作者不是职业作家,他们大多是在校的中学生、大学生,他们读着郭敬明的书长大,沉溺在物质世界的虚幻符号与自我情感的华美幻想中。我在阅读低年龄段文学比赛的稿子或者批改学生文章时,常见到这类文体,网络上也有很多类似文章。③

---

① 董小玉. 现代写作教程[M]. 北京:高等教育出版社,2000:21.
② 陆文夫. 人之于味:陆文夫散文[M]. 杭州:浙江文艺出版社,2015:210.
③ 王研. 不是有文学经典意义的"80后"作家[EB/OL]. (2014-03-11)[2022-04-20]. www.chinawriter.com.cn/2014/2014-03-11/195333.html.

以该文中提及的郭敬明为代表的一批所谓80后作家虽已在文坛获得重大影响和名望,但总体评价仍然不高。他们的写作确实存在问题,最为明显的弊病莫过于:

> 在内容上,这类作品仍旧跳不出校园、代沟、爱情等问题的书写,而且故事情节重复、表现形式单一;在语言上,不约而同地追求精致华丽的辞藻,却由于用力过猛,往往显得矫揉造作;在风格上,互相模仿的倾向一直存在,使青春文学出现一种"一窝蜂"而上的奇特景观,比如某种受欢迎的写作风格甫一出现,跟风者便闻风而动,接踵而至,这一时期,这种风格的作品便会扎堆出现,在这种情况下,读者也逐渐形成消费"作坊"式类型化产品的习惯。①

"现实感"严重缺失是当代青年文学创作最大的通病,缺乏厚重感与沉淀感是典型的表征。青年学生要改变创作肤浅、稚嫩的现状,也只能由重建"现实性"开始,但"现实"不正是"校园、代沟、爱情"等内容吗?如此岂非成了悖论?

80后、90后的作品往往被称为"青春文学"。"青春"意味着年轻,很多美好的词汇,譬如朝气、活力、阳光等,都与此相关。但与此同时,在惯常思维里,年轻也意味着不成熟,甚至幼稚,"年长者"往往要就此指点再三。除了"青春"外,我们似乎不曾以其他的年龄段来给某一类文学命名。"青春文学"的确立,既可以理解为对一种文学现象的确认和重视,同时也是一种区分,与所谓常规的、成熟的文学相区分,这就不免带有来自年长者的偏见与质疑。"青春文学"的写作存在缺陷,这毋庸置疑,但就此批评甚至否认它的意义,不免荒诞。说白了,年轻人,不写青春,你让他写什么?历史视野、宏大格局,是很多伟大作品的特点,年轻人的写作也应该朝着这个目标努力。但每个人的个性不同,能力也有差别,并不能盲目对他们要求深刻与广博。不知是否受中学应试作文的影响,不少学生喜欢纵论家国天下,或者追索生死超越,但往往形式单调,流于无病呻吟,显得宏大而空疏,失去了细微而深刻的感受。

(三)为什么要关注非文学性写作?

长期以来,国人对于写作的关注往往围绕语文教育中的作文教学展开,"为高分而写"成为语文教与学共同的追求。于是,学生模仿和研习"高分美文",从结构到修辞到语言,无不表现出强烈的"技能导向"。于是,学生接受的写作教学基本围绕着文学写作展开,基于生活、工作和沟通需要的非文学性写作在中学阶段没有得到充分的重视。"只要人们实质上只从工具的意义上看待语言,即认为语言是交际的工具——这看法相应地说明,我们的集体想象力被技术化了。"②语言的组织,结构的搭建,题材的选择,语文教育在工具性与人文性的两端如钟摆般摇摆,而最终在对考分的追求中,学生表现出对文学化散文化写作的擅长,而在偏于理性思考和研究型写作方面拙于表达。换言之,

---

① 金涛.青春文学指路人,该出场了:六博士寄语文代会与作代会之二[J].博览群书,2016(11):9.
② 大卫·杰弗里·史密斯.全球化与后现代教育学[M].郭洋生,译.北京:教育科学出版社,2000:158.

学生客观上存在理性表达不足的问题,不是由文学性写作带来的,而是作文教学的另一端——实用性非文学写作被长期"边缘化"的境遇导致的。

(四)如何立足生活写作?

大学生的写作应该立足自己的生活,在日常生活中寻求超越。写作题材的大小与作品立意的高低并无直接关联,大学生有着自己的生活世界,这个世界五彩斑斓,充满着无限的可能性,对于日常生活的记录和描述,成为大学生最惯常的素材。大学生的文章有的讲述日常生活中的故事,涉及爱情婚姻、家庭关系、职场遭际等方方面面,或"晒幸福",或"吐苦水",或展示成功经验,或提供失败教训;它的发表不受任何限制,长度、质量都没有要求;它通常表现为一种倾诉,但没有人知道它有多大的真实性,也不能排除其中很多内容带有一定的虚构性。因此,"我们"应该把握好自己的角色,呈现"青春"的风采,这既是对自我最好的展示,也是对这个世界最好的诠释。《小王子》中说,"我就把这本书献给这个大人曾经做过的孩子。每个大人都是从做孩子开始的。(然而,记得这事的人又有几个呢?)"。

二、写什么?情感、观点与事务

写作,是个人对敞开世界的一种回应,每一个体通过独具特色的方式,依照自我的风格将所见、所思、所想呈现出来,具体内容不出三个方面。

(一)情感表达

古往今来,写作的重要内容正是那细腻而丰富的情感,写作活动往往跟情感表达相关。朱自清先生在《诗言志辨》一文中即将"诗言志"称为中国诗论的"开山的纲领",所谓"志",在他看来最重要的莫过于诗人的"怀抱"。清代诗人、散文家袁枚认为:"夫诗者,由情生者也。有必不可解之情,而后有必不可朽之诗。诗所最先,莫如男女。"[①]作为我国第一部诗歌总集,《诗经》可谓包罗万象,举凡徭役、战争、祭祀、打猎、宴饮、婚丧嫁娶、风土人情等无不涉及,但爱情无疑是其中最重要的内容。《诗经》的开篇之作《关雎》作为一首表现男子追求女子的爱情诗,用质朴的语言走进男女之间美好的情感世界。《古诗十九首》之所以能够成为"千古至文",莫过于"以能言人同有之情也",在这里我们可以读到游子思妇之辞、夫妇朋友间的离愁别绪、士人的彷徨失意和人生的无常幻灭,以及追求理想和快意生活中蕴藏着的丰富情感。先秦以来,诗文、词曲、民歌等多种形式交相辉映,一部中国文学史,孕育了说不尽的爱情、亲情和友情,情感交流和表达满足了中国人写作的基本需要。

---

① 袁枚.答蕺园论诗书[M]//袁枚全集.南京:江苏古籍出版社,1993:527.

（二）观点交流

袁世硕先生指出，"文学创作是一种精神活动，既有情感活动，也有思想活动，两者也是错综地交织在一起的"①。换言之，除了感性情感的抒发，理智的思考与探讨也是写作活动的重要内容。人们通过写作追问宇宙的奥秘、人世的浮沉与政治的兴亡，在自我审视和对外交流中，传达"对现实世界的认识和意见"。出于观点交流的需要，在传统中国的文体形式中，论体文极为发达。刘勰《文心雕龙》中专设"论说"一篇，他认为"述经叙理曰论"，譬如《论语》，旨在"弥纶群言，而研精一理者也"；"说者，悦也"，意在令人喜悦信服，但应防止"过悦必伪"，即过分追求讨人喜悦而导致虚假。在他看来，"说贵抚会，弛张相随，不专缓颊，亦在刀笔"，即要合于时机，灵活运用，譬如范雎的《献书昭王》、李斯的《上秦始皇书》之类。后世论体文多在此基础上发展而来，产生了论、说、解、辨、原、议、释等多种形式，至清人吴曾祺，更是将论辨类文体分为二十四类。形式虽繁复，其功能莫过于明辨事理、表达观点，所谓"凡秉笔而书，缔思而作者"。

（三）事务安排

众所周知，中国古人理解的"文"，除了抒情性的美文外，更包括了大量实用文。它的起源很早，《周易·系辞下》云："上古结绳而治，后世圣人易之以书契，百官以治，万民以察，盖取者夬。"标志着应用文写作的萌芽。甲骨卜辞记载了殷商王室世系及各种活动，堪称王室的公务文书，是迄今所知有据可查的我国最早的应用文。《尚书》作为现存最早最完整的以应用文为主的文章总集，收录虞、夏、商、周四个时代的 28 篇文献，包含了典（典章制度）、谟（议政时的谈话、治国之策）、训（教诲、开导）、诰（训诫、勉励的文告）、誓（用兵征战时将士的誓词）、命（指派、指示）等六种形式，都与实际政务相关。直到今天，包含事务文书、社交文书、专用文书、公文文书等类别的应用文种仍广泛应用于我们日常的生活、学习、工作中，并为处理和解决各种实际事务发挥重要作用。

三、为何而写？表达自我与认识他人

写作是个人内心情志的抒发，即"自我表达"，但从"想法"到"文字"是一复杂过程，发生着微妙的变化。在此期间，既实现了自我观点的形成与完成，更促成了表达、交流、沟通的实现。写作活动实则就是一个内在自我外在呈现的过程，将个人抽象、零散、模糊的想法转化为具体、丰富、形象的文字，展示给每一个读者。通过写作，我们实现了自我意识的呈现，同时得以了解他人的想法，明白他人的诉求。

（一）我们是否为写作感到苦恼？

对于写作的恐惧和困惑，是当下社会中相当普遍的现象，即便是中文系的学生，每

---

① 袁世硕. 文学中的"情"与"理"[J]. 文史哲, 1981(3):18.

当写作之时,也每每烦恼于无话可说;当他们迫于课业和考试压力,必须要完成一定的写作任务时,呈现出来的内容也常常立意雷同、结构相似。然而浏览学生QQ空间、微博、微信朋友圈等的内容,却发现又是另一番天地。他们或是感慨,或是吐槽;或是抒情,或是叙述,常常脑洞大开、思路奇特,绝无平庸印象,相关文字也是细致空灵、生动活泼,毫无沉闷之感。独特的构思能力、生动的图片融入,加上那些有趣生动的文字,他们创作了许多令人惊奇的"故事",每每让人在折服之余深深感叹学生竟具有如此高妙的想象力。课堂内外的不同空间中,一边是千篇一律、无话可说,一边是异彩纷呈、灵动流畅,其中差异值得反思。

(二) 试卷上的写作失去了什么?

学生写作方面的问题首先要归咎于应试教育带来的集体症候。当写作遭遇考试,学生首要考虑的问题不是情感的自由抒发,而是分数的多少;他们当下思考的也不再是自我对于相关话题有何真切的感受与体验,而是拼命回忆哪些曾经读过的范文可供套用,哪些曾经背过的名言警句可以引用。总之,一切要以评分标准和优秀范文为依据,尽可能地写出符合某种预期的作文。至于自我的想法似乎是不重要的,甚至有时候是危险的,众多学生好似操作工,在同一条生产线上,遵照同样的标准施工,难免从主旨到结构到文辞都高度相似。这种自我阉割着实令人感慨,却是不得已而为之的必然选择。不论是老师的讲授、专家的指点,还是考试的结果,都在不断强化着此类准则。按照一个设定的程序拿分,比靠自己去设计一个方案赢得阅卷老师的欢心,的确容易得太多了。即使是一些"有想法"的学生,在残酷的现实面前,也不得不望而却步。与此同时,这些无比精密的、教条的"秘技"一步步地摧毁着学生的想象力与活力,以致他们一旦在正式场合遇到写作活动,总会不由自主地放弃独立人格,承袭过往套路,不求完满,但求合式、合格。因此,要改变这一局面,首要就要打破学生多年来被强行灌输并已习惯成自然的应试模式,重新回归写作的本质,恢复自我的天性,自由而富有理性地抒写与表达。

(三) 碎片化时代意味着什么?

其次是碎片化阅读造成的习惯隐忧。众多学人已经意识到当前已进入一个"碎片化传播时代",就文学教育来说,一项巨大的挑战在于"碎片化阅读成为最新趋势,人们越来越接受'浅阅读'的方式,即不需要思考而只追求短暂的视觉快感和心理愉悦"[1]。不唯阅读,写作亦然,"对于作者而言,热衷于微博写作,以期收到短平快的效果"[2]。学生的日常写作固然生动、活泼,但多属于某类微写作,篇幅短小、情感直接、思想单一,袭用网络词汇,那些充其量只能算作是"段子"。与我们的日常生活密切相关的话题,即便

---

① 苏克军,赵一非.经典的传播与传播的经典:碎片化时代文学经典的价值与意义[J].华夏文化论坛,2014(2):260.

② 许民彤."碎片化"阅读的时代[J].乡音,2012(8):38.

摆脱应试模式的束缚,学生们似乎也没有感性经验与体验用于表达。面对这些看似熟悉的话题,我们的见解依然不免空洞、虚无和浅薄,因为在碎片化时代,"碎片化的信息简短而分散,我们可能一边刷微博,一边聊着QQ、微信,同时还开着3—4个网页走马观花地扫荡着,久而久之,三心二意成了我们习惯性的思维方法,注意力集中时间越来越短,稳定性降低"①,学生们很少也很难专注于某一现象,认真思考,寻求真切而深刻的体验,表象和浅薄成为基本思维特征,这决定了学生们可以编撰优秀的段子,却不能写作具有一定长度和深度的文字,对写作的恐惧和困惑也随之不可避免。

(四) 为何要重建阅读?

要对抗碎片化时代,特别是碎片化阅读,需要重建"阅读"的本来面貌,恢复"阅读"的巨大能量。首先不可回避的是,"碎片化的阅读在某种程度上是人们精神文化生活的一个缩影……这个简单地由读者和一台移动终端构成的便捷阅读空间迎合了'快餐化'获取信息的需求,其存在必然有其合理性"②,并有学者认为与以传统纸质阅读为代表的"深阅读"相比,"微阅读"有其独特而有利的一面,即"使得读者在有限的、零散的时间内见缝插针、随时随地阅读成为可能,阅读效率因此有所提升;……在当今这个信息化时代,它为读者及时获取想要的资讯、知识创造了条件,从而可以有效弥补'深阅读'在此方面的先天缺陷,令读者的视野更开阔,更好地顺应时代发展需求"③。但无论如何,我们不可以忽视这种阅读方式带来的弊病甚至危害,甚而有学者不无极端地声称"'微阅读'只能叫'阅',不能叫'读'。阅览是快速获取信息的一种最便捷的手段,但阅读则是心灵沉潜下去的一种高级的精神享受。'微阅读'充其量不过是一种时尚,而阅读则是一种非常古老也非常永恒的文化传统和基本教养"。我们无意纠结于微阅读与传统阅读间的是非,但无论微阅读有多少必然性与独特性,传统阅读的意义必须得到捍卫,至于方法是且只会是再三强调经典阅读的意义,指导甚至督促大家尽可能多地阅读文学典范之作,夯实根基,提升修养,这是最简单的方式,也是最基础和最有效的方式。

(五) 为何要重视思维训练?

不断强化思维训练,有助于学生克服写作恐惧,解决写作无法全面、细致、深入等障碍,但这是后续操作环节的任务,在此之前需解决写什么的问题,这就必然要回归到一个广为人知并被屡屡强调的常识:重视生活。厚实的生活积累(经历、经验、体验等),为写作提供了所要表现的复杂的社会环境、多样的自然景观。作者要塑造活生生的人物形象和错综复杂的人物关系,要抒写自己对人生的感受,要记述充满矛盾的情节等,也都要以自己的生活经验储备为基础。所谓"夫街谈巷说,必有可采;击辕之歌,必应风雅;匹夫之思,未易轻弃也"(曹植《与杨德祖书》)。但问题是,生活在同样的时空中,为

---

① 陆颖妮. 浅谈"微信息"时代下的碎片化世界[J]. 新闻世界,2014(3):97.
② 杨芹. 微阅读时代,怎样阅读?[N]. 人民日报海外版,2013-04-30(7).
③ 周慧虹. 摆脱"微阅读"后遗症[N]. 文学报,2013-07-04(1).

何有人不断碰撞出灿烂的火花,有人却整日里庸庸碌碌、一无所得? 这就需要我们有"发现"的眼光,生活本身充满了无限的可能性,或许过于匆忙,或许过于随意,将种种丰富丢弃了。需要注意的是,"发现"不等于简单地看或者听。一般的看或者听获得的不过是一些人尽皆知的、表面的、浅表的东西,而"发现"的则是隐藏或遮蔽在它们之后的那些微妙与独特,诚如莫泊桑所说,"任何事物都有未曾被认识过的东西……最细微的东西里也有一点点未被认识过的东西"。王蒙对此有一非常形象的描述,"它(按,指发现力)是指一种从司空见惯的东西之中,发现新事物,发现特别强烈,很奇妙的东西的这样一种能力;是从平淡的生活当中,发现其所有的惊心动魄的或感人肺腑的东西的这样一种能力;是从一些细枝末节当中,发现那些具有重大时代意义的事物的一种能力,从这些很细小的事物能够感受到时代的脉搏,能够看到社会生活,能够感到人与人之间的关系发生了变化的征兆。为什么说是一种发现力呢? 因为生活就好像大海一样,人们对生活的认识是不会终结的,需要时时刻刻对生活有新的发现。指的就是这种能力"。每一个体都有其独特的感受和认知,因此我们应放慢脚步,开放心灵,着力寻觅专属于"我"的那个世界。

【课堂练习】

请将最近一次基于社交需要的写作内容呈现出来,比如书信、短信等,分析一下情感、观点或事务表达的目的是否达成。

专题二　整体的写作沟通观

作为主体思维、情感和传达信息的文字化,写作天然就与"沟通"间存在密切的关联。

一、什么是基于沟通的写作

张志公先生认为,"只要不是文盲,人人都得有一支笔"[①],无论是在学习还是生活中,传达信息、反馈情况都离不开写作活动。结合大量的写作实践可以发现,众多写作活动的发生都是基于沟通的需要,是出于特定意图的有意识行为。即使是看似自发的写作活动,也蕴含着与自我、他人和社会沟通的诉求,并期待某种回应。忽略了沟通的价值和意义,将无法达成写作的表达效果。

---

① 张志公.读写门径[M].北京:北京教育出版社,2014:6.

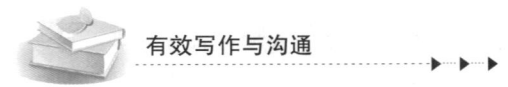

(一) 应用写作与沟通

传统教材一般认为应用文书是一种以文字为媒介的信息传递的书面形式,它的功用主要有记录事实、传递思想、交流信息、协调关系。从本质上看,这四点都建立在自我与他人的某种联系和交涉上,即都指向了沟通。故而有学者强调,除了实用性和应用性外,更要重视"沟通"的意义:

> 应用写作的本质特征是为了沟通。应用写作中的"用"的真正含义就是"为沟通"之用。故而,应用写作应该理解为"沟通文书写作"才更容易使人掌握要领,也可以简称为"沟通写作"。只有能够达成沟通的文书才是合格的应用文。[①]

在职场中,下发通知是为了安排工作,寄送邀请函是为了请求别人参加某项活动或承担某项事务,提交求职信是为了获得工作的机会。凡此种种都需要或旨在获得对方的有效回应,否则相关写作行为便丧失其意义和价值。因此,在写作过程中要充分考量并尊重沟通的效果。譬如说写作邀请函,遣词用语要注意礼貌庄重、典雅得体,而不可颐指气使或是简单草率;写作求职信要有的放矢、真诚质朴,而不可夸夸其谈或者胡编乱造,否则都将引起对方的反感。当然,类似回应的获得尚属于自我的一种期待,在实际事务中未必全然能够实现,另有些应用文种,交流沟通不仅是一种内在诉求,更属必然要求。譬如公文,其用途在于传达政令政策、处理公务,以保证协调各种关系,使工作正确、高效地进行,通知、通告等内容必须遵守或执行,再如请示必有批复,有函必有复函,发布且回应是其题中之义。不仅仅是应用文写作功用指向"沟通",其整个写作过程也与"沟通"紧密相关,或者说是在沟通的指导与干预下进行。一是接受任务时要与领导、有关主管沟通协调,二是草拟文稿时要与有关部门和人员多沟通协调,三是文稿形成修改和发文也需要协调,由于写作内容的专业性、特殊性和综合性,从起草到发布,每个步骤都需要沟通协调。再比如书信(电报、传真、特快专递、电子邮件),是一种向特定对象传递信息、交流思想感情的应用文书,写信、收信、读信、回信,正是必然步骤,在此过程中,国与国的文化交流,人与人的情感传递,都能够得以实现。很多时候,书信写作是出于观点表达的需要,是为了向对方解释说明、沟通想法,更是强调一己观念的接受与认同。譬如司马迁的《报任安书》,作者在信中以激愤的心情,陈述了自己的不幸遭遇,抒发了为著作《史记》而不得不含垢忍辱苟且偷生的痛苦心情,希望获得朋友的理解。如果在沟通交流中遇到不同意见,更会往来辩驳、详为申发,譬如王安石和司马光围绕变法问题"反复论难",各不相让,他们有关富国强兵、百姓安居的治国理想和宏伟抱负都在笔端得以充分展现。又比如李梦阳和何景明,虽同为明中期文学复古思想的代表人物,但二人在范式问题上存在严重分歧,并通过书信的形式往来争论,对明中后期文学思想的发展产生了深远影响。

---

① 周金声,张祥平,赵丽玲.用"沟通写作"的新理念指导应用写作教学[J].中国大学教学,2014(8):65.

叶圣陶先生很早以前就提醒,"大学毕业生不一定能写小说、诗歌,但是一定要能写工作和学习中的实用的文章,而且非写得既通顺又扎实不可"①,这番话放到今天依然具有重要意义。随着社会的飞速发展,事务日益繁多,关系日益复杂,应用文的使用范围也更为广泛,成为党政机关、企事业单位、社会组织或个人处理事务、沟通信息不可或缺的重要工具,广泛应用于上传下达、沟通商洽、交际共享等社会生活的各个方面。

(二)文学写作与沟通

大量文学性写作也内含沟通诉求,如果说应用写作与沟通的关联较为直接和紧密,文学写作与沟通的关联则要相对间接和微妙。交流是人类本能的渴望,2018年布克国际文学奖得主托卡尔丘克说:"小说的重要部分是关于人物心理活动的描写,要写出有说服力的小说,作者必须以心理学为基础,和他人沟通。我相信文学是一种深刻地与他人沟通的方式。"法国作家阿尔贝·加缪在《谜语》一文中也说:"在很大程度上,一个作家就是为了被人读才写作的。"大量文学作品在抒发个人情感的同时,更希望影响和感染对方,这往往正是艺术魅力所在。譬如屈原的《离骚》,东汉王逸云:"其辞温而雅,其义皎而朗,凡百君子,莫不慕其清高,嘉其文彩,哀其不遇,而愍其志焉。"又如范仲淹的《岳阳楼记》,一句"先天下之忧而忧,后天下之乐而乐",令多少人为之感动。老杜有诗云:"感时花溅泪,恨别鸟惊心。"物犹如此,更何况是人呢!

关乎此,孔子有云,"小子何莫学夫《诗》?《诗》可以兴,可以观,可以群,可以怨。迩之事父,远之事君,多识于鸟兽草木之名"(《论语·阳货》)。所谓"兴",朱熹解释为"感发意志",也就是说诗采用比兴的方法来抒发感情,从而引起读者的共鸣进而影响他们的意志;所谓"群",孔安国解释为"群居相切磋",朱熹则称之为"和而不流",也就是说诗有助于让大家沟通感情,切磋砥砺,从而提高修养;又比如"怨",同样是一种情感的表达,但其意义在于"怨刺上政",即批评执政者的为政缺失,其目的自然是让他们有所警醒,调整措施。凡此种种,都意在一种彼我情感呼应与共鸣的确立。

为了更好地达到交流、沟通的效果,古人创造了不少更为直接、融洽的文学形式,譬如赠答、唱和诗词。赠答诗在中国文学史上具有悠久传统,它起源于西周的礼乐制度,成熟于建安魏晋时期,李白的《赠汪伦》、王维的《送元二使安西》都是传唱千古的赠答诗。就功能来说,它"是文人用于交流的一种诗歌形式,是文人间思想、情感交流的媒介,它在'赠'与'答'之间形成了诗歌的回环往复"。如果说"赠答诗词的特点是一赠一答,赠与答的对象十分明确,内容密切相关,赠答双方所处的时代相同"②,那么唱和诗词则超越了时空的限制,可以实现更为多元、广泛的沟通与交流。与此相关,还孕育了一种特别的文学活动,即雅集。这是专指文人雅士吟咏诗文,议论学问的集会。或品茗清谈,或鉴古读史,或长咏短吟,或行歌赋颂,他们枕石漱流,吟风弄月,有时豪饮放怀,

---

① 李伟山.基于专业素质培养的应用文写作教学改革探究[J].高教论坛,2013(2):73.
② 巩本栋.关于唱和诗词研究的几个问题[J].江海学刊,2006(3):162.

高谈阔论，比才斗识，于恣意纵情的同时，实现情感的沟通与交流。譬如我们耳熟能详的兰亭雅集，与会者在青山碧水间，"一觞一咏，畅叙幽情"，后世多有回响。

（三）写作与有效沟通

写作与沟通存在密切关联，沟通效果成为我们写作活动的重要指标。沟通就是追求获得理解和认同的交流，其核心是为了达到"理解和认同"，而不是一般的信息传递和交流，因此我们格外强调"有效沟通"。

首先就是信息发送者必须清晰地传达信息的内涵，以便信息接收者能确切理解。其次是信息发送者重视信息接收者的反应并根据其反应及时修正信息的传递。这是一个双向互动的过程，其核心就是为了达到"理解和认同"，并不是一般的信息交流和传递。

有鉴于此，在写作活动中，为了保证别人能清晰了解你的意图，实现有效沟通，我们必须保证结构完整、思路清晰、逻辑通顺，即要有良好的文字表达能力，否则对方根本难以领会你的想法。写作并非是简单堆砌辞藻的过程，它有赖于精心结撰，譬如说严格选取材料、合理构思布局、巧妙安排结构、精心锤炼语言，最终实现观点的提炼与结论的展示：

不管是学生或专业人员，我们在自己温暖的心中对自己想法的看法，总是比摊开在大太阳下面看起来更为条理分明。当你以注释、大纲、概述、评论还有其他书面形式去促进思考时，思考将能获得改善。但你只有从快速混乱的思维中将特定的想法分离出来，并以一种有组织、有条理的形式确定下来，才能知道自己真正能思考什么。①

说到底，掌握好写作和表达能力，才能让人与人之间建立起顺畅的交流渠道。

二、什么是超越写作的沟通

沟通是人与人之间传递信息、传播思想、传达情感的过程，是一个人获得他人思想、情感、见解、价值观的一种途径，是人与人之间交往的一座桥梁；通过这个桥梁，人们可以分享彼此的情感和知识，消除误会，增进了解，达成共同认识或共同协议。可以说，沟通这一行为遍及我们社会生活的每个角落，其方式也是多种多样，绝非写作一种方式。所谓有效沟通，是通过听、说、读、写等载体，通过演讲、会见、对话、讨论、信件等方式将思维准确、恰当地表达出来，以促使对方更好地接受。从组成来看，一般包括三个方面：沟通的内容，即文字；沟通的语调和语速，即声音；沟通中的行为姿态，即肢体语言。同样的文字，在不同的声音和行为下，表现出的效果截然不同。所以有效的沟通应该是更

---

① 布斯，等.研究是一门艺术[M].陈美霞，等译.北京：新华出版社，2009：12.

好地融合这三者。

(一) 写作是沟通的手段与方式

写作不仅是基于沟通的需要,某种意义上更是沟通的重要手段和方式,很多时候,单纯从文字、情感或者技巧而言,某些写作并不存在问题甚至具有较高水平,但从沟通的角度来说,就比较失败。原华中科技大学校长李培根的数次演讲曾获得众多赞誉,以他在该校2010届毕业典礼上的致辞为例,16分钟的演讲被掌声打断30次,全场7700余名学子起立高喊"根叔!根叔!",在网络空间流传后更是好评如潮。对于每一个学生而言,开学典礼与毕业典礼是其求学生涯中具有重要影响的仪式性时刻,而典礼的中心环节莫过于校长致辞,师长们的谆谆教导与殷切期望都蕴含在其中。但令人遗憾的是,时下不少学生却无意于领受这份"情意",身处典礼场中时,少有人会凝神静气,认真聆听那份讲话。类似演讲稿或许套路化、平庸化,但无论是思想、言辞、还是表达都符合规范,即从写作角度来说并无明显问题。学生的反感情绪不仅源于大量讲话陈陈相因、烦琐空洞,更是对于其中显现出来的师腔官调、自说自话似的风格的不满,学生们无法感受到共鸣,也建立不了共识,自然毫无兴趣。说到底,问题不在于写作,而在于沟通,如果我们的相关写作活动不能面向沟通、促进沟通,仅仅拘泥于言辞和技巧,将招致同样的命运。李校长的演讲或许并不那么完美,但他重视听众的身份与心理,收起了师长的严肃态度,抛弃了那些高尚却不免冷冰冰的词汇,说起了直白、符合学生口味的语段,一下子拉近了与学生的距离,甚至让学生感觉,这不是在聆听教诲,而只是一个身边人在跟你亲昵聊天,自然会与之呼应并且产生情感共鸣。

再比如说,有一篇新闻报道某大学教授称"如今,很大一群大学生不知道怎样给老师发邮件、写信""主要问题一是没有任何信件说明,仅以附件形式发作业;二是没有抬头,连一声'老师'都没有;三是没有落款,不知此件为何人所发"。以上问题笼统称为格式不规范,这似乎应该归结为写作问题,我们都知道大多数应用文已经形成了相对稳定的格式和体例,应在教学和写作过程中予以强调和强化。但规范可以强制,自觉意识却未必能确立,大家已经普遍意识到,这类问题的出现是源于缺乏基本的礼仪教育。或许很多人认为这类礼仪是繁文缛节,但若从沟通视角考量,这些环节显然不可或缺。

(二) 写作本身也是沟通

沟通和表达其实是一种人与人交往的能力。"不只写作,更是沟通",写作本身是一项沟通活动;成功顺利的写作始于良好的沟通能力,终于沟通的效率和成功。众所周知,同样一句话,譬如"老王走了",在不同的时间、场合、时机和文化水平、风俗习惯下,对不同的对象说,会表达不同的意义或者有不同的理解;与此同时,在不同的社会群体中,人们分别扮演着父母、子女、同学、朋友、同事、领导或下级等不同的角色,这也要求人们对于相同的事情要采取合乎身份的不同处理。总而言之,说话/写作要兼顾时间、场合、时机、对象、文化水平、风俗习惯等诸多原则,故而有学人指出,以"沟通"为指导,应用文写作应当"充分考虑自身与接受者的文化背景的差异,要充分尊重对方的文化,即身份、语境、需求等要素……最大限度地消除应用写作双方的隔阂",与此同时,还需要"注意接受者的接受心理,从写作对象的心理出发,用对方能接受易接受的表达方式来表达自己的意图"①。写作是"呈现文本的行为","最终必须产生物化的文本成果",但同时也是践行沟通的过程,旨在实现人与自我、他人和社会的和谐。

现代传播学先驱之一的美国政治学家拉斯韦尔提出,写作不仅仅是写文章,要考虑"写什么"和"怎么写",而且要研究"作者""媒介""效果"诸要素,并从宏观上把握时代、环境等因素对写作活动的影响。或者说,指导写作时要以能否被接受、能否实现沟通、能否得到积极反馈为目标,每一步都以此为导向进行写作推敲。写作的过程就是沟通的过程,写作的目的即在于沟通的达成。

大量的文学性写作依然体现着这一特征。前文已提及,当前学生写作普遍的问题在于假大空,而解决写作障碍、纠正此类缺失的过程,就是重新认识自我、他人与社会的过程,是从单一视角过渡到建立相互关系进而普遍联系的过程,即遵循沟通的逻辑规律和情态要求,形成有效文本。

专题三　有效写作与沟通:面向品德和修养

无论写作还是沟通,都指向一项个人技能或能力,但在实用性的背后,更有着涵养和提升个人品德与修养的必要及可能。"写作与沟通"是信息时代最重要的文化存在形式,它的建设涉及人才能力素质培养体系的合理性,取决于教育决策者对人才核心能力和通专关系的认知水平。

一、有"品"之作与有"德"之人

人与文之间的关系是历来文人讨论的核心问题,《周易》有"修辞立其诚"之说,"修辞"是为了"立诚","立诚"乃是"修辞"好坏的标准。要创作出优秀的言辞,需有良好的思想品德。孔子有云,"有德者必有言,有言者不必有德"(《论语·宪问》)。故而有关文学创作问题的讨论,始终脱离不了与创作者个人德行之间的密切联系。

(一) 为人与作文

中国古人有"文如其人"之说,该语出自宋代大文学家苏轼《答张文潜书》中评价他的弟弟苏辙的话:"子由之文实胜仆,而世俗不知,乃以为不如;其为人深不愿人知之,其

---

① 周金声,张祥平,赵丽玲.用"沟通写作"的新理念指导应用写作教学[J].中国大学教学,2014(8):67.

文如其为人。"苏轼认为,其弟苏辙的文章水平超过自己,只不过苏辙为人较为深沉而不愿别人知道,他的文章就像他的为人一样。后人据此引申,常用来指文章表达的思想或表现的风格,和作者本人的思想或风格一样,这是有一定道理的。曹丕《典论·论文》有云:

> 王粲长于辞赋,徐干时有齐气,然粲之匹也。如粲之《初征》《登楼》《槐赋》《征思》,干之《玄猿》《漏卮》《圆扇》《橘赋》,虽张、蔡不过也,然于他文未能称是。琳、瑀之章表书记,今之隽也。应玚和而不壮;刘桢壮而不密。孔融体气高妙,有过人者;然不能持论,理不胜辞;至于杂以嘲戏;及其所善,扬、班俦也。文以气为主,气之清浊有体,不可力强而致。譬诸音乐,曲度虽均,节奏同检,至于引气不齐,巧拙有素,虽在父兄,不能以移子弟。

类似说法甚夥,西方亦有"风格即人"之说,如此一来便可从文章入手考察其人的思想、立场和世界观。早在汉代,扬雄就声称"言,为心声;书,为心画也。声画形,君子小人见矣"(《法言·问神》);清人刘熙载则明确标举"诗品出于人品"(《艺概·诗概》)。一般而言,做人与为文之间确实存在着一种增则共增、减则俱减的正比关系。从理论上讲,人与文二者是应该统一或者尽量统一的,作家和他们的作品,应该是浑然不分的。写作是个人情感积蓄到一定程度不得不喷发后的个人活动,文字是个人心声的表达,好的作品,除了艺术的修饰外,首要的在于个人情感的真挚,所谓"我手写我口",高尚的心灵将会形成美好的文字,而肮脏的灵魂则呈现为龌龊的言辞,前者让人感动,后者让人厌恶,此自不必论。因此,我们要提升个人的修养,塑造自我的人格,如此才会有美妙的文字。林语堂说:

> 人格伟大的艺术家产生了伟大的艺术,人格渺小的艺术家产生了渺小的艺术……心地卑劣的艺术家纵使生命发生危险,也不能产生伟大的绘画,心胸伟大的艺术家纵使生命发生危险,也不能产生下劣的绘画。①

当然也有例外,譬如潘岳,是西晋文坛的三大家之一,才华出众,自小就有"奇童"之称,能诗擅赋,与陆机齐名。《闲居赋》是其代表作之一,描写悠闲的生活,表现了他厌倦官场、向往隐逸的心情,造句工整,行文流畅,笔调清淡,但其为人趋炎附势、利欲熏心,"谄事贾谧,每候其出,与崇辄望尘而拜",媚态丑态令人作呕。"其母数诮之曰:'尔当知足,而干没不已乎!'岳终不能改。"(《晋书·潘岳传》)。元好问感慨云:"心画心声总失真,文章宁复见为人。高情千古《闲居赋》,争信安仁拜路尘!"文与人显然不合一。钱锺书先生在《谈艺录》的相关章节及《中国固有的文学批评的一个特点》一文中,广征中外文史资料,指出"以文观人,自古所难"。但我们需要明白,作者写作时的情感理应是发自内心的,只有这样情感才能进入别样的事物里且达到物我不分的状态,实现人和文的统一。就潘岳们来说,他们的写作没有真实地展现自己的灵魂世界,写作于他们而

---

① 林语堂.人生的盛宴[M].长沙:湖南文艺出版社,1988:178.

言只是一种表演,违背了写作的基本原则,此举本不可取。故而钱锺书先生认为"所言之物,可以饰伪:巨奸为忧国语,热中人作冰雪文,是也。其言之格调,则往往流露本相;狷急人之作风,不能尽变为澄澹,豪迈人之笔性,不能尽变为谨严。文如其人,在此不在彼也"①。

【课堂练习】

你如何看待"文如其人"这一命题?

(二)道德与艺术同行

写作是自我内在心灵面向外在世界的敞开,最终凝结的文字是每一写作主体个性与情感的形象呈现,故而"在中国古代文学理论批评的历史长河中,把文学看成是作者个人主观心志的表现和外化的主张一直是股不断的主流"②。中国人普遍强调文学创作中的性情之正,且普遍认为性情之正源于人心之正,在他们看来,尽管诗文创作未曾事先以某些道德准则来规范或限定主旨,但如果遵照诗文创作的基本规律,如实传达个人的真情实感,最终呈现出的结果定然无不契合。个中关键正在于人,诗文创作既以人为主体,如果诗人自身道德完善,那么其因情感抒发所得之"诗"必然会与"理"深度契合,这是人性自然流露所致,不假修饰,无法回避。而作为创作主体的"人"在道德上理应是完善的。因为儒家以"善"作为理想人格,道德上的完善系士人终身追求的目标。近人徐复观对此有较为深入、透彻的分析:

> 在中国文化中,有一个根本信念,认为凡是人性,都是善的,也大体都是相同的,因而由本性发出来的好恶,便彼此相去不远。作为一个伟大诗人的基本条件,首先在不失其赤子之心,不失去自己的人性;这便是得性情之正。能得性情之正,则性情的本身自然会与天下人的性情相感相通,因而自然会"揽一国之心以为己意";而诗人的心,便是"一国之心"。由"一国之心"所发出来的好恶,自然是深藏在天下人心深处的好恶,这即是由性情之正而得好恶之正。③

正因为有了这样一个基础,所以"性情之真,也即是性情之正,于是个性当下即与社会相通。所以道德与艺术,在其最根源之地,常融和而不可分"④。

法国思想家托多罗夫甚至认为"应该让读者'从一本书里提取出其中所含的道德来'。如果产生不出这种效果,那就是书不好,或者因为读者是一个蠢材"。对于我们来说,今天的"道德"首先指向的是社会主义核心价值观,它集中体现了中国优秀传统文

---

① 钱锺书.谈艺录[M].北京:商务印书馆,2016:418.
② 黄霖,吴建民,吴兆路.原人论[M].上海:复旦大学出版社,2000:27.
③ 徐复观.中国文学论集[M]//徐复观全集.北京:九州出版社,2013:81-82.
④ 徐复观.中国文学论集[M]//徐复观全集.北京:九州出版社,2013:84.

化、以改革创新为核心的时代精神和以爱国主义为核心的民族精神,是一国之维,一国之纲,是一个国家、民族的精神旗帜,是人民的精神家园,它必将成为文艺创作和文艺理论感召力、生命力和原创力提升的有力精神支柱,在此指导下写出的作品必然具有崇高之美和信仰之美,有思想深度和艺术高度。

二、从能力培养到价值体悟

无论是写作能力还是沟通能力,都是现代社会必须且必要的重要技能,不断提升和完善这两项能力,有助于我们更好地适应社会发展,实现人生理想。有关沟通的话题涉及诸多层面,本书将有专题探讨。就写作而言,本书也会针对专门类型做专题研讨,但此处仍想就其一般经验和规律做些思考。

(一)灵感的意义

现代心理学研究成果表明,人的大脑有四个功能区:直觉功能区、记忆功能区、判断功能区、想象功能区,并由此构成了人的智力之四个组成部分:观察力、感受力、思维力和想象力。这四个能力,可称为写作主体的四大基本能力。写作能力是多种能力的合成,写作活动的综合性在这里也得到了最集中的表现。但是,并不是每个写作者都具有相似的结构,也并不是每种文体都需要写作者全能的智能结构。我们的写作学应倾向于操纵文章的处理程序而不是操纵生活的平常过程。提升写作能力,最核心的思路无过于三条:广泛阅读、善于思考、勤于写作。

此处我们想特别提及有关灵感的问题。灵感属于思维能力的一种,也叫顿悟,是人们借助直觉启示猝然迸发的一种领悟或理解的思维形式。一般认为灵感对于我们创作活动的进行具有重要影响,如果获得了灵感,便可以"下笔如有神",否则就思维枯竭、思维停滞。著名作家臧克家曾说:"生活枯竭,灵感不来,虽然有诗,但好的不多",灵感赋予作品独特的灵魂。但灵感往往具有三个特点,即突发性:出其不意突如其来;偶然性:偶然触发无法预知;瞬时性:转瞬即逝不可重复,总的来说就是不可捉摸,因此我们对于灵感总是既爱又恨。

(二)如何获得灵感

"灵感"一词最早出现在希腊文中,意思是"神的气息",柏拉图将其视为"灵魂在迷狂状态中对于天国或上界事物的回忆和观照",充满了神秘色彩。灵感看似微妙莫测,但如果我们了解其机制,纵然不能随意控制,也可以尽可能地接近它。所谓 inspiration,实即 Stimulation of the mind to a high level of feeling or activity,翻译过来就是指使人的心灵受到刺激而达到更高层次情感和行动的东西,因此有人指出:

1. 我们的心灵"mind"越丰富,那么能够刺激它的触发点也就越多。

2. 如果想要这种"stimulation"刺激更丰富,更多样,那么就需要去看,去听,去接触更多的事物。

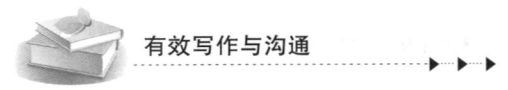

3. 心灵越丰富,刺激越丰富,那么获得灵感的可能性越大,伟大的灵感更容易产生。

王蒙曾说过,"灵感就是人生经验、情感经验、社会经验、生活经验等各种经验结合起来之后浮动在一般理性层次、经验层次之上的一种灵气和悟性"。所以接近"灵感"的方式无过于读万卷书,行万里路,当然,这其中须有感情介入。

"灵感"的获得,实即有赖于我们促进和加深对于自我、他人和社会的认识,通过这一广义的"沟通",实现自我对于世界和人生认识的丰富和完善。张志公先生很早就指出,"写作能力是作为现代社会的公民必须具备的"①,基于现代社会快速发展的需要,无论表达能力还是沟通能力都成为一个人生存发展不可或缺甚至紧密依靠的重要技能,故而写作能力的提高,实则就是个人与他人、与社会对话能力的提升。

(三)能力与素养

写作能力关涉个人生存发展,故而就提升写作能力而言,便不仅仅是一种技巧的提升,更意味着观察能力、感受能力、思考能力的提升和在此基础上生活经验的丰富。因此,无论写作还是沟通,首要的是一项能力,但又超越了能力层面。自教育部《关于全面深化课程改革落实立德树人根本任务的意见》发布以来,"核心素养"就成为基础教育领域的一个关键词。有学者指出:

> 写作作为书面语言的表达与交流方式,它同样需要从语言、思维、审美和文化四个维度加以考察。即是说,通过写作教学,只有当学生的"书面言说"彰显在语言理解与运用、思维发展与提升、审美发现与鉴赏、文化传承与创新诸方面都获得长足的发展,我们才能说学生的写作核心素养得到了切实的提高。②

写作能力或许没有突出醒目的"显示度",但一篇文章的选题立意、遣词造句、谋篇布局等内容可以充分反映个人的知识储备、文化品位及审美情趣。写作能力突出的学生,无论是求学、择业还是在日后的工作中,都明显更具竞争力。试想一下,当交出的报告、公文错字病句连篇、逻辑结构混乱,对方会作何感想?这对你的职业生涯又会产生何种影响?写作态度绝不仅仅关乎个人的工作能力,也能体现一个人的基本素养。中国学生核心素养对于人文底蕴提出了明确要求,"主要是指学生在学习、理解、运用人文领域知识和技能等方面形成的基本能力、情感态度和价值取向",具体包括人文积淀、人文情怀和审美情趣等三个方面,其目标在于"掌握和运用人类优秀智慧成果,涵养内在精神,追求真善美的统一,发展成为有宽厚文化基础、有更高精神追求的人"。就写作教学来说,同学们除了意识到写作能力在现代社会的重要性外,还应借此充分了解汉语的特点与优势,增强使用汉语作为写作媒介时的主观能动性,进而充分认识汉语写作的文化性与民族性。

---

① 张志公.读写门径[M].北京:北京教育出版社,2014:9.
② 倪文锦.怎样看小学生写作核心素养[J].语文教学通讯,2017(Z3):1.

（四）审美品位的重要性

这里特别要强调审美品位。写作是一种精神文化创造行为，它比起衣食住行等物质文化的创造，更多地体现出"按美的规律"创造的特点和成分。因此，从事写作的人，除需要具备一定的生活素养、知识素养、人格素养外，还必须具备一定的审美素养。写作是以形象化的方式表达个人的观感，这"形象化"本身就预示了对美的追求。刘勰在解释《文心雕龙》一书的书名时说，"古来文章，以雕缛成体，岂取驺奭之群言雕龙也"，他虽反对齐梁时期的奢靡文风，但并不否定文章自身的华美，这也是历来文人的一贯追求。因此，从事写作，光有思想等方面的素养是不够的，还得有审美素养。没有一定的审美素养，就不能观照和把握对象，也就写不出具有美感效应的文章。

当然，文章之美不仅表现在外在形式上，内在思想更是关键所在，这便与审美趣味和人格品位紧密相关。在中国文学史上有一大批熠熠生辉的名字，譬如屈原、陶渊明、杜甫、苏轼……他们那些流传千古的作品，既因其杰出的艺术才华让人惊叹，更因其中表露的高尚人格令人向往。人格有高雅与低俗、健康与病态、广阔与偏狭等区别，写作亦会因之染上各种颜色。因此，增强个人素养，提升审美品位，是对我们为人、为文的必然要求和前提条件。审美趣味和审美格调是一个人在长期的生活实践中逐渐形成的，具有稳定性、保守性；生活环境的变化和人文教育（特别是审美教育）的作用能使一个人的审美趣味、审美格调发生变化。因此，重视育人环节，涵育学生的品性和人格，这样学生才能写出真正"美"的作品。

本篇小结

本篇《基于沟通的写作和超越写作的沟通》从写作的三个要素——谁在写、写什么、为何而写入手，强调了写作主体观念的重要性和在写作过程中应明确自我的写作目的、描写对象等。写作与沟通是密不可分的，我们要善于把握二者之间的关系，发挥写作在沟通中的积极作用，将实际生活中沟通的技巧、经验运用到写作实践中去。努力提升自我文化修养，培养高尚的品德，这是提升写作能力最好的途径。社会的发展进步离不开文化的进步，从日常写作入手，培养自我民族自信、文化自信，既是社会发展的需要也是我们每一个人取得长足发展的需要。

【拓展阅读】

1. 顾随.中国古典诗词感发[M].北京：北京大学出版社，2012.
2. 张定浩.既见君子：过去时代的诗与人[M].上海：华东师范大学出版社，2013.
3. 卡尔维诺.为什么读经典[M].南京：译林出版社，2012.

第二部分

写作:以"品德"为基的文字表达

> ◆ 生活永远涵濡于情感之中,就觉得这生活是充实的。(叶圣陶)
> ◆ 就算你拒收,我也照写不误,以便让你知道,至少有信一直在家等你。(茨威格)
>
> ——题记

第二篇　生活写作:纸短情长　见字如面

本篇要点

- 生活写作与青年的情感智力成长。
- 书信的交流沟通功能。
- 家书中的情感表达与思想引领。
- 家书文化与家国情怀。

核心概念

书信写作;情感智力发展;亲情沟通;家书文化;家国情怀

内容导图

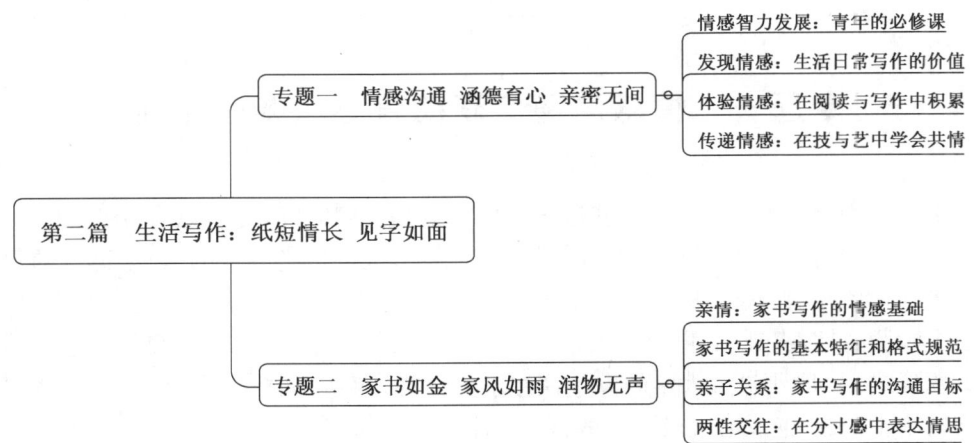

有效写作与沟通

【引导案例】

特别的主题班会

　　白函在离家千里之遥的城市读大学。周四下午她和舍友一起到教室参加班会活动。今天的班会由班长主持:"各位同学,我们在班会前先做个简单的调研。请问我们班上还有谁是坚持用写信的方式跟老爸老妈沟通交流吗?如果有的话,请举个手。"大家面面相觑,一脸茫然,没有人举手。"的确,以前跟老爸老妈生活在一起,也没有机会用到写信,而且现在借助手机和网络平台,不需要当面说就可以沟通交流,还避免了直接冲突和很多尴尬。""适应快节奏的我们也很难再静下心来用笔书写情感和思想。但是读着前人留下的书信作品,我们依然可以隔着空间、时间感受到炽热的情感,不同身份作者的价值观等。今天我们班会的主题就是……"这时,幻灯片切换到了下一页:纸短情长　见字如面——传统沟通彰显亲子之情……

【案例分析】
　　通过这个案例,我们可以发现随着互联网技术和智能通信设备的迭代更新,人们更愿意快速高效地实现交流沟通目标,往往忽视了这一过程中的情感互动与思想碰撞,因而难以体味彼此交往的情谊温度。当代大学生几乎不会首先选择用书信这种传统方式来表达爱情、维系亲情和交流感情,指尖输出、语音传递和碎片化获取是他们主要的信息交流方式。但是在阅读保存至今的人们的往来书信和经典家书时,我们依然能够隔着时空体察到书信两端人们真挚的情感和坚定的理想信念,产生虽不能至、心向往之的憧憬,激起内心的感动。

专题一　情感沟通　涵德育心　亲密无间

　　书信作为信息沟通的工具在我国被使用大概是战国时期,之所以有"家书抵万金"的珍视,是因为在我国古代传统邮驿的缓慢节奏里,人们饱尝等待的煎熬、得信的狂喜或无果的失落,无数次体味"一行书信千行泪"的复杂情感滋味。而在西方,书信的使用兴于古希腊时期,直到18世纪进入繁盛时期。启蒙运动中,书信成为交流思想和情感的重要形式。[①]刚刚进入大学的青年往往求知欲强、感情丰富、追求个性自我,普遍存在着情绪不稳定、逆反心理较明显的特点。由于进入大学前长期的应试教育过于重视学生的智力培养,忽视了非智力因素的同步发展,这一青年群体存在着人际和谐度趋弱、负面情绪易突发、情绪控制力薄弱等特点。入学后经历过短暂的关系亲密期,不少

---

①　金宏宇.中国现代作家书信的文史价值[J].中国现代文学研究丛刊,2016(9):13.

人会直面各类矛盾冲突的考验,常常因缺乏有效的沟通交流而陷入困境,甚至有人难以继续接下来的大学生活,不得不遗憾地休学或者退学。是什么导致这样的情况出现呢?

国内外的教育研究者用不同的方法,在不同地域高校的众多学生中进行调研考察,发现学生们出现的人际矛盾或自我发展失衡无不与其情感智力发育滞后密切相关。"情感智力"是指"个体控制自己、体察他人情绪和情感,并识别、利用这些信息指导自己的思想和行为的能力,通常是指人们的认识活动中主体与客体相互作用时形成的情感体验、情感思维、情感调节等方面的能力"①。在当代大学生情感智力发展过程中,融媒体平台和智能终端设备的日新月异给大学生们提供了情感即时表达的可能,也造成了现实生活中人际交往能力趋弱、情感智力发展受阻的状况。书信写作因其沟通双向性、情感互动性和精神成长性而被认为是最有效的教育引领方式之一,对大学生情感智力的健康发展起着积极的推动作用。

一、情感智力发展:青年的必修课

情感智力影响着个人一生的发展,是青年健康成长的必修课。相关研究显示,情感智力发展水平高的人意志坚定,视野开阔,乐观愉快,能保持积极进取的人生观,拥有和谐的人际关系。而良好的家庭教养方式、家庭氛围、沟通模式都有助于个体情感智力的发展。②

对大学生群体来说,情绪控制能力是情绪智力的重要组成部分。他们处于情绪易波动阶段,呈现出情感的脆弱性、表达的激烈性和内心的敏感性。只有教育引导他们自己主动关注"我现在的情绪是什么""我为什么会产生这样的情绪"他们才能不被情绪左右,从而提高自我效能感,努力激发自身内在的积极需求,养成自我激励的习惯,增强其人际沟通能力,从而营造一个广泛而和谐的人际交往空间。③ 在良好情绪控制力训练过程中,教育引导者可以利用书信沟通的优势来达成训练目标。

书信育德,有利于青年情感智力的成熟。

1. 书信中核心沟通任务叙述集中清晰

通常情况下,一次书信沟通致力于解决一个主要问题,这样就能够让收信人比较容易关注到来信的主要意图和需求,继而针对来信中需要解决的问题进行聚焦剖析,并提供有价值的参考意见。河南省作家协会马骁曾经转引爷爷对父亲书信写作的指导:"关于你的来信,在文风上太啰唆,篇幅太长。……一封家信,应主题突出,简而明之,一目

---

① 黄希庭.简明心理学词典[M].合肥:安徽人民出版社,2004:288.
② 周慧.情绪智力:概念、理论、测量及提升策略[J].重庆第二师范学院学报,2019,32(3):99-102.
③ 吴应荣,卢淋淋,单颖.当代大学生情感智力状况调查与分析[J].校园心理,2017,15(2):99.

了然。以后写信、写文章要注意。"① 如果还有其他沟通任务则需要分别叙述，单独成段，力求中心事件聚焦、结构层次分明。

2. 书信中提出要求或者表达态度意见应明确

书信应明确表达希望对方给予什么样的答复，或者直接陈述自己对于所关注问题的态度，与对方进行商榷。如 2017 年 1 月 11 日，习近平总书记在给库尔班·吐鲁木的长女托乎提汗·库尔班的回信中就提出，希望他们一家人以父亲为榜样，成为民族团结、热爱党和祖国的模范家庭，为新疆的建设和美好未来共同奋斗。明确的回复能够促进书信交流双方情感的互动和持续交流的动力。

3. 注意书信写作的用语规范和礼貌

书信交流既可以是对共识问题的进一步深入沟通，也可以是对不同观点认知的陈述讨论。在行文过程中应该遵循表达的礼貌规范：① 如果收信人是关系中的长者，应该注意措辞斟酌，展示传统文化的精神底色，体现良好的素质修养。如果是平辈或者是晚辈，在用语准确的情况下还需考虑收信人的情感接纳，尽可能减少训诫、说教引起的心理抗拒；② 不得进行言语攻击，即使是完全不同的观点也应该予以尊重，切忌不得体的攻击和言语伤害。

以书信为主要表达方式的生活写作记录并促进了青年情感智力发展的历程。生活写作是写作者的文字创作活动，指向生活的焦点、热点、痛点和难点，将生活中的所见所闻所思所感诉诸笔端，让阅读者能够透过文字感知写信人当时的情感情绪和态度立场等。写作者意欲借助文字对生活观察予以呈现，力求通俗易懂，着力解决生活问题、满足生活需要和表达内心情感。因此以文字为载体来倾诉个人对生活的体察感悟，不知不觉中能够拓展书信往来沟通交流的深度和广度，通信者彼此都能够收获对生活的新知新解。

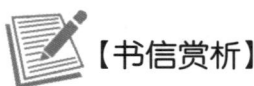

【书信赏析】

傅雷给傅聪的一封信

长篇累牍的给你写信，不是空唠叨，不是莫名其妙的 gossip[说长道短]，而是有好几种作用的。第一，我的确是把你当作一个讨论艺术、讨论音乐的对手；第二，极想激出你一些青年人的感想，让我做父亲的得些新鲜养料，同时也可以间接传布给别的青年；第三，借通信训练你的——不但是文笔，而尤其是你的思想；第四，我想时时刻刻，随处给你做个警钟，做面"忠实的镜子"，不论在做人方面，在生活细节方面，在艺术修养方面，在演奏姿态方面。②

---

① 马国兴.写心[M].郑州：河南文艺出版社，2020：88.
② 傅雷.傅雷家书：第 4 版[M].北京：生活·读书·新知三联书店，1995：84.

引文是《傅雷家书》中傅雷就艺术与做人关系对傅聪进行的教诲引领。作为父亲,傅雷对青年成长过程中可能会遇到的问题及时关注,用推己及人的方法在书信里对亲子关系条分缕析,让傅聪能够充分理解父亲的拳拳之心。《傅雷家书》被誉为中国家庭教育的典范读本,从引文中我们可以感受到采用书信沟通交流有助于减弱亲子教育中因说教而产生的情感抗拒。所以在整理出版《傅雷家书》时,傅聪对于父亲在亲子关系中对自己教育方式的初衷有了更深入的理解:"我父亲当年也并没有因为我小时候显露出的那么一点点悟性和音乐感,就认为我能够靠它成名成家……他让我学音乐真是这样想的:假如有发展,就往这条路上走;没有的话,也是一件好事,可以构成我的人格修养、精神境界里一个很重要的有机的组成部分。"①

二、发现情感:生活日常写作的价值

现代文学家、语文教育家叶圣陶先生在《怎样写作》中提出:"作文原是说话的延续,用来继说话之穷,在说话所及不到的场合,就作文……知道写作原是说话的延续,写作材料应该以自己的经验为范围,这就把写作看作极寻常可是极严正的事。人人要写作,正同人人要说话一样,岂不是极寻常?不能超出自己的经验,不能随意乱道,岂不是极严正?这种态度是正常的,抱着这种态度的人,写作对于他是一种有用的技能。"②书信写作的价值和意义正体现了叶老的生活写作观的要义。

书信寄情,有利于青年生活写作观的养成。

1. 书信写作着眼于对广义生活的认知觉察

书信沟通是为了与关系紧密的人分享信息、情感或价值观念,叙述的是与自己相关的生活事件,或评述对自己的情感情绪、价值观念产生冲击的社会事件,一般需要收信人给予情感回应、思想澄清或方法指导。如发生重大社会变革或者突发社会公共安全事件时,热血人士向组织写的请战书,对家人或身边重要友人表明态度的决心书。

2. 书信语言真挚诚恳、切实感人

不同于文学艺术创作,书信作为生活写作的重要工具,语言应该浅近易懂,收信人能够迅速领会文字承载的内容和情感,避免"为写而写"的矫揉造作。真正能够打动阅读者的不是文字的华丽修饰,而是蕴含在文字里的朴素情感。

3. 书信写作价值观正确,释放正能量

写信人的交流沟通目标可以是多元的,但最终指向应聚焦于对真善美的关切,从生活中发现问题并积极寻求解决的办法。无论是在革命战争时期还是在和平建设年代,

---

① 傅敏. 走出家书:与傅聪对谈[M]. 天津:天津社会科学院出版社,2005:98.
② 叶圣陶. 怎样写作[M]. 北京:中国友谊出版公司,2019:69-70.

青年都应该密切关注个人、社会、国家和世界的发展,实现"我"与"我们"的共在互促、融合发展。

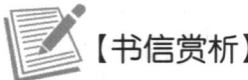【书信赏析】

许广平写给鲁迅的第一封信

鲁迅先生:现在写信给你的,是一个受了你快要两年的教训,是每星期翘盼着听讲《小说史略》的,是当你授课时每每忘形地直率地凭其相同的刚决的言语,好发言的一个小学生。他有许多怀疑而愤懑不平的久蓄于中的话,这时许是按抑不住了罢,所以向先生陈诉……苦闷之果是最难尝的,虽然嚼过苦果之后有一点回甘,然而苦的成分太重了,也容易抹煞甘的部分。……先生,你能否不象章锡琛先生在《妇女杂志》中答话的那样模胡,而给我一个真切的明白的指引?①

引文摘自1925年3月作为青年学生的许广平给时任北京女子高等师范学校教授鲁迅写的信。当时学校里发生了反对校长杨荫榆的学潮,作为学生自治会总干事的许广平在运动中感受不到校方的理解和支持,感到非常迷茫和压抑。因为鲁迅先生在授课中表达出对于青年的理解、同情和支持,让青年学生们深受感动和鼓舞,所以她第一次给鲁迅先生写信,希望先生能够给苦闷思想以指引,由此开始了两人之间的书信往来。从上述文字中能够感受到作为青年学生领袖的许广平率性、真诚而又热情的个性,对当时朋辈思想压抑与愤懑而不知出路的强烈共鸣、同情和对支持青年学生的鲁迅的高度信任,言辞恳切质朴。

三、体验情感:在阅读与写作中积累

文字承载着人类的历史和文化,书信作为文字载体还具有强烈而深厚的情感,使书信文化保有触摸可感的温度。书信文化是中华优秀传统文化的重要组成部分,它立足于形成真诚融洽的人际关系、建构亲密和谐的家庭关系、加强公民思想道德建设,从而能够丰富润泽文风,潜移默化地改善社会风气。蕴含于书信中的追求真理、诚信奉献、家国同构等理念,对于培育积极健康的人生态度、构建社会主义核心价值体系都是十分重要的。作为书信重要组成部分的家书,是青少年传承醇正家风、激发爱国热情和形成国际视野最直接且有效的读本。

书信明心,有利于青年核心价值观的生成

1. 进行广泛书信阅读

我们可以选择通读经典书信集,也可以通过媒介平台进行单篇阅读。通过阅读客

---

① 鲁迅,许广平.两地书[M].北京:人民文学出版社,1973:7-9.

观真实地认知书信的相关时代特征,了解写信者的格局视野、思想观念、素质能力和人格特质,还能够提升自己的思辨能力,廓清思想认识的偏误,形成正确的核心价值观。

2. 积极尝试书信写作

高质量书信写作能力的养成需要经过实践积累。实践之初可以先仿照所阅读书信的写作规范和修辞技巧来训练,逐步提升写作技能。掌握相关技巧后应遵循生活化原则,在书信写作中不断提升思想境界,形成正确的价值追求和积极向上的人生观。

【书信赏析】

刘墉给女儿的一封信

在这儿爸爸要告诉你两句孔子说过的话——

孔子说:"把已经学到的东西,常常拿出来温习,不是很喜悦的事吗?"(语译)

孔子又说:"只知道学习,却不加思索,到头来等于白学;只靠思考却不去学习,则因为没有新东西,而变得危险了。"(译意)

在孔子的这两句话里提到了三个词,也就是"学""习"和"思"。"学"是指"学新的东西";"习"是讲"温习",也就是把学过的东西再温习一下;"思"是讲"思索",让学习到的东西能在脑海里多打几个转,甚至引发一些自己的想法,产生一些自己的创意。现在,爸爸要问你,你这个礼拜读了两千多页的书,算是"学"还是"习"或是"思"? 你的答案大概只有"学"吧! ……

孩子! 爸爸不要你拿第一。只希望你做个快乐的读书人,而且快乐地读、快乐地用,常常温习、常常思索。我希望你每星期只读一两本书,却能在读完之后对我提出很多自己的想法。甚至有一天对我说:"爸爸! 你看我也模仿那本书,写了一个小故事。我还画了几个插图呢!"①

引文摘自台湾知名作家、画家刘墉针对女儿只求速度和数量,用竞争的心态来读书而写的家书。信中饱含他作为父亲循循善诱的深情。刘墉早期的励志书都是以子女为对象,擅长叙事说理,娓娓道来。他在《刘墉家书:做个快乐读书人》前言中提道:"我写了这本书,表面看,它只是给我女儿的一封封信。但实际谈的是美、是爱、是公义、是关怀、是开阔……我衷心盼望它不但能点亮十岁到二十岁年轻人的心,也能传达给父母师长一些重要的观念。"

诚如陈叶军所说:"家书提供的是一种更有温度、更有自信、更丰富的话语。"阅读和写作家书,能够激发我们情感的共鸣,经受家国情思的洗礼,积淀内心深厚的人文情怀,传承中华文化的精髓和内核。

---

① 刘墉. 刘墉家书:做个快乐读书人[M]. 天津:天津人民出版社,2020:102-104.

四、传递情感：在技与艺中学会共情

书信作为重要的生活写作方式，它的一般格式、写作要求和注意事项等是作为中小学语文课程学习内容被青少年们掌握的。随着智能通信技术和互联网平台的日新月异，日常生活中鲜有人把书信作为主要沟通交流模式。当前人们写作书信往往是对生活中巨大的变革或突发状况发声，用富有仪式感的文字表达对正义的支持或对非正义的谴责，还有迎难而上、冲锋陷阵的决心和激情。

近来《见字如面》《一封家书》《信中国》等节目一反娱乐快餐风格，表演者尺牍在手，或言辞激切，或温情脉脉，在广大听众和观众中产生较好的反响，成为综艺界一股清流。节目组精心挑选古今中外人们早年的往来书信，邀请各类朗读者用声音动情演绎，使听者"见字如面"，情真意切地感受到信中记录的过往生活点滴细节和撩拨心弦的人情味。怀旧是人类特殊的情感模式，国人则对于"忆往昔"有着深刻而复杂的情感体验，书信集在当代人生活中是过往的记忆，还有许多前人的书信散落在民间，亟须进行保护性搜集。而今流传下来的经典书信，通过演绎者声情并茂的朗读，便能激活人们潜藏的记忆和情愫，生发出珍惜当下的决心和追求美好未来的勇气。

书信立志，青年责任担当的昭示

1. 彰显正确的人生观、价值观

写作书信过程中通过语言词汇的斟酌、修辞手法的运用，具体形象地表达自己的思想情感、信仰观念和家国情怀，能够于细微处现大义，展示当代青年积极向上的精神风貌和永不言弃的责任担当。

2. 涵养休戚与共的人文情怀

通过倾听或者参加书信诵读活动的形式，接受思想和情感的洗礼，将个人置于社会、国家和世界发展大局中，实现从"小我"的满足感升华为"大我"的幸福感和价值感。

【书信赏析】

习近平总书记给南开大学8名新入伍大学生的回信

阿斯哈尔·努尔太等同学：

你们好！我看了来信，得知你们怀揣着从军报国的理想，暂别校园、投身军营，你们的这种志向和激情，让我感到很欣慰。

自古以来，我国文人志士多有投笔从戎的家国情怀。抗战时期，许多南开学子就主动奔赴沙场，用鲜血和生命诠释了爱国、奉献的精神内涵。如今，你们响应祖国召唤参军入伍，把爱国之心化为报国之行，为广大有志青年树立了新的榜样。

希望你们珍惜身穿戎装的机会，把热血挥洒在实现强军梦的伟大实践之中，在军队

这个大舞台上施展才华,在军营这个大熔炉里淬炼成钢,书写绚烂、无悔的青春篇章。①

习近平总书记给青年群体的回信最多,每一封都传递着对来信者真诚的关怀,语言情真意切、简短而实在,传达出对特定收信人或者群体的勉励与信任、关怀与期待,不仅坚定了收信人的理想信念,也使身处同一环境和阶层的群体获得鞭策和激励,廓清了思想的迷茫,明确了使命担当和前行方向。

人与人之间最本真的情感是共通的,书信借文字形式有力地呈现情感的美好与力量,直达我们内心最深处。

【课堂练习】

1. 与同学进行交流分享,谈谈你阅读过的对你的思想或生活产生较大影响的书信。

2. 试着讨论用什么方法可以传承书信写作这一传统交流沟通模式。

专题二　家书如金　家风如雨　润物无声

书信意义上的"家书"最早出现在三国时期曹丕《典论·太子》中:"上书自陈,欲繁辞博称,则父子之间不文也;欲略言直说,则喜惧之心不达也。里语曰'汝无自誉,观汝作家书'。言其难也。"②曹丕文中的"家书"是从民间俚语里来的,是家人或亲人之间往来书信的含义,在曹丕以前已经广泛应用于人们的日常生活中了。在车马邮驿的年代,受传统表达习惯的影响,人们往往倾向于从尺素信笺中了解对方的生活状态和情感世界,所以书信是亲人之间的纽带和联结,更多地承载着写信人情感传达、观点表达和思想共识达成的任务追求。在现代化智能化的当下,人们面对面的交流已经逐步被电子通信和网络平台沟通所取代,选择利用纸质书信作为日常生活交流方式的人已经越来越少,形成了所谓"言"而无"信"的沟通特点,也造成了现实生活中亲情沟通的阻碍和困难,怎样让传统家书焕发出时代生命力是一个值得探究的问题。

一、亲情:家书写作的情感基础

蕴含浓浓亲情的家书既是写信人与家人或亲属们之间的信息沟通和情感交流,也

---

① 习近平. 习近平总书记给南开大学8名新入伍大学生的回信[EB/OL]. (2017-09-25)[2022-01-19]. http://news.cctv.com/2017/09/25/ARTIUwf4PC6pvvmQbqSVVH23170925.shtml.
② 严可均. 全三国文[M]. 北京:商务印书馆,1999:81.

是其人格品质和情怀理想的寄托,是家风和家教得以传承的重要文字载体,对后世读者有一定的启发和借鉴意义。习近平总书记指出:"不论时代发生多大变化,不论生活格局发生多大变化,我们都要重视家庭建设、注重家庭、注重家教、注重家风……使千千万万个家庭成为国家发展、民族进步、社会和谐的重要基点。"而家书则是非常重要的传承载体和情感联结,需要促使其重新焕发时代生命力。

【家书赏析】

梁启超给孩子们的信

（孩子们）：若完全旁观畏难躲懒,自己对于国家实在良心上过不去……你想自己改造环境,吃苦冒险,这种精神是很值得夸奖的,我看见你这信非常喜欢。你们谅来都知道,爹爹虽然是挚爱你们,却从不肯姑息溺爱,常常盼望你们在苦困危险中把人格能磨练出来。……你说："照这样舒服几年下去,便会把人格送掉。"这是没出息的话！一个人若是在舒服的环境中会消磨志气,那么在困苦懊丧的环境中也一定会消磨志气。……我自己常常感觉我要拿自己做青年的人格模范,最少也要不愧做你们姊妹弟兄的模范。我又很相信我的孩子们,个个都会受我这种遗传和教训,不会因为环境的困苦或舒服而堕落的。你若有这种自信力,便"随遇而安"地做现在所该做的工作,将来绝不怕没有地方没有机会去磨练,你放心罢。①

引文摘自1927年5月5日梁启超写给孩子们的信。信中梁启超和孩子们专门针对梁思忠倾向于从事政治军事且要回国进入军队的事进行沟通交流。当时的梁思忠20岁,在海外求学且酷爱各类体能训练。他并不清楚国内政治形势和军阀政党的斗争情况,一心想回国进入军队历练,甚至要参加北伐。梁启超虽然对梁思忠的想法极不赞同,但他非常注意沟通的方式,并不是以长辈的身份进行说教和强制决定,而是耐心地把事业上的利害慢慢和他解释,一面不可以消损他的勇气,一面又不可以听他走错了路,对儿子的冲动和任性始终没有责备和埋怨。直至后来梁启超对于梁思忠仍不放心,还写信给同在海外的女儿梁思顺,让她对弟弟婉转地加以开导和劝诫。舐犊之情跃然纸上,温暖的亲情同样也感染着阅读者,一位深谙教育之道的慈父形象也印在了万千读者心中。

二、家书写作的基本特征和格式规范

重视民间家书价值的学者陈叶军提出,绵延两千多年的中国传统家书包含着修身、齐家、礼仪、教化、爱国等中华传统文化的精华。许多家书透露着写信人的道德操守、独立人格和自由思想,可以说是反映民意和民间思想的宝库。从这个意义上讲,传统家书

---

① 梁启超. 梁启超家书[M]. 天津:百花文艺出版社,2017:58-61.

是集历史学、社会学、文学、美学、伦理学、心理学、档案学、传播学等学科属性于一体的综合载体。

家书一般为纸质手写体,是家人或亲属间传递信息、交流理念、表达祝愿和寄托情感等的重要媒介。家书文字的隽永和厚重,是电话、短信、网络交流等方式远不能及的。历经中外千百年的传承和积淀,家书已然形成了具有丰富性、化育性和仪式感的话语体系。

1. 主体私密,信息交互

家书是亲人之间通信往来的私人信函,由于家书是两人之间的私密性文字,收信人读后,一般不会进行周知性传播,丰富的语言信息与复杂的情感往往被尘封在箱底。"家书是最私密的家庭记忆。"①例如,东汉开国功臣马援,在南征前线听说侄儿马严、马敦的不良表现,便立刻写了家书进行劝诫,对侄子们"好议论人长短,妄是非正法"的行径进行严厉指斥,管教训诫中深藏的是马援对后世子孙立身德行的期盼和关怀。晚清中兴名臣胡林翼致敏弟家书也是就贪欲伤身、知足常乐的世训进行规劝,流露出"兄爱吾弟"的情感。

【范例赏析】

邓颖超给周恩来的一封信

来:……真的,自从你入院,我的心身与精神,时时是在不安悬念如重石在压一样。特别是在前一周,焦虑更冲击着我心,所以,我就不自禁地热情地去看你,愿我能及时地关切着你的病状而能助你啊!现在,你一天比一天好起来,而且快出院了,我真快活!……明天不来看你,也不打算再来,一心一意地在欢迎你回来,我已在开始整洁我们的房子迎接你了。现仅提你注意,出院前定要详细问下王大夫,以后疗养应注意的各种事项,勿疏忽为盼!白药已搽了吗?是否还分一点留用?我拟明晚去看乃如兄并送药给他。情长纸短,还吻你万千!②

引文遣词造句质朴又不乏热情。邓颖超对周恩来生活细节的关照,让我们见证了彼此热烈而温暖的情意,是世间众多情感深厚的夫妇关系的直接映射。周恩来在后来的回信中也是热情回应:"现时已绿满江南,此间方始发青,你如在四月中北归,桃李海棠均将盛开。我意四月中旬是时候了。忙人想病人,总不及病人念忙人的次数多,但想念谁深切,则留待后证了。"夫妻彼此间的深切挂念跃然纸上。

2. 内容真实,情意恳切

"舒布其言,陈之简牍",家书是带着体温的文字,是人间真情的自然流露,被称为

---

① 李惠男.守望与传承:"首届中国家书文化论坛"人物群像扫描[J].思想政治工作研究,2014(6):31.

② 《红色家书》编写组.红色家书[M].北京:党建读物出版社,2016:136-137.

"不会说谎的历史文件",同时家书中的叙事也能够呈现出时风世俗,真实反映一些在社会发展过程中渐已消失的民俗,如舒新城、刘济群的《十年书》记录了两人恋爱经历的曲折,是中国西南一带把男女交游、恋爱看作伦理犯罪并加以镇压的社会现象的反映。[①]作家若泽·萨拉马戈说:"电子邮件上永远不会沾上泪水。"纸质书信的笔墨痕迹有着让阅信者透过文字重温写信人的情绪起伏和内心波澜的神奇功能。

【家书赏析】

抗击新冠肺炎疫情中"医二代"给父亲的一封信

亲爱的爸爸:

您好!自从春节前后,您随北京医疗队去驰援武汉,到现在已经有半个多月了,我很想您。

记得那天,您刚上完夜班回家,我很高兴,因为我们又可以痛痛快快地玩一场"坦克大战"了。这是我最喜欢的乐高游戏,我们用乐高拼装的坦克互相攻击着,你来我往,战斗很激烈。突然,您的手机发出了急促的铃声,您拿起电话,听着听着,脸色突然变得很凝重,原来是武汉新型冠状病毒感染的肺炎疫情很严重,需要北京医疗队驰援,而您恰好是北京医疗队的一员。听到这个消息,爷爷奶奶,妈妈和我都有些担心,但是您却说:"我是一名医生。驰援武汉,阻击疫情的发展是医生的职责所在。这虽然是一场特殊的战争,但是我们必须打胜!"

爸爸,您到武汉一线去了。妈妈坚守岗位已经好多天没有回来了,家里就只有爷爷奶奶和我了,但是您放心,我已经长大了,不仅要努力学习、完成作业;还要照顾好爷爷奶奶,帮他们做一些力所能及的家务,以减轻他们的负担。

爸爸,您知道我从小就喜欢画画,所以当我看到您发给我们您在一线的照片时,我马上拿起画笔,画了一幅"爸爸加油"的画。爸爸,我最喜欢的颜色是白色和蓝色,因为那是您"战袍"的颜色,我也希望我长大后,能披上跟您一样的"战袍",同病毒作斗争。爸爸,我还想说,您是我心中的英雄,在您身上,我看到了克服困难、知难而上的精神,长大后,我也希望像您一样,做一个顶天立地的男子汉。

爸爸,您的工作很辛苦也很危险,您一定要做好防护,注意休息,我在家中等待你们战胜疫情的好消息。我相信等到春暖花开的时候,我们就会迎来你们凯旋的消息。

引文是2020年抗击新冠肺炎疫情过程中一位五年级学生王皓哲写给医生爸爸的一封家书,语言真挚、内容真实、情真意切。信中有对离家参加抗击疫情工作的父母深深的挂念和不舍,为父母分担后方压力的决心和行动,更有着经历灾难洗礼而成长的坚强,和对国家未来发展的责任担当。在这次抗击疫情的战争中,众多"医二代"的孩子们用真情写下了一封封家书,为身处抗击疫情一线的父母鼓劲、呐喊,充分展现了爱岗敬

[①] 金宏宇.中国现代作家书信的文史价值[J].中国现代文学研究丛刊,2016(9):18.

业、积极向善的家庭教育对当代青少年人格养成方面的深刻影响,优秀传统文化的因子和社会主义核心价值观已经内化为青少年一代的精神底色。

3. 修德承善,弘扬正义

家书通常承载着写信人自己的人生经验,凸显出个人道德品质,传递的都是正向进取、乐群守正的人生态度。《训俭示康》是北宋史学家司马光给儿子司马康的家书。司马光从自身说起,对"俭"和"奢"的辩证关系进行反复陈说,展现了司马光本人谦逊正直的品格和生活俭朴的作风,对后世有深远的示范意义。

【家书赏析】

郑板桥给四弟的家书

我不在家,儿子便是你管束,要须长其忠厚之情,驱其残忍之性。不得以为犹子而姑纵惜也。家人儿女,总是天地间一般人,当一般爱惜,不可使吾儿凌虐他。凡鱼飧果饼,宜均分散给,大家欢嬉跳跃。若吾儿坐食好物,令家人子远立而望,不得一沾唇齿,其父母见而怜之,无可如何,呼之使去,岂非割心剜肉乎!夫读书中举,中进士,做官,此是小事,第一要明理作个好人。可将此书读与郭嫂、饶嫂听,使二妇人知爱子之道,在此不在彼也。①

引文是"扬州八怪"之首郑板桥的家书。郑板桥在外为官的时候,不忘给家乡主持家庭事务的堂弟郑墨写家信,告知应怎样正确地养育孩子。《板桥家书》被誉为清代以来平民色彩最浓的家书,是郑板桥自己修订并手书的十六通书信,其目的是向后人传达自己的家庭教育思想、为人处世及读书作文的观点,既通俗易懂,又撼人心魄。他在《板桥自叙》中言道:"板桥十六通家书,绝不谈天说地,而日用家常,颇有言近指远之处。"郑板桥在家书中呈现的民本思想、仁厚观念、读书明理、和待乡曲等主张也是他自我践行的标准,美誉流传后世。

4. 文式规范,修辞不拘

家书从称呼、行文,到结尾的祝颂、落款都有一定的格式规范,是社会伦理和家庭伦常的重要体现,阅信者会自然从中习得社会规范和家庭规矩。晚清洋务派代表人物张之洞在给儿子的家书里写道"示谕吾儿知悉:",落款为"父涛白 八月九日"。曾国藩在给祖父母、父母和兄弟、儿子的家书中都会分别祝颂。道光二十一年(1841)四月十七日,曾国藩身在四千里外的京城写信给远在家乡的祖父,结尾时祝颂祖母:"兹逢折便,敬禀一二。即跪叩祖母大人万福金安。"

家书属于书信,通常遵循书信的文式规范,如《梁启超家书》,梁启超通过书信关爱着九个子女生活成长的方方面面,父爱之情溢于言表。但写作人出于情感表达需要,往

---

① 郑燮.潍县署中与舍弟墨第二书[M]//郑板桥集.上海:上海古籍出版社,1979:16-17.

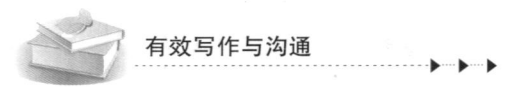

往在写作方法上展现出不拘修辞的状况,还有通过随笔、日记的方式来与友人交流或遣怀的。传颂至今的美谈——安徽"六尺巷"的故事,则是清代重臣张英用诗文作为家书对子孙进行教育的代表。当时张英在京城收到家人的书信,反映与邻家因宅基地的问题产生争执,希望张英利用职位进行干预。他立即写了一首诗作为家书的回信:"一纸书来只为墙,让他三尺又何妨? 万里长城今犹在,不见当年秦始皇。"

【家书赏析】

革命志士张朝燮给妻子王经燕的一封家书

茫茫荆棘,问人间,何处可寻天国? 西出阳关三万里,美你独自去得。绰约英姿,参差绿鬓,更堪是巾帼。猛进猛进,学成归来杀贼。　试看莽莽中原,芸芸寰宇,频年膏战血。野哭何止千里阔,都是破家失业。摩顶舍身,救人自救,认清吾侪责。珍重珍重,特此送你行色。①

引文摘自红色家书集。作为革命伴侣的张朝燮和王经燕在面对革命事业需要和家庭亲情陪伴的矛盾时,既保持着根本目标的一致,又存在认知的差异。1925年秋天,王经燕受党组织派遣到莫斯科中山大学学习,需要离开自己的丈夫和孩子很长时间,她的内心经历着犹豫和斗争。在这种情况下,张朝燮以自己坚定而执着的革命信仰鼓励妻子为党的事业而努力,临别的时候写成了一阕词作为家书,成为妻子革命征程中的温暖力量。

经过岁月的沉淀,家书形成了相对固定的书写格式和礼仪规范,信中须包括:称呼、问候、正文、祝颂、签名和日期几个部分。有些书信还有附言,用以交代未尽事宜,或者补充说明情况。

1. 称呼

书信的称呼格式固定,都是首行顶格,后加冒号。称呼能够显示通信双方的关系,可以在称呼前面加上适当的修饰语,如可以加"尊敬的"或"亲爱的"等词来表达尊敬和亲密,这方面没有统一规定,通常视写信人与收信人关系的亲疏远近而定。著名莎士比亚戏剧翻译家朱生豪先生被誉为"情话文豪"。他给夫人宋清如的书信集被称为"世上最会说情话的人写出的最动人的情书"。他在书信中对宋清如的称谓就超过60种,比如:宝贝、好人、姐姐、二哥、老弟、小鬼头、傻丫头、Darling Boy……鲁迅和许广平的书信往来中的称谓反映了两人关系的发展。第一封信中是"鲁迅先生和广平兄",后来两人关系确定后,许广平称鲁迅为"小白象",而鲁迅称呼许广平为"小刺猬"。"小白象"的出处是林语堂曾夸鲁迅是一头白象,非常珍贵;而"小刺猬"的出处则是鲁迅有一块石刻

---

① 宋贵伦,郭思敏.索我理想之中华:革命先驱诗文选粹[M].北京:北京十月文艺出版社,2001:22-23.

镇纸,上面镌着一只可爱的小刺猬。他们的孩子海婴的乳名也是"小红象"。为两人的感情平添了几分亲密。

2. 问候

　　问候语体现的是写信人的礼仪素养,表达对收信人的尊重,通常是第二行开头空两格。我们最常用的是"您好!""见信好!"还可以根据时令、节庆日等的不同变化使用,如"新年好!""教师节愉快!"问候语之后,也可以使用一些起始语,一般用于已经相识的人们之间,表达写信人对收信人时刻挂念之意,如"好久没有你的消息,甚为想念"等。初次通信者就不需要写类似的问候语,以免画蛇添足。受传统礼仪文化的影响,在使用问候语时需根据对方的年龄、职业和亲疏关系选择合适的词语,才能起到理想的社交沟通效果。

3. 正文

　　正文作为书信的主干部分,格式上通常是问候语后另起一行,行前空两格。如果书信中需要沟通的事件较多,应按照逻辑顺序进行分层分段,切忌重复杂乱,使收信人无法做出准确的信息判断。书信语言要求准确通俗,文从字顺、表意明确是基本要求,在此基础上可以进行适当的文辞修饰。正文作为书信的主体,写作中应注意三点:一是注意使用收信人能够理解和接受的话语进行叙事说理。书信写作的目的是希望通过沟通在共同关注的问题上形成共识,其优势在于可以斟酌词句,避免即兴交流可能造成的冲突和不便当面陈述的尴尬。不利之处在于如果存在话语体系的不对称可能会造成误解,甚至是隔膜。如个性活泼的收信人,书信中言辞过于严肃拘谨往往容易导致反感和抗拒。二是根据需要对信中涉及的内容进行合理安排,做到重点突出,结构完整。如在正文开始部分或者结束之后,简要进行生活方面的问候或者对前次沟通事宜进行回应。三是根据需要采用一定的修辞手法,增强行文的可读性和感染力,如诗词引用、排比对仗等。

4. 祝颂

　　祝颂属于书信的收尾部分,祝愿言辞要符合收信人的身份,与称呼相一致。古时书信,祝颂语大都融贯在正文里,到近代才逐渐单列一栏。常规的祝词是"此致""敬礼",格式是正文后另起一行空两格写"此致","敬礼"在下一行顶格写。我国传统书信祝颂部分,因为不同对象、季节等会有非常精妙细致的遣词用语。如给长辈写信一般用"敬请×安"或"敬颂崇祺",而给平辈写信,则用"即请大安""顺颂时祺"。假如给晚辈写信,只用"即颂""顺问"就好了。鲁迅就曾在给母亲的书信末尾祝颂:"专此布达,恭请金安。男树叩上　广平及海婴同叩　四月一日"。朱生豪给宋清如的书信祝福颇具个性:"我发疯似的祝你好""祝你非常好,许我和你偎一偎脸颊""愿蚊子不要叮你"等。

5. 签名和日期

　　很多事务性文书和程式化函件都要求具名的部分,与祝颂的位置距离根据信纸大小和正文版面来定,正常是页面右下角注明写信人的姓名,姓名正下方是日期。根据写信人与收信人的关系,可以在姓名前标注自己的身份,如"表姐""外甥"等。社交类书信落款一般包含三项内容:自我谦称、姓名、敬辞。家书类落款则需要分为给长辈、平辈和晚辈的。有时写信人还加上自己所在的地点,尤其是在旅途中写的信。还有些书信因彼此关系默契,且所谈之事不便署名常常写"名心具""名心肃",收信人看到笔迹就知道是谁写的了。还有注"阅后付丙"的,意思是读后烧掉不要给别人看到,在天干中"丙"属火,代表此类信件为密信。

相较于彼此间直接的面质对话,家书以其系统性和间接性,能够让收信人深入理解写信人的价值取向、思想观点和情感态度,字里行间可以体察到的温度在今天追求效率的快时代,更有一种别样的慢幸福。家书文化融合着个人、家庭和家国社会的关系,是中华优秀传统文化和智慧源远流长的重要载体。

三、亲子关系:家书写作的沟通目标

受中华传统文化的影响,人与人的之间的关系我们常常会借助志缘、地缘和血缘的区隔来概括。这其中链接最具有韧性和亲密度的是血缘关系,亲子关系就是一种血缘关系。亲子关系存在于家庭内部,是父母和子女之间的关系,具体内容包括亲子之间的权利、义务和沟通等,是家庭迭代相传的基本形式。家庭是社会的细胞,个人的成长尤其是人生观、价值观的形成离不开家风、家教。和谐的亲子关系是激励孩子成长的重要支柱和营养剂,亲子沟通质量往往决定着家庭关系的亲密度和家庭教育的成效。所以说家书中蕴含的文化要义从本质上说是一种亲情文化。

【家书赏析】

编剧麦家给儿子的一封信

关于爱,你必须做它的主人,你要爱自己,更要爱他人,爱你不喜欢的人,爱你的对手。爱亲人朋友是人之常情,是天理,也是本能,是平凡的;爱你不喜欢的人,甚至仇人敌人,才是道德,才是修养,才是不凡的。儿子,请一定记住,爱是翻越任何关隘的通行证,爱他人是最大的爱自己……

呵呵,儿子,你的父亲真饶舌是不?好吧,到此为止,我不想你,也希望你别想家。如果实在想了,那就读本书吧。你知道的,爸爸有句格言:读书就是回家,书这一张纸比钞票更值钱!请容我最后饶舌一句,刚才我说的似乎都是战略性的东西,让书带你回家,让书安你的心,让书练你的翅膀,这也许就是战术吧。

引文摘自当代小说家、编剧麦家写给即将远赴美国留学的儿子的一封信,这封信被誉为"2017最美家书"。文字里不但有父亲的叮咛嘱咐、对生活感悟的分享、对人生的探讨,也有不吝表达的切切爱子之心。

四、两性交往:在分寸感中表达情思

爱情是人类永恒的话题,古今中外无论是民间故事还是文学经典,沐浴着爱情的人们都是甜蜜而沉醉的。曾经感天动地的爱情故事和故事里的人们都已经逝去,但是那些动人的情话却在泛黄的纸张上一直流传着。现代文学史上的情诗经典,如徐志摩的《偶然》、卞之琳的《断章》、戴望舒的《雨巷》,自创作以来被无数青年浅吟低诵。而沟通人们灵魂密码的往来书信则成为爱情重要的载体,如徐志摩、陆小曼的《爱眉小札》,蒋光慈、宋若瑜的《纪念碑》,庐隐、李唯健的《云鸥情书集》等。[①]

对大学生来说,对爱情的向往和追求是青春美好的纪念。在青年两性交往中,书信往来记录了彼此情感发展的历程,具有非常重要的纪念价值。综观流传于世的情书典范,语句修辞、表达方式等千差万别,但有一些要素是共通的:一是态度真诚。所谓非诚勿扰,既然是要发展一段美好的情感,就必须确立正确的爱情观,切忌抱着无所谓或者玩弄游戏的态度。二是要熟悉对方的语言接受习惯和兴趣爱好等,在书信交流中能够让对方留下深刻的印象和好感。三是要予以尊重,在书信中可以表达希望彼此成为恋人的愿望,如果对方没有意愿就不应强求,更不可以采用极端的言行表白:让对方产生非常不愉快的体验。作为接受高等教育的青年,我们通过阅读见识了不同年代青年们将爱情与人生理想融合而谱写的动人乐章,尤其是爱情书简中跳动的符号会自然激发我们对爱情的不同觉知,从而写作出属于新时代青年的爱情告白书。

【课堂练习】

请结合自己的生活经历写作一封家书,能够充分展示你的情感态度、价值观念和思想境界,要求感情真挚、语言规范。

本篇小结

本篇《生活写作:纸短情长 见字如面》从青年的情感智力成长、生活写作观养成、核心价值观生成和责任担当意识四个方面介绍了书信育德、明心、寄情和立志的功能。立足家书在优良家风形成和传播中的关键作用,介绍了家书写作的情感基础、基本特征和格式规范、沟通的目标,以及在两性交往中如何把握表达分寸,成就美好情缘。历史风霜的洗礼积淀了中华民族深厚的文化底蕴,作为社会基本细胞的家庭借助家规、家法等硬约束和家风、家训、家书等软约束为中华千年文明的传承和弘扬注入了不竭动力。跨

---

① 陈漱渝.两地相思一样情:读《两地书》断想[J].鲁迅研究月刊,2018(11):93.

越时空的家书是承载家风、家训内涵的重要载体,阅读者能够从中受到家庭教育和社会教育的熏陶渐染,继而产生传承优良传统、传播社会正义的自觉,实现个人价值追求与国家利益发展的和谐统一。

【拓展阅读】

1. 傅雷.傅雷家书[M].北京:生活·读书·新知三联书店,1981.
2. 叶圣陶.怎样写作[M].北京:中华书局,2013.
3. 刘墉.做个快乐读书人[M].北京:北京联合出版公司,2014.
4. 海莲·汉芙.查令十字街84号[M].陈建铭,译.南京:译林出版社,2016.
5. 董卿.朗读者:青少版[M].北京:人民文学出版社,2017.

> ◆ 笼天地于形内,挫万物于笔端。(陆机《文赋》)
> ◆ 操千曲而后晓声,观千剑而后识器。(刘勰《文心雕龙》)
>
> ——题记

第三篇　事务写作:询事考言　相机而动

本篇要点

- 事务写作是因事而起的任务沟通型写作。
- 事务写作具有明确的目的性和稳定的规范性。
- 主旨、材料、结构、语言等是事务文书的重要写作要素。
- 申请书、自荐信、计划与总结、策划书等是常见的事务文书。

核心概念

任务沟通;主旨先行;言之有物;言之有序

内容导图

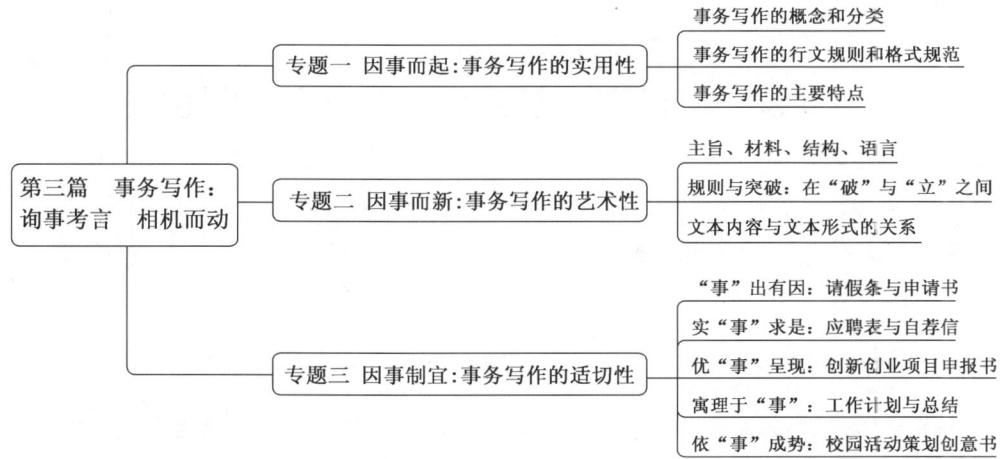

【引导案例】

金雪的应聘表

大四学生金雪坐在书桌前,打开电脑,开始填写自己的求职应聘表。她在"政治面貌"一栏输入"中共党员"四个字时,想起了向辅导员递交入党申请书的情景;她在"个人社会实践"栏中按照时间顺序,依次列出自己组织或参加过的各项校园活动时,仿佛回到了和同学们一起撰写活动策划书的场景;她在"所获荣誉"一项中首先写下的是"'挑战杯'全国大学生学科科技作品竞赛三等奖",这是她大学期间付出心血最多的一次比赛,她跟着指导老师一次次地修改完善课题申报书,学到了很多……应聘表虽然不长,但金雪却花了一整天的时间不断调整修改,她感到这份薄薄的应聘表凝结了四年的努力和奋斗,她会一如既往地认真对待这一次的写作任务,为自己的大学生活做一次总结,为将来的职业生涯开一个好头。

【案例分析】

金雪在填写求职应聘表时,涉及大学期间的许多事务写作情境,这些写作任务基本上都是因事而起的:为了表达加入中国共产党的志愿,她认真撰写了入党申请书;为了更好地开展各项活动,她和同学讨论完成校园活动创意策划书;为了参加"挑战杯"比赛,她跟着老师学写创新创业项目申报书;为了获得理想的求职岗位,她总结过往、制作求职应聘表……所以说,事务写作是一种实用性的任务写作,也是与每个人的工作、生活密切相关的应用型写作。学会高效合理地写作事务文书,可以使沟通任务事半功倍。

专题一　因事而起:事务写作的实用性

一、事务写作的概念和分类

(一)什么是事务写作?

事务写作,顾名思义就是写作者针对事务性需要所进行的书面文字表达与沟通,是机关、团体、企事业单位以及写作个体在处理日常事务过程中,用以交流信息、总结得失、规划工作、探讨问题的一类文书的总称。事务写作的核心目的,在于面对某个具体的问题或者实际的任务,通过切实可行的写作沟通,实现问题的解决或任务的完成。

这样的任务一般情况下都是比较具体的实际工作。比如为了顺利开展某项活动,需要广泛调研,精心策划,认真撰写策划书;为了缓解当前工作的经费压力,可以结合实

际情况,向上级部门提交及时有效、准确到位的经费请示;为了增加获得心仪的工作岗位的机会,必须准确分析自身特点,深入了解岗位要求,用心打磨形式与内容俱佳的求职自荐信等。还有些时候是为了表明立场,发表观点,如遗失声明一般用于表明发文者不再使用某个证件,此证件作废的态度,对于受众来说,并没有直接具体的任务要求。

不动产权证书遗失声明

  王舟因保管不善,将230028556号不动产证书遗失,根据《不动产登记暂行条例实施细则》第二十二条的规定申请补发,现声明该不动产权证书作废。

  特此声明。

声明人:王舟
2019年11月18日

(二) 事务文书与法定公文有何关联?

  中共中央办公厅和国务院办公厅专门发布《党政机关公文处理工作条例》,逐一列出决议、决定、命令(令)、公报、公告、通告、意见、通知、通报、报告、请示、批复、议案、函、纪要这十五种法定公文,并对它们的适用范围、格式规范、行文规则等方面进行了严格具体的规定,凸显法定公文的严肃性和法定性。与这十五种法定公文相比,事务文书的范围更加宽泛,不仅包含在党政机关事务工作中对这些法定公文的选择和撰写,还有许多涉及一般公共事务或私人事务的其他文种,比如请假条、策划书等。事务文书的分类不像法定公文分类那样具有严格的排他性,其分类原则、种类界定、文种归并是相对的,经常使用的事务文书至少有三四十种,常见的、重要的有计划、总结、申请书、策划书、调查报告、简报、会议记录、开幕词、闭幕词、述职报告等。

  事务文书虽然不是法定公文,但与党政机关工作联系密切,甚至可以在行政工作中替代法定公文发挥效力,使用频率和范围已经远远超过法定公文,在机关团体使用的文书中占有"大半壁江山"。而且与法定公文相似的是,事务文书往往也有较为固定的格式和较为严格的写作规范。总体来说,事务文书使用范围更为广泛,用法较为灵活,因此必须给予足够的重视。

(三) "事"的要素与分类有哪些?

  事务写作中的"事务"涉及工作、生活的方方面面。从事务的性质角度看,有些是常规性的工作事务,有些是突发性的临时事务;从事务的时间角度看,有些是未雨绸缪的规划性事务,有些是回顾过往的总结性事务;从事务的主体角度看,有些是单位部门的公共事务,有些是个人生活的私人事务……

  从"事"的主客体要素角度看,公共事务的写作者与沟通对象,大多是与事务写作相关的单位部门或群体公众。比如单位内部的通知、通报,主要面向的是本单位的员工;单位之间的信函往来,涉及的也是以单位为主体的写作对象;请示、报告等上行公文,则主要是本单位的直接上级领导单位。相对而言,私人事务的写作者与沟通对象,大多是与事务写作相关的个人，比如请假条、留言条等，面对的是领导、老师、同事、朋友等个体之间的关系对象。而个人的计划、总结等事务写作，既包括呈现给别人看的自我展示的书面材料，也包括仅限于自我管理的私人文书。

从"事"的所指范围角度看，有的事务文书主要目的在于加强组织内部的政务管理，如计划、总结、通知、纪要等机关事务文书，有的则主要指向外部，如倡议书、邀请函、贺信、演讲稿等社交类事务文书，该类文书旨在帮助人们有效沟通、交流情感，实现了解、信任、沟通、协调、合作的目的，恰当得体的社交类事务文书既能推进工作便捷开展，又能促进互相交流沟通。

二、事务写作的行文规则和格式规范

（一）事务写作的主要行文规则

1. 注重实效，方便操作

事务文书因事而起，指向解决问题的根本目的。因此行文之时，应当着重考虑内容的针对性和方案的可行性，切忌空洞敷衍、废话连篇。2020年初，新冠肺炎疫情暴发之时，全国上下，万众一心，抗击疫情，尤其是广大医务工作者冲锋陷阵，面对病毒逆向而行，全力保障人民群众生命健康安全。但是由于患者就诊量大，医护人员众多，医疗防护用品消耗大，许多医院物资告急，此时出现了一些医院和疫情防控指挥部门面向社会征集医用口罩、医疗设施等的通告、公告。

关于征集疫情防护物资及采购线索的通告
（第6号）

社会各界人士：

随着新型冠状病毒感染的肺炎疫情发展和投入医护人员、防控力量的加强，各种防控物资特别是医用消杀用品和防护用品保障成为当务之急，为缓解我县防疫物资极度紧缺的压力，坚决打赢疫情防控保卫战，在此，向社会各界征集疫情防护物资及采购线索，恳请各界伸出援手积极提供。

一、紧缺的防疫物资清单

医用外科口罩、医用N95口罩、医用防护服、一次性医用口罩、医用护目镜、医用防护面罩、医用工作帽、医用隔离服、一次性防护鞋套、医用一次性手套、乳胶检查手套、消毒水及喷剂（含乙醇）、速干手消液（含乙醇）等。

各类防护物资均要求在保质期内，正规厂家生产，符合国家相关质量标准。外包装完好，无污损。

二、部分防疫物资需符合或高于以下国家标准

医用外科口罩：YY0469－2011

医用一次性手套：GB10213－2006

三、联系电话

××××××××××××

请各界人士积极利用各种社会关系,寻找防疫物资供应单位和供应渠道,发现更多的防疫物资供给线索,及时提供给县新型冠状病毒感染的肺炎疫情防控指挥部,指挥部将按照合法合规方式进行统一对接采购。

对提供有效线索并确认采购的,将给予500—2000元的奖励;重大突出贡献者将给予通报嘉奖。

衷心感谢社会各界对新型冠状病毒感染的肺炎疫情防控工作给予的大力支持!

××县新型冠状病毒感染的肺炎疫情防控应急指挥部

2020年1月30日

这样的事务文书以面对实际事务、解决当下难题为首要宗旨,直截了当地提出"向社会各界征集疫情防护物资及采购线索"的明确主旨,并且具体准确地列出详细清单、规格要求等细节,给出清楚有效的联系方式,鲜明地体现了事务写作注重实效、方便操作的重要行文原则。

2. 理顺关系,找对方向

由于事务文书经常涉及相关单位或部门之间的任务沟通,写作时就必须考虑发文单位与收文单位之间的行文关系。常见行文关系包括请示、报告、申请等上行文;批复、决定等下行文;信函等平行文;通知、通告等通行文;计划、总结等中性行文等。对于不同的写作情境,需要选择合适的事务文书,既不能错用文种,也不能越级行文(法律规定的特殊情况除外)。

在不同的行文关系中,写作沟通的具体要求也有不同。比如对于上行文,应当在语言表达方面选择恰当的措辞、谦恭的用语和表示尊重的结尾。对于下行文,需要选择合适的文种,注意表达的准确庄重,突出执行的步骤要求等。

3. 讲究逻辑,文从字顺

在事务文书的写作过程中,写作者要根据沟通任务的具体情况,依照一定的逻辑关系,进行有序性的书面表达。只有在文中体现出清晰完整的逻辑路线,才能方便读者掌握信息结构,了解写作思路和内容,实现有效的任务沟通。

这种逻辑关系一方面体现为事务文书的文面逻辑,即文章的开头、主体、结尾的完整表达和段落层次之间的起承转合等。另一方面,还体现为事务文书行文的内在逻辑,即"提出问题——分析问题——解决问题"的基本规律。

(二)事务写作的格式规范

事务文书一般都具有相对稳定的格式规范。一篇格式完整的事务文书在文本组成方面一般包括:

1. 标题

事务文书的标题大致有以下几种拟写方法：

一是公文式要素构成法。一般由发文机关、发文事由和文种三要素组成，如《××社团关于开展"阅读经典，体悟人生"主题活动的申请书》。这其中的三要素可以根据具体情况省略发文机关或者发文事由，如《全民健身计划》《新生入学教育演讲稿》等，或者只写文种名称作为标题，如《请假条》《通知》等。

二是正副标题法。这种标题一般需要提炼一个让人耳目一新的正标题，有助于提升文本主旨，给人留下深刻印象，另外再附一个中规中矩的副标题。比如《光影人生，守护心灵——××电影协会经典影片推介活动策划书》等。

三是文章式标题法。这类标题与常规文章标题类似，可以有更加灵活的发挥空间，如一些演讲稿的标题，《寒门难再出贵子？》《我的中国梦》等。

2. 称谓

申请书、求职信、请假条等书信类文书，演讲稿、述职报告、开幕词等讲话类文书，一般都要有称呼，也叫抬头。这些称呼可以是比较明确的对象，比如"尊敬的××老师""尊敬的××公司领导"等；也可以是比较笼统的称呼，比如"敬启者""同志们""女士们先生们"等。

并不是所有事务文书都一定要有称呼。比如计划、总结、策划书等，一般都不需要加称呼，而是直接在标题下切入正文。

3. 开头

事务文书的开头可以有多种变化。有的是介绍相关背景，比如求职自荐信的开头一般要大致介绍求职者的基本信息和主要特点；倡议书的开头经常描述提出倡议的背景情况，使受众更加深入地理解文章的核心要义等。有的是营造和渲染氛围，比如开幕词的开头可以通过对现场环境、人物心情等方面的描写，带动听众的感情共鸣。更多的事务文书开头采取开门见山式，即在开头处立刻鲜明地表达文章的主要观点或需要完成的主要任务，让读者迅速准确地完成对文章主旨的理解，并对任务的执行了然于心。

4. 主体

事务文书的主体部分可以根据具体情况安排结构。有时沟通任务简单，内容简短，就可以写得言简意赅，言到即止，比如日常事务文书中的请假条，主体部分只要准确交代请假事由、请假时限等必备要素即可。也可以条分缕析、分条列项，围绕文本主旨，从几个侧面或者几个角度进行充分阐述，比如活动策划书的主体部分，需要从活动对象、活动时间、活动流程、活动经费、活动预期等多方面进行事无巨细的阐述。还有些事务文书的主体部分直接采用表格呈现的方式，使相关内容得到更加直观的呈现，比如一些任务性的时间计划表、日常性的工作安排表等，受众可以从主体表格中清晰获得时间、人员、事项、要求等主要信息，简洁明了。

5. 结尾

事务文书的结尾有些是固定模式,比如"特此申请""本计划自发布之日起实施""此致敬礼"等;有些是总结归纳全文,再次强调文本主旨;也有些事务文书不用结语,言到即止,干净利落。

6. 落款

大多数事务文书的落款包括发文单位(或作者)署名、时间两项。有些事务文书的署名和发文时间会居中写在标题之下、正文之前,这样落款处就不需要再次署名和写成文时间。有些正式发布的事务文书还需要加盖发文单位公章,表示正式发文。

有些日常事务文书内容简短,格式稳固,形成约定俗成的表达方式。比如借条类文书常用格式模板如下:

[抬头]　　　　　　　　借条\今借到

[正文]　　写明对方姓名、机关、单位的名称。写明物件或款项的数量。写明约定的归还日期。涉及的数量应用汉字大写。数字前后、数字之间不留空;数字不转行。

[落款]　　　　　　　　　　　　　　　　　　　　　　　　署名

日期

在格式方面,事务文书一般还要注意字体字号、行间距、页码等页面布局方面的规范,尽量做到美观大方、得体舒适,有助于更好地实现解决问题、完成任务的沟通目的。如果是在党政机关公共事务中的文书,一般可以参照执行《党政机关公文处理工作条例》(中办发〔2012〕14号)和《党政机关公文格式》(GB/T 9704-2012)的具体格式规定。

三、事务写作的主要特点

事务写作的主要目的是实现人际交往、公共事务过程中的任务沟通,从而完成传递信息、交流情况与经验、处理公务、解决实际问题等任务,一般都有特定的接收对象,主要有以下几个特点:

(一) 实用性强

事务写作是面向具体事务而进行的实用性写作,写作者归根结底是为了完成相关具体任务的需要,因此事务文书具有很强的实用性和直接的目的性——或以规章制度等事务文书实现规范约束的目的,或以通知、通报等行政文书协调指导工作,或以申请、信函等往来文书传递信息、解决问题……这样的实用性也决定了事务文书需要主旨明确、逻辑清晰、表达到位、真实可信、针对性强,只有这样,才能切实提高事务写作解决实际问题的实用性。

(二) 格式稳定

大多数事务文书一般都有相对稳定的惯用格式。求职应聘时,有分门别类的应聘表格和自荐信;项目申报时,有规范的项目申报书或申请书模板;甚至有些文书已经被制成方便填写的格式化文本,比如一些单位印制了专门的空白请假条,请假人只需在表格上根据具体情况填写请假人、请假事由、请假时间等主要信息即可。当然,事务文书的格式大多是约定俗成的,有些时候可以根据具体情况进行适当的创新改造,做到因地因时制宜。

(三) 适用广泛

事务写作的应用范围非常广泛。工作中遇到人力、物力、财力等各方面的困难,或面临超出职权范围的新情况、新问题,可以用事务写作的方式向上级部门主动沟通,请示汇报,使问题得到及时的反映和解决。面对需要与其他单位或部门进行交流商量、共同完成的任务时,可以通过情况简报、函等文种进行正式而有效的沟通,促进工作的推动。策划书等文种则是帮助梳理和细化一些有创意的想法或思路,并促使其得到落实、获得实施的重要事务文书。学习时,计划、总结、项目申报等事务文书,可以帮助更好地规划时间、制定目标、反思调整,也能增加获得施展才华的项目平台的机会,真正做到学以致用、学有所获。生活上,请假条、申请书等事务文书的使用非常普遍,既按章办事,又方便实用。

【课堂练习】

请按要求撰写以下日常事务文书:
1. 领到班级体育活动器材2套,写一领条。
2. 借用合唱团音响,写一借条。
3. 遗失图书馆的图书一套,写一启事。
4. 遗失证件一份,写一声明。

专题二 因事而新:事务写作的艺术性

一、主旨、材料、结构、语言

事务写作的核心目标在于选择恰切的文种、运用合适的材料、组织得体的语言,呈现一份主旨鲜明、结构完备的实用性文书,从而较好地实现交流,完成沟通任务。这其

中涉及主旨、材料、结构、语言等重要因素,都是促使事务写作更具针对性、实用性和艺术性的重要维度。

(一)主旨先行是事务写作的重要特征

事务写作是源于人际沟通过程中的任务性写作,这样的写作常常是为了解决某个具体的问题,完成某项特定的任务。因此,写作者往往在落笔之前,早就有了明确的写作任务,或者鲜明的文章主旨。事务写作既不是无病呻吟的随笔书写,也不是情到深处的笔尖宣泄,而是简洁明了,直奔主题,旨在解决问题,完成任务。因此写作时必须时时处处围绕明确目标,彰显文章主旨于行文始终。具体而言,事务写作的主旨体现有时是标题明旨,让人一目了然,比如《上半年教学工作计划》《关于表彰校三好学生的决定》;有时是开门见山,于起始段以提纲挈领的总起句,概述文章主旨。比如在述职报告的开头总述整体表现:"本人任现职以来,严格履行岗位职责,认真学习,努力工作,较好地完成了本职工作和领导交办的各项任务,任现职以来年度考核全部优秀。"总结文种则会在开头表明:"为总结学习经验,发现学习规律,指导今后的学习与工作,特对这段时期的学习总结如下";有时是文中显旨,通过多个小标题的形式,在具体行文时不断强化文章主旨,比如围绕"精细化管理"的文章主旨,可以通过"理顺体制,进一步落'细'责任""完善机制,进一步落'细'举措""健全标准,进一步落'细'标准"等小标题的形式,充分突出文章主旨,使人印象深刻……不管何种方法,归根结底都是为了使受众能够准确把握文章主旨,从而迅速获得重要信息,并结合实际情况给出相应的对策反映,有效促进任务沟通。有时在结尾时再次深化主旨,或总结全文,或提出希望,或展望未来,比如"各相关部门要加大督查力度,确保年底完成本计划的目标任务"。

(二)材料支撑是事务写作的重要基础

为了充分凸显主旨,必须有充足的相关材料使文书言之有理、言之有物,否则就容易变成口号式的空洞说教。比如在自荐信的撰写过程中,不能一味以贴标签的形式,简单定义求职者如何"德行兼备""品学优良""能力出众",而应当通过对其主要表现和重要事迹的材料整理,以事实说话,让受众从诸如奖学金和竞赛获奖的等级和次数、社会实践活动的情况等方面,自然而然地认识到求职者的全面表现,既有说服力,又能给人留下深刻印象。再比如,本节主旨是说明"材料在事务写作中的重要性",那么除了理论性的阐述之外,结合具体的事务写作文种进行举例说明,加深读者理解,增强说服力,从而更加有助于促进有效沟通的目标实现。为了使写作时能够有话可写,材料基础必不可少,这就要求写作者在平时有主动积累的意识,既要搜集整理与本职工作相关的直接材料,也要归纳学习写作的相关理论等。当然,在具体的写作过程中,不能简单地罗列材料,而要精心选择,巧妙剪裁,选取与主旨关系密切的、真实准确的、具有现实意义的、典型新颖的材料,这些都需要经过反复的练习和不断的打磨才能做到游刃有余。

(三)结构框架是事务写作的逻辑体现

事务写作必须根据表达主旨的需要,合理选择和整合材料,使文章成为一个有机的整体，体现内在的逻辑，这种谋篇布局、通篇构思的外在体现就是一篇文书的结构框架。一般来说，常见事务文书的表层结构主要包括标题、开头、主体、结尾等部分，其中主体部分又包括段落、层次、过渡、照应等结构要素。在表层结构之下，暗含的是写作者围绕文章主旨进行的"提出问题—分析问题—解决问题"的内在结构。比如在撰写某市景区环境污染情况调查报告的时候，就可以根据调查目的和调查结果，结合调查材料，按照"问题呈现—原因分析—解决措施"等逻辑结构，依次概述现状、分析原因，并提出看法和建议。

（四）语言表达是事务写作的具体落实

一般而言，事务写作的语言表达要尽量做到真实准确、严谨庄重、简明扼要、平实易懂，这是由事务写作的特点决定的。真实准确的现象阐述和数据陈列，能够切实推进高效正向的任务沟通；严谨庄重的标题拟写和行文转折，有助于实现文章主旨的恰当凝练；简明扼要的归纳整理和首尾点题，可以使文章纲举目张、条分缕析；平实易懂的字词句段，使文章呈现出明白晓畅、恰如其分的文面特征……因此，事务写作者必须努力追求"以最俭省的笔墨恰当地表达最丰富的内容，分清主次，区分详略"，达到"疏处能跑马，密处难容针"的境界[①]。

二、规则与突破：在"破"与"立"之间

事务写作有许多规范和要求，有些常见文种在格式、语言等方面具有程式化的特征，初学者往往易于模仿，上手较快，但是也容易造成"千篇一面"、因循守旧的不足。对此，写作者应当有破旧立新的勇气和推陈出新的创意，在遵循规则和创新突破之间，寻求事务写作的最佳状态，既能有效完成沟通目标，又能促进良性互动、深化沟通交流。事务写作者可以从以下几个角度达到"破"与"立"的辩证统一：

（一）破老话立新意

事务写作的情境有很大部分是出现在常规工作中，比如每年的工作计划和工作总结等，大多数单位部门的常规工作都是老生常谈，年年相似，写作者要善于从常规和相似中发掘新意、阐发深意、提高立意。比如可以结合当下"不忘初心、牢记使命"主题教育，于常规工作中阐发基层工作人员坚守岗位的使命感和责任感，发掘平凡重复的基础性工作中的初心体现，使常规工作增加新的"附加值"。

（二）破旧知立新知

在任务沟通过程中，经常会面对新情况、出现新问题，写作者必须跳出因循守旧的思维定式，破除经验主义的模式套路，积极吸纳新思想、新观点，因时而变，与时俱进，只

---

① 房立洲.公文掌上课堂：实战36技[M].杭州：浙江大学出版社，2018：6.

有这样,才能使事务写作贴近时代,利于沟通。比如某三甲医院积极推进分级诊疗,利用现代互联网、多媒体等先进技术,改善医疗服务制度,写作者敏锐地捕捉到这种全新工作模式产生的时代大背景,以"打破医院'围墙','互联网+'推进分析诊疗"为题撰写了该医院建立基于互联网医疗的分析诊疗手术协同服务体系的经验介绍报告,使人眼前一亮。

(三)破常规立新例

这一点主要体现在事务写作的规范化形式和创新性表达的关系方面。比如常见的礼仪性讲话稿结尾大多表达对与会者的美好祝福,一般采用"祝工作顺利、生活愉快"等常规表达,某单位年终联欢会上,领导致辞的结语是:"最后,我送大家三朵花——祝大家的生活如'日出江花红胜火'、心情是'今年花胜去年红'、事业像'映日荷花别样红'!"巧妙化用古诗词中包含"花"的诗句,既表达了讲话者契合情境的美好祝愿,又使表达不落俗套,体现出讲话者的真诚用心,给人留下深刻印象。

三、文本内容与文本形式的关系

在任务沟通过程中,文本形式是重要的沟通载体,承载的是沟通主体的核心主旨,二者之间应当是相辅相成的关系,恰到好处的文本形式能够更好地促进文本内容的呈现与输出,反之,言之有物的文本内容也能使文本形式充实饱满。"在任何案例中,成功的沟通都发生于作者想要传达给读者的讯息,刚好被读者掌握住了。作者的技巧与读者的技巧融合起来,便达到共同的终点。"①因此,写作者必须深刻理解不同文本形式的不同特征,结合具体情境,选择合适的文本形式,从而使沟通表达事半功倍。比如秘书为领导写作讲话类文稿,要能够站在领导的立场、角度,切实感受领导的所想、所感、所思;要综合考虑领导的学习背景、年龄性别等因素;要掌握领导的语速和常规的口头表达方式……只有这样才能撰写出切合讲话主体的合适文本。

当然,如果要在事务写作的规范模式中穿插个性表达,必须非常谨慎,只有切合情境、符合沟通主体特征,才能锦上添花,否则只会适得其反。下文是一个比较成功的个性化事务写作案例——××大学文学院工会组织教职工参加一次简单的秋游活动,主要是室内的品茶游戏和室外的散步游玩,应该说活动本身的创意性并不是非常突出,更加趋于简单常规的小活动。但是在精心打磨之下,一份不一样的策划书,使这次的活动具有了不同寻常的品位和意义。

首先是该份策划书将标题定为"××大学文学院工会桂秋雅集策划",秋游活动提升为"桂秋雅集"之事,十分契合文学院教师的身份特色。

其次是前言部分,用四六骈文的形式写出活动背景、活动意义等方面的内容:"总文

---

① 莫提默·J.艾德勒,查尔斯·范多伦.如何阅读一本书[M].郝明义,朱衣,译.北京:商务印书馆,2004:9.

人之雅集,都学士之清娱""善矣夫秋,非高朋无以同赏;快哉此风,非知者岂足同乘"。

再次该份策划案将活动目的凝练为"敦文院之素好,寄山水之幽情",将活动主题拟定为"晤言一室之内,放怀林麓之间"。具体而言,所谓"晤言一室之内",囊括的是象棋、围棋、掼蛋、三国杀等桌游棋牌游戏,题诗联句、投壶飞镖等室内活动;所谓"放怀林麓之间",包含的是沿运河大堤漫步、漫游生态公园,俯察微波潋滟、仰观野云孤飞,垂钓于绿杨荫底、流憩于古运河边。

由此可见,精心打造的文本形式可以使简单常规的文本内容焕发出别出心裁的创意亮点,古人云"言之无文,行而不远",事务写作既要有充实丰富的写作内容和写作材料,也不能忽略对写作形式的打磨和创新。换言之,写作者能够从课本和课堂学习中掌握常见事务文本形式的一般写法,但是要想在写作实践中脱颖而出,使写作沟通与众不同,就必须认真把握文本形式与文本内容的关系,不断提升文本形式的完善性与契合度,从而促进文本内容传达的准确有效性。

专题三　因事制宜:事务写作的适切性

一、"事"出有因:请假条与申请书

大多数事务文书都是因为有事情有任务才被动写作的。因为一些无法克服的困难或临时出现的状况,不能参加某个活动或课程,于是需要撰写请假条,履行请假手续;因为需要获得某种帮助或支持,所以才拟写申请书。而这些具体的原因和确切的请假时间等,都必须清楚明白地在文书中表达出来。

(一) 请假条的结构与写法

请假条是指因某种原因参加某项工作或学习活动,而请求相关负责人准许的文书,具有简便、灵活的特点,是一种很重要很常用的事务文种。请假条的结构要素主要包括标题、称呼、正文、落款。

1. 标题

居中写"请假条",用来表明此文是用来请假的。

2. 称谓

在标题下空一行顶格写接受请假或有批假权的组织、单位等的名称或有关负责人的称谓等。

3. 正文

此部分要写清楚请假的原因,请假的起止时间,不能只笼统含糊地写"因有事请假"

或"请假一到两天"等。

4. 落款

署名写在正文右下方处。日期写在署名下面,另起一行。

有这样一份请假条:

> 左老师:我今天头重鼻塞,下午的时候去校医院打了针、配了药。望老师批假。
>
> 张×× 李××

这份请假条出现了许多容易忽视的问题。首先是格式问题,缺少标题和完整规范的落款,称呼与正文没有分段。其次是请假的缘由和主旨含糊。"我今天头重鼻塞,下午的时候去校医院打了针、配了药"可以看作是请假的缘由,但是已经打过针,配过药了,那么为什么还需要请假呢?也许是要请假休息,但是没有明说。而文书的主旨句也没有出现,即请什么假?请多久的假?这些都应该明明白白清清楚楚地写出来。最后,落款处既没有写明具体日期,署名处又出现了两个人的名字,文中却只有一个人生病,这也是非常随意和想当然的错误。

根据具体情况,这份请假条可以修改如下:

请假条

左老师:

  我今天头重鼻塞,下午的时候去校医院打了针、配了药,医生建议我休息两天,因此我不能上周三、周四两天的课,恳请老师批假。

学生:张××
××××年×月×日

一些单位将请假条制成标准格式,请假人只需填写必要的请假要素即可:

请 假 条
本人因_____,需要请假,请假时间自____年____月____日至____年____月____日,共____天,恳请领导批准。   此致 敬礼 <div align="right">请假人:</div><div align="right">日　期:</div>
审批领导:　　　　　　　　　　　　　　　　　　审批时间:

(二) 申请书的结构与写法

申请书与请假条有相似之处,都是提出某个具体要求,希望得到别人或上级的同意。但二者又有不同:请假条一般比较简单明了,篇幅短小;申请书则需要根据实际情况,比较详细地写清楚相关的背景、自己的条件、申请的事项等。一般来说,不管是思想政治生活方面的入团申请书、入党申请书,个人工作学习方面的入学申请书、工作调动申请书,还是日常生活方面的经济困难补助申请书、开业申请书,都有相对固定的模式、比较常见的要素和规范具体的表达。

1. 标题

申请书的标题通常使用"申请书"三个字,也可以采取"事由+文种"的模式,比如"入党申请书""开业申请书"等。

2. 称谓

在标题下空一行顶格写接受申请的组织、单位等的名称,或有关负责人的姓名、职务等,比如"敬爱的党组织""尊敬的陈校长"等。

3. 正文

这部分要写清楚申请的事项、理由、目的等具体内容,并且要表明自己的决心、态度等。这些内容一般要分条列项或分段论述。

4. 结尾

申请书的结尾一般采用书信体的结尾方式,即用"此致敬礼"之类的固定结尾用语。也可以用请示性的"祈请批复""恳请批准"之类的表达。

5. 落款

即申请人或申请单位的署名和日期。如果是单位申请,还需加盖单位公章。

【例文】

入党申请书

敬爱的党组织:

　　今天我怀着十分激动的心情,郑重地向党组织提出:我申请加入中国共产党,愿意为共产主义事业奋斗终身。(开宗明义,点明主旨,明确申请事项)

　　我出生在一个共产党员的家庭,从小祖父祖母的言传身教给我留下了不可磨灭的印象,那就是没有共产党,就没有新中国。……我决心要在党组织的培养和帮助下,在实现中国梦的实践中放飞青春梦想,在为人民谋幸福的不懈奋斗中书写人生华章!(从成长背景、对党的认识等角度阐述申请理由)

　　我深知,一名合格的共产党员……需要在不断改造客观世界的同时,努力改造自己的主观世界,树立马克思主义的科学世界观。……所以,在平时的工作、学习和生活中,我以党员的标准时时处处严格要求自己……争取从一名普通的大学生早日成长为一名合格党员。(从自我理解角度继续阐述申请理由)

　　如果党组织能批准我的请求,我一定拥护党的纲领,遵守党的章程,履行党员义务,执行党的决定,严守党的机密,对党忠诚,积极工作,刻苦学习,为共产主义奋斗终身。如果党组织没有批准我的请求,我也不会气馁,我将继续以党员的标准严格要求自己,

及时充实、提高自己,以更饱满的热情投入到以后的工作和学习中去,以实际行动争取早日加入党组织。(表明申请决心和坚决态度)

请党组织在实践中考验我!

此致

敬礼

申请人:王小科
2019 年 10 月 20 日

二、实"事"求是:应聘表与自荐信

应聘表与自荐信是大多数人步入职场的敲门砖,也是一些职场中人希望另谋高就,获得更好职位的问路石。如何使自己在众多求职者中脱颖而出?除了必备足够的真才实干、对口的专业素养,一份实"事"求是的应聘表、求职信等求职材料更是必不可少的。

(一)应聘表

1. 应聘表的含义

应聘表是求职或应聘者客观简要地介绍自己的学习经历、实践或工作经历、能力、个性、业绩等基本情况,突出个人特长或特点,以达到求职或应聘目的的表格式文书。一般包含"个人基本情况""履历""能力和特长""求职意向""联系方式""自我评价"等要素。

2. 应聘表的分类

应聘者的身份大致有三种:一是应届毕业生,二是社会无业人员,三是寻求新职者。身份不同,应聘者填写表格的内容、重点就会有所不同。毕业生遵循先谋求工作再向前发展的原则,一般会直接填写《应届毕业生应聘表》,主要呈现在校期间的各项表现;无业人员可根据自己的工作经历、生活实际状况、具备的相关能力经验等填写表格,侧重在自我定位与职业需求之间架构关联;寻求新职者则必须明确自己的优势且在不妨碍现有职业的前提下提出应聘请求,凸显自己在当下职位取得的成绩和希望获得新的岗位的主要原因。

3. 应聘表的结构与写法

(1)标题。

应聘表的标题,一般就为"应聘表",位于表格顶端居中处,字体比表格内容的字体稍大一些。

(2)主体。

表格前面几行一般填写个人基本信息。包括姓名、年龄或出生年月、性别、户籍、民族、政治面貌、目前所在地、联系方式、专业、学历、毕业院校和毕业时间等。有些要素也可以出现在表格的最后部分,比如联系方式等。

表格中间部分填写应聘者的主要经历,其中,寻求新岗位的应聘表一般侧重罗列主要的工作经历和所获成就等。而应届毕业生的应聘表一般涉及:教育履历——包括个人从高中阶段至获得最高学历阶段之间的就读学校及专业,需注意按时间顺序排列。社会实践经验——按时间顺序突出大学阶段所参加的社会工作,在各种实习中担当的工作。如果有职务也应具体写明。例如:2017 年 9 月—2019 年 6 月,任××大学教育科学学院小学教育专业班长,协调班级工作,成功策划、组织三次班级所有同学参与的大型户外活动。获奖情况——按时间列出各种获奖项目、等级或名次,获奖时间和事件要填写清楚。

表格最后部分一般会有一个简要的自我评价。内容的介绍要恰如其分,尽可能使你的专长、兴趣、性格与你所谋求的职业特点、要求相吻合。简短清晰地表明本人对哪些岗位、行业感兴趣及相关的要求。应聘表常见格式如下:

表 3-1 应聘表

填表时间: 年 月 日

姓名		性别		出生年月		照片
民族		籍贯		政治面貌		
毕业院校			专业			
毕业时间			学历		学位	
联系电话			电子邮箱			
主要经历						
所获荣誉						
自我评价						

4. 应聘表的写作要求

(1) 表格填写的准确性。

应聘表必须客观真实地叙述个人学习经历、实践活动和工作经历等情况,任何编造或弄虚作假都可能会给应聘者带来难以预料的不良后果。而且填写应聘表时,一定要严格依据招聘条件,而不是填写与所应聘职务相关性弱的内容。

（2）核心内容的凝练性。

受应聘表篇幅的限制,填写内容必须高度凝练,既要选择最有代表性和最有说服力的信息内容加以展示,又要准确到位地进行语言提炼,用简洁有力的表达呈现充分扎实的材料,内容一定要围绕核心目的简明扼要,便于阅读,有吸引力,使对方对自己的经历、能力一目了然,只有这样才能达到被聘用的目的。

（3）应聘目标的针对性。

写应聘表的目的是向用人单位请求特定的工作职位,应聘的目标很明确。招聘材料中对拟聘员工的素质、条件要求交代得十分清楚。应聘表就是围绕那些特定的条件和要求填写,有的放矢地表明自己胜任工作的条件和能力,特别是教育背景、实践经历方面一定要突出与应聘职位的相关性,让对方了解自己,为录用自己打好基础。同时可在自我鉴定处简要说明自己的应聘原因,具备的相关能力,也可提及注重的是某个职位更适合发挥个人才能,为单位发展做出贡献,而不只是考虑经济收入。

（二）自荐信

1. 自荐信的含义

顾名思义,自荐信就是求职者向用人单位毛遂自荐的信件,主要介绍自己的基本条件、能力水平、特长优势,是一种表达求职意愿以求录用的专用性文书。从本质上讲,自荐信就是一种用文字语言推销自己的重要工具,是求职简历的重要组成部分。在就业竞争日趋激烈的当下,一封精心准备的自荐信可以帮助求职者从众多的竞争者中优先进入招聘者的视野,进而获得展示自身学识和能力的复试和面试机会,并最终脱颖而出,实现成功求职的目标。因此,在求职的过程中,求职者应当认真打磨自己的自荐信。

2. 自荐信的分类

从种类上讲,自荐信一般分为两种,一种是应届毕业生的首次求职自荐信,由于求职对象往往不够明确,是一种"海投",加之应届毕业生缺乏相关的实践经验和工作经历,这类自荐信在内容上往往较多地展示自己的现有条件、能力水平和快速适应工作的能力等方面。还有一种是就业后的再次自荐信,这类自荐信往往有明确的求职对象,或者是针对具体的招聘信息所写的应聘式自荐信,由于应聘者具有一定时间的实践经历,在内容上可以侧重介绍自己的工作实践、经验成绩和与应聘岗位相关的针对性强的方面。除上述这些写作内容方面的侧重点有所不同外,两种自荐信在写作格式等方面相差无几。

3. 自荐信的结构与写法

（1）标题。

自荐信的标题通常只有文种名称,即在第一行居中写上"自荐信"或者"求职信"三个字。可以选择比正文稍大的字号。

（2）称谓。

称谓写在第一行，要顶格写求职单位名称或个人姓名。单位名称后可加"领导"，个人姓名后可加"先生""女士"等。在称谓后用冒号，然后另起一行，空两格写上问候语"您好"。

自荐信不同于一般私人书信，受信人未曾见过面，所以称谓要恰当，郑重其事。对于不甚明确的单位，可写成"尊敬的领导""尊敬的某某单位领导""尊敬的某某公司人事部主管"等；对于明确了用人单位负责人的，可以写出负责人的职务、职称，如"尊敬的蒋处长""尊敬的刘经理""尊敬的林教授"等。要尤其注意不能出现向不同单位投递自荐信却忘记修改相应称呼的错误，一旦张冠李戴必定弄巧成拙。必须确认每封自荐信中的称呼和其他相关信息诸如职位、公司名称、日期和招聘信息来源等，最好针对不同的职位要求撰写自己的自荐信。

（3）正文。

正文要另起一行，空两格开始写自荐信的内容。正文内容较多，要分段写。

首先是引言。引言包括姓名、就读学校、专业名称、何时毕业等基本情况。引言的主要作用是尽量引起对方的兴趣，使其看完材料，并自然进入主体部分，开头要引人注目，说明应聘缘由和目的，可以直截了当地说明从何渠道得到有关信息和写此信的目的。如：

我叫薛丽，女，现年22岁，即将于今年6月从××大学秘书学专业毕业。近期我从报纸上看到贵公司招聘一名文秘人员的信息，特写此信应聘贵公司此岗位。

这段是正文的开端，也是求职的开始，介绍有关情况要简明扼要，态度明朗。

其次是主体。这是自荐信的重点和关键，要简明扼要并有针对性地概述自己的情况，着重介绍自己应聘的有利条件，要特别突出自己的优势，并努力使自己的描述与所应聘职位要求一致，以使对方信服，切勿夸大其词或不着边际。这部分内容要按照一定的逻辑顺序进行编排，不可以随心所欲、随意铺陈，要么按照时间顺序对重要时段的主要经历进行梳理，要么分别从学业成绩、社会实践、为人处世和兴趣特长等方面进行自我介绍，后者更加适用于应届毕业生的首封求职信。如：

大学期间，我在文化学习和综合素质方面都取得骄人成绩和全面发展，并在校内外各项活动中崭露头角。国家奖学金、一等专业奖学金和校优秀学生干部、校优秀团员等奖励和荣誉称号见证了我大学四年追求不止、奋斗不息的积极状态。

学习之余，我先后担任班级学习委员、学生会学习部部长等职，并以严谨的工作作风、强烈的责任意识、突出的组织能力和良好的人际关系获得广泛好评。

此外还可以适当表达对所谋求的职务的看法。如：

我在有关材料上看到过关于贵公司的情况介绍，我喜欢贵公司的工作环境，钦佩贵公司的敬业精神，又很认同贵公司在经营、管理上的一整套切实可行的规章制度。我十分愿意到这样的环境中去艰苦拼搏，更愿为贵公司贡献我的学识和力量。

写这段内容,语言要中肯,恰到好处;态度要谦虚诚恳,不卑不亢,要给受信者留下深刻印象,进而相信求职者有能力胜任此项工作。

最后是结尾。向受信者提出希望和要求。如"希望您能为我安排一个与您见面的机会"或"盼望您的答复"或"敬候佳音"之类的语言。要适可而止,不要啰唆。语气要肯定、热情、诚恳、有礼貌,把想得到工作的迫切心情恰当地表达出来。通常结束语后面应写表示祝愿或敬意的话,如"此致敬礼""祝您身体健康、工作顺利"等。

(4) 落款。

包括署名和日期,写在信的右下方。自荐人(或求职人):×××,不必加过分自谦的限定语,以免有阿谀之感,或让对方轻看你的能力。成文日期要年、月、日俱全。

(5) 附件。

若有附件,可在信的左下角注明。例如"附1:个人简历""附2:成绩表"等等。

(三) 应聘表、自荐信写作注意事项

1. 求职态度方面,要诚恳认真、彬彬有礼

应聘表和自荐信要实现的主要目的,应该是求职者通过真诚的自我介绍、诚恳的求职意愿和扎实的个人材料来获得用人单位的面试通知,最终获得理想的工作岗位。因此在填写应聘表和撰写自荐信的过程中,应处处体现求职者的良好修养,比如客气准确的称谓,恭敬有礼的结尾,不谦卑不自傲的表达和手写的签名等,于细节处见素质,使一份应聘表或一封自荐信成为一块求职的敲门砖。

2. 语言表达方面,要文从字顺、语气自然

作为与用人单位未见面之前的信息交流工具,应聘表、求职信的遣词造句必须通俗易懂、简洁明了,不能故弄玄虚,华而不实,要尽可能用自然流畅的语言将自己的求职意向、自身条件、专业特长等重要信息言简意赅地表达清楚,使阅读者一目了然,把握重点。

3. 文面篇幅方面,要格式清晰、长短适中

应聘表、自荐信必须在文面呈现方面做到格式简明、条理清晰,使人赏心悦目,从而才能和所写内容相得益彰,包括信件版面清晰美观,字体字号设计合理,标点符号准确无误,段落层次逻辑分明等。同时在篇幅方面也要长短适中,过于简短的求职信会让人觉得不够努力且缺乏重视,过于冗长的求职信则让人心生厌倦不想看下去。应聘表也要注意根据内容篇幅,进行合适的表格间距调整。

4. 内容呈现方面,要实事求是、求真务实

为了充分展示求职者的能力、素养和才华,应聘表、自荐信应当内容充实,材料丰富。但是也有人自忖能力有限、底气不足,于是为自己杜撰一些莫须有的学生干部经历、随意篡改自己的考试成绩、自制几张凭空而来的获奖证书等,这些行为已经触及求职者的道德品质问题,相信无论哪种岗位,都不会欢迎品德败坏之人,反之有德者必有

位,只有严肃认真、实事求是的求职信息才经得起层层面试和考验,进而获得理想的工作。因此,求职者要在自己积累期的学习、生活中脚踏实地、切切实实地为将来的求职奠定扎实的基础,不要等到撰写自荐信时,发现自己一无所长,追悔莫及,甚至不惜夸夸其谈、满纸谎言。

(四)应聘表和自荐信的关系

1. 适用性相关

应聘表与自荐信往往是相辅相成的。一份完整充实的书面求职材料一般包括一页精心设计的封面、一封言简意赅的自荐信、一张重点突出的应聘表和一系列逻辑清晰的附件材料等。由此可见,应聘表和自荐信是可以同时出现在求职材料中的。在网上求职过程中,还可以将自荐信作为向相关负责人发送求职邮件的信件正文,而将应聘表及其他证明材料作为邮件附件。

2. 灵活性有别

自荐信的灵活性要略高于应聘表。一些单位有现成的固定应聘表模板,求职者只需下载填写即可,不能随意更改表格设置。就算是求职者自制应聘表,一般也要将个人基本信息、主要工作学习经历等内容作为表格重点。而自荐信则是求职者在方寸之间充分展示自身优势和文字表达能力的文本,具有一定的灵活性和创造性。

【例文】

自荐信

尊敬的贵公司领导:

您好!

非常感谢您在百忙之中阅读我的自荐信,这对于一个即将迈出校园的学子来说,将是一份莫大的鼓励!我叫薛丽,女,今年22岁,即将于今年6月于××大学秘书学专业毕业。近期我看到贵公司专职文秘岗位招聘的信息,特写此信应聘贵公司此岗位。

大学四年,我在学习上认真努力,成绩良好,"公文写作""秘书实务"等专业课成绩名列前茅,同时在大二学年获得校长奖学金。除了课堂上的专业知识学习之外,我还通过自学获得高级涉外秘书证、大学英语四、六级证书、普通话二级乙等证书、江苏省计算机二级证书等。

我深深懂得,大学生涯学习专业知识是一方面,做到学以致用是另一方面。所以,在校内,我积极地参加学院、学校组织的各种活动,并通过担任社团创意社副社长一职,培养自己的沟通和组织管理等能力;在校外,我利用寒暑假的时间陆续做过家教、服务生等工作,不断增强自己的社会实践能力。

生活中的我性格开朗、随和,待人真诚,喜欢听音乐、读书和运动,不时练练书法。通过业余学习,我取得了葫芦丝五级证书。平时我热心于志愿工作,长期为××社区提供志愿者服务,并获得了高度的认可。

尊敬的领导,我真诚地希望您能给我提供一次面试的机会。我也许不是最优秀的,但我一定是最努力的,我会用今后的实际行动来证明自己!随函附上我的个人简历和证明材料,衷心感谢您的关注!

  此致
敬礼!

求职人:薛丽
2020 年 5 月 10 日

  附件 1:个人简历

  附件 2:个人成绩单

  附件 3:证书复印件

三、优"事"呈现:创新创业项目申报书

  大学生创新创业项目训练计划主要包括创新训练项目、创业训练项目和创业实践项目三类。创新训练项目是指在导师指导下,学生个人或团队自主完成创新性研究项目设计、研究条件准备和项目实施、研究报告撰写、成果(学术)交流等工作。创业训练项目是指在导师指导下,学生团队中的每个学生在项目实施过程中扮演一个或多个具体的角色,完成编制商业计划书、开展可行性研究、模拟企业运行、参加企业实践、撰写创业报告等工作。创业实践项目是指在学校导师和企业导师共同指导下,学生团队采用前期创新训练项目(或创新性实验)的成果,提出一项具有市场前景的创新性产品或者服务,以此为基础开展创业实践活动。我国大学生科技创新训练始于 20 世纪 80 年代初,1989 年,在团中央的支持下,清华大学、北京大学等 31 所高校联合开展了第一届"挑战杯"大学生课外学术科技作品竞赛。1999 年,团中央等单位开展了第一届"挑战杯"大学生创业计划大赛。2011 年,教育部决定实施国家级大学生创新创业训练计划。2014 年,共青团中央在原有"挑战杯"中国大学生创业计划竞赛的基础上,组织开展了"创青春"全国大学生创业大赛,增设公益创业赛、实践挑战赛两大赛事。2015 年,教育部等单位开展了首届中国"互联网+"大学生创新创业大赛,实现了大学生科技创新成果服务经济提质增效升级的目标。

  创新创业项目申报书一般是指在校学生在导师指导下,围绕某个创新理念或创业设想,组建创新团队,向有关部门申报项目的申请性文书。这类申报书一般都有固定的表格形式。开头部分主要包括项目课题、申请人或申请团队基本信息、指导教师基本情况等,这些内容只要据实填写即可;主体部分是需要仔细打磨的申请理由、项目方案、预期成果、经费预算等具体内容,以及导师意见、学校评审意见等程序性内容;最后根据需要附上必要的附件材料。从某种意义上看,课题能否申报成功与研究团队的项目申报书撰写具有密切关系。"创新创业"是这类申报书的灵魂所在,因此必须在创意亮点方面多下功夫,在方案可行性方面多加揣摩,做到优"事"呈现,让人眼前一亮,才能提高申报成功的概率。除去一些常规性和事实性的资料填写之外,一份创新创业项目申报书的完成应当侧重在以下几个关键部分反复琢磨、提炼升华。

（一）正确选题

选题就是选择、确定和形成要研究和解决的具体课题和内容，包括两方面含义，一是确定科学研究的方向，二是选择进行研究的问题。选择和确定研究课题是进行科学研究的第一步，并且是关键性的一步，它不仅决定研究者现在和今后科研工作的主攻方向、目标与内容，而且在一定程度上规定了科学研究应采取的方法与途径。选题决定着创新创业项目的价值，也关系着项目申请和学术研究的成败。一个好的选题应当具体明确，有科学的现实性和意义价值，并且要新颖、有独创性，具有可行性。选题的一般途径有：在自己熟悉的领域内选题；在自己工作中发现新问题；在特色或优势点上选题；在热点焦点问题上选题；在学科边缘或交叉点上选题；在冷门盲点上选题；在自己的兴趣点上选题等。

1. 选题的逻辑过程

选题的确定过程，实际上是一个从产生研究动机到勾勒出研究大致轮廓的逻辑过程，是对提出的初步研究假设进行不断检验的过程。最初往往是在研究有关领域的文献中或在实践过程中，受到某一点启发产生联想，从而形成一个初步的研究假设，进而带着这个粗略的想法广泛查阅有关资料，了解前人在该研究领域的研究成果、研究方法和该问题目前被关注的程度。随着思考的深入，原来朦胧模糊的想法逐渐变得集中、清晰和明确，不仅对此问题大致情况有一个总体把握，而且形成了如何进一步研究该问题的初步思路，这时就可以确定选题了。确定选题时要善于对问题进行分解，要善于转换问题的提法，并使问题形成系列，要对选定的课题进行论证，进而确定相对稳定的研究方向。

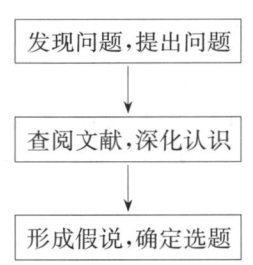

图 3-1 选题的逻辑过程

2. 选题的主要原则

（1）需要性原则。选题应尽量选择意义重大或迫切需要解决的关键问题，如国家经济建设和社会发展的需要、本学科中需要解决的关键问题等。

（2）创新性原则。前人或他人未曾研究过，或有问题尚未解决，或出现新问题需解决，或原有的研究不能满足新需求，要进一步提高的。

（3）科学性原则。以事实为依据，不要主观臆想；要有独特见解，不能与科学规律相矛盾；要能具体反映申报者科研思路的清晰度和深刻性。

(4) 可行性原则。申报者的资历与科研能力；有一定的前期工作；课题组成员组合合理；工作条件和时间有保证。

(5) 效益性原则。具有经济或社会效益的可预见性成果，同时存在学术价值、社会价值或文化价值。

3. 选题的常见来源

(1) 来源于已有理论或经验事实之间的矛盾及其理论演绎的扩展。

(2) 来源于理论体系之间的矛盾。一是同一理论体系内部包含的逻辑矛盾，二是同一学科不同理论之间的矛盾，三是不同理论体系之间的矛盾。

(3) 来源于经济建设和社会发展实际需要与现有科技条件之间的矛盾，这一点尤其是应用型研究最直接、最广泛、最有价值的选题来源。

(4) 来源于科学与技术的空白区、交叉区和边缘区。

(5) 来源于科研工作中的各种机遇，在具体的科研工作实践中，往往能够出现意外的情况和收获，如新的发现、新的灵感、新的思路、新的线索等各种机遇，可以成为新的科研选题。

4. 选题的主要环节

(1) 问题调研。

这是选题的准备阶段。科研工作者根据科技发展需要、社会经济发展需要和自身的知识背景，首先应确定自己的研究方向，然后明确自己的研究领域、研究范围及其研究层次，再对国内外同一科技领域或学科领域或应用领域的情况进行全面的调查研究，坚持跟踪，不间断地考量搜集这一领域有关问题的历史、现状、进展、趋势等信息，为最后选定具体的课题和科研内容找准存在的空白。

(2) 课题选择。

课题选择是提出并确定拟研究的具体课题与科研内容的阶段，根据问题的调研结果，运用选题原则，从在调研中拟定的问题中择优选出备选课题，然后设计出科研工作方案。

(3) 课题论证。

课题论证是为了确保课题选择正确而对课题及其方案做出论证和全面评审，根据选题的基本原则，对课题的依据、实施条件、社会与经济效益及对科技发展的潜在价值依次逐项剖析审议。

(4) 课题决策。

课题决策就是最终确定课题的取舍，经过论证与评议，最后做出决策。

5. 课题名称的陈述

课题名称一般不能用口号式、结论式、疑问式句型，应以陈述式句型表述；课题名称表述不能含糊笼统，应尽可能突出课题的研究内容、研究对象、核心概念，关键词最好在名称中都能出现；课题名称要准确得体，简短精练，外延和内涵恰如其分，最好不要超出二十个字。

拟写名称要注意三点：

第一，形式上以"研究"等字眼为特征；

第二，内容上要包含研究范围、研究途径、研究结果、研究状态等，或其中部分内容；

第三，用词上要讲究科学严谨，不用感性的不确定词语。

表 3－2　国家大学生创新创业训练计划选题展示

序号	项目名称
1	机器人关节一体化高性能驱动系统
2	装配式建筑新型墙板的研究
3	长江中下游地区可持续绿色屋顶雨水径流削减系统
4	基于人体感知的功能性建筑研究
5	城市随迁子女品德教育的路径研究——以扬州市 X 小学为例
6	三缸发动机平衡轴关键技术研究
7	纹藤壶幼虫发育的信号调控分子的分析研究
8	面向道路废弃物资源化利用的关键技术应用研究

表 3－3　"挑战杯"全国大学生课外学术科技作品竞赛特等奖选题展示

序号	院校名称	项目名称
1	清华大学	基于大数据及语言模型的电子文本检错技术
2	清华大学	一种柔性快充锂金属电池
3	北京航空航天大学	利用仿生思想优化现有技术的实例
4	北京师范大学	资源型村庄的权利结构及治理的变迁——基于对山西省 T 村历史的实证研究
5	扬州大学	"一带一路"框架下高等教育国际吸引力提升路径研究——一项基于"一带一路"沿线国家来苏留学生教育的调查

（二）申请理由

申请理由一般包括自身具备的知识条件、特长兴趣、已有的实践创新成果等。撰写这部分内容时，要注意选取与申报课题相关的知识储备和技能特长，同时要充分了解课题组成员的已有成果和相关能力，加以整合梳理，分条列项地呈现理由。

常见的重要理由有：

第一，扎实的研究知识基础——申报者及课题组成员对某一学科基本理论与专业技能的掌握、实验技术与操作能力、科学思维与分析能力、资料搜集阅读范围等，都是开展课题研究重要的背景基础。

第二，熟练的调查研究技能——问卷调查、采访调查、文献调查等多样的调查方法，以及分析阐述、总结提炼等重要的研究方法等,都是开展课题研究必不可少的重要技能。

第三,强烈的课题研究兴趣——申报者及课题组成员对申报的课题项目都有比较强烈的研究兴趣,这是有效推进课题研究的重要内驱力。

第四,已有的实践创新成果——这些成果既包括已经发表的相关论文,也包括前期开展的相关实践活动和课题组成员的先期调查成果等。

第五,选题的重要价值——选题价值主要包括国内外相关研究的学术史梳理及研究动态、相对于已有研究的独到学术价值和应用价值。

(三)项目方案

这是整个申报书最核心的部分,一般从以下几个方面展开表述。

1. 项目研究背景和研究意义

研究背景即提出问题,阐述研究该课题的原因。研究背景包括理论背景和现实需要,要揭示问题的提出和选题的背景,提出研究价值、研究方向和研究意义(理论、社会或实践的意义)。这部分内容要求申报团队充分占有与申报课题相关的研究资料和研究背景,对学界有关的研究进行综述,并能够就国内外研究现状进行阐述和评价,重点提炼出目前这个课题已有的发展水平或研究成果,发现还有哪些地方需要完善和补足,而这些不足之处正是接下来本课题的主要研究意义所在。因此,项目研究背景是撰写课题申报书的重要基础。

2. 研究目标

研究目标就是对研究目的和理论依据的描述和论证,即研究的意图。在研究背景综述的基础上,水到渠成地提出本课题的研究目标,可以细分为两到三点加以阐述,可以是应用层面的目标,如完成某个调研、实现多少利润、实施一些方案等,也可以是理论拓展层面的意义,比如提升大学生某方面的认识水平、促进师生间的有效沟通、改善校园社团活动等。

3. 研究内容

研究内容是创新创业项目申报书的核心部分。研究内容一般包括研究对象、研究思路、研究重点难点、研究计划、研究创新之处。研究对象就是研究什么,是就研究的具体问题而言的;研究思路是研究的步骤和总体设想;研究的重点难点是研究过程中需要重点解决的问题和难题;研究的创新之处可以体现在研究方法、技术路线的先进性和创新型,以及项目的特色和亮点上。如果先期成果比较丰富,或者研究思路较为明晰,建议结合预期研究目标,使用流程图或图表展示研究框架,说明能使研究产生意义的理论、技术或实验框架,从概念上揭示如何研究,这使研究具有相应的概念基础,或者将相对完整的研究内容以章节形式充分体现出来,给人充实丰富的感受,从而更易获得批准。

4. 创新特色

创新创业项目申报书要在"新"字上下功夫，突出申报课题的新颖性，既可以是新观点、新发现、新设想、新见解，也可以是通过研究建立的新理论、新技术、新方法或新领域。

5. 研究方法和研究进度

研究方法的选择要遵循问题导向、学科兼容、方法具体化和路径清晰的原则，让人一目了然。研究方法设计提倡运用现代科技手段和自然科学的研究方法，提倡定性研究与定量研究相结合、理论研究与实证研究相结合，实现研究方法的科学性、规范性和严谨性。研究方法的设计要实现研究目标，完成研究任务。常见研究方法有问卷调查法、数据统计法、咨询专家法、文献资料法、整体建构法、系统梳理法等。

研究进度安排建议按照时间顺序，以表格形式展示具体的研究流程，但是该表格的所有边框都要取消，这样放在整个项目申报表中既整齐美观，又不显得表中有表而突兀。

6. 可行性分析

申报课题的可行性大致包括：研究方法层面的可行性；课题组所在学院、学校具备的各项条件和因素角度的可行性；课题组成员分工合作的可行性；研究进度安排的时间角度可行性；课题组团队及导师指导作用的可行性等。

（四）预期成果和经费预算等

预期研究成果一般包括理论成果和应用成果，理论成果可包括专著、研究报告、实验报告、学术论文、学科竞赛和专利等；应用成果应以经济、社会效益衡量，如完成本项研究后在国内外核心刊物上发表哪方面的论文、发明创造哪些实物、申请什么样的专利等。研究成果形式要依据研究内容的特性、研究任务的规模、研究成果的使用去向、研究团队的能力及时间要素等方面去设计，预期研究成果设计要符合研究内容。

经费预算要合情合理、条目清晰，一般以表格形式制作，同时隐去表格边框，从而使版面整洁美观。

创新创业项目申报书在填写时要注意以下几点：

首先，要注意用语表达的规范准确。一份需要提交审查、侧重课题研究的申报书，在行文时要尽量使语言表达具有学术性，避免口语化，但也不能故弄玄虚、表意不清，要兼顾理论性与准确性。如果需要列出参考文献，一定要注意相关性和学术规范，将相关性大的、认可度高的放在前面。

其次，要注意实施方案的逻辑清晰明了。为了使申报项目具有切实的操作性和实施的可行性，必须在申报书中展示清晰流畅的实施方案。可以按照时间顺序指定具体实施计划，也可以采取思维导图形式展示实施流程，总之要做到逻辑清晰、表达到位、一目了然。比如：

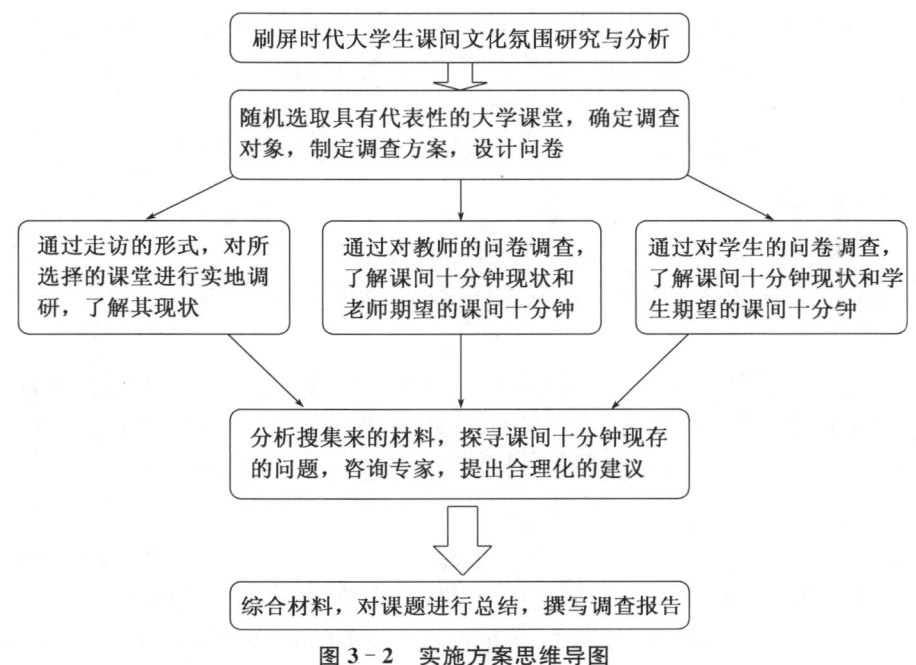

图 3-2　实施方案思维导图

再次,要注意主体内容的逻辑清晰明确。申报书的主体部分往往会涉及申请项目的多个方面,最好采用分条列项的排列方式,使各个细目得到清晰呈现,从而容易使审阅者准确把握主要思路和重点内容。比如项目方案部分一般可以从研究背景、研究现状、研究意义、研究目标、研究内容、拟解决的问题、特色概述、可行性分析等方面展开。

四、寓理于"事":工作计划与总结

计划与总结是日常事务性工作中使用频率很高的代表性文种。二者对于开展单位部门的常规性工作或重要性工作,都具有非常重要的指导、规范作用。就个人工作生活而言,这两种事务文书也是行之有效、使用灵活的常用文种。

(一)计划

1. 计划的含义

计划是对未来一段时期内的工作、学习、生活等方面预先做出的安排和打算。

在实际工作中,还有一些常见的同属计划类的文种,如比较长远、宏大的为"规划",比较切近、具体的为"安排",比较繁杂、全面的为"方案",比较简明、概括的为"要点",比较深入、细致的为"计划",比较粗略、简要的为"设想"等,无论何种称谓,这些都是计划文种的范畴,主要的区别在于计划时限的长短和写作内容的详略等方面。

2. 计划的分类

计划的种类很多,可以从时间、性质等不同角度进行不同分类:

按时间可分为长期、中期和短期工作计划等；按性质可分为综合性和专题性计划等；按任务的类型可分为常规和临时计划等；按制定计划的主体可以分为个人、单位和科室计划等。

当然，一份计划也可以交叉归类，比如《××幼儿园第五周保教计划》，既是一份短期工作计划，也是一份单位常规计划。

3. 计划的特点

一份科学切实的计划应当具有指导性、预见性和可行性。

（1）指导性。

计划是由目标引起的，是目标的具体化，是为了实现目标而制定的方案体系，是对未来所要采取的行动的一种基础性、思想性设计。因此制定计划要能够为实现任务目标提供措施保证，对未来工作进行切实指导，进而促进计划主体的整体优化。

（2）预见性。

制定单位、部门的工作计划，要根据上级的指示精神和本单位、本部门的实际情况，确定计划的目标、任务、要求，再制定具体的措施、步骤、办法；还要预见今后工作中可能发生的偏差、缺点，遇见的障碍、困难，确定预防和克服的有效措施和办法。制定个人学习、生活等方面的计划，也要结合实际情况和具体目标，全面考虑可能出现的突发情况并给出具体预案。

（3）可行性。

制定计划要深入调查研究，收集整理有关资料；分析本单位、本部门或本人的具体情况，从实际情况出发，不要脱离现实；任务指标不要订得过高或过低；措施和办法要制订得具体明确、切实可行。

4. 计划的结构与写法

（1）标题。

计划的标题可以采用公文式写法，即"制发机关＋事由＋文种"，如《光明中学关于学生健康教育工作的计划》。时间性较强的计划标题可将适用时限体现出来，如《中国遏制与防治艾滋病"十三五"行动计划》。因此计划的标题一般有以下两种模式：

一是完全式标题，即"制发机关＋时限＋事由＋文种"，如《宝洁公司2021年度市场营销计划》等。

二是不完全式标题，即省略制发机关或者适用时限，如《2021年度读书计划》《××公司新产品研发计划》等。

如果是尚未定稿的计划，可以在标题后加括号写上"草稿""征求意见稿""草案""初稿"或"讨论稿"等。

（2）正文。

首先是开头部分，简单介绍制定计划的背景、依据、意义和目的，做到言简意赅、引起下文即可。如果是具有重要意义的规划，可在开头部分列出小标题，专门说明相关的背景情况、指导思想和意义目的等，以获得足够重视。

其次是主体部分,是计划的重点和核心,体现计划的目标任务、具体措施和实施步骤等重要内容。其中,目标任务部分要写出本计划在某一时间段内的具体工作任务和目标,要明确到位,可用总目标和分目标详细阐述,必要时可以用数据进行表述。如:"全年培养各类从业人员不少于 11 万人次;考核人员持证上岗率达 90% 以上……"具体措施部分要写出为落实计划目标采取的具体做法,要写得详尽具体,便于操作。实施步骤部分要写明实现目标和采取措施的具体程序或时间安排。这部分内容可以时间节点的形式单独列出,也可以和计划的具体措施结合写作。

主体部分的内容可以有不同的写作思路:第一种是按照时间顺序进行纵向编排。比如年度工作计划的写作就可以按照季度、月份或者上半年下半年的时间顺序,依次写出各个时间段的工作内容和安排;第二种是按照工作性质进行横向分类。比如关于单位安全生产的整体工作计划,就可以按照这项工作的各个方面,或者涉及的相关部门进行分块写作。当然,也可以将这两种方法综合使用,纵横交错,点面结合。关键在于要按照一定的逻辑顺序梳理计划主体,着重讲清楚这样几个问题:"要实现什么目的?(目标任务)""要开展哪些工作?(措施办法)""在什么时间完成?(时间要求)"只有这样,才能写得既全面周到,又有条不紊,具体明白,思路清晰,逻辑分明,方便执行。

最后是结尾部分,可以是固定模式,如"本计划自发布之日起执行""以往与本计划不一致的,以本计划为准"等;可以适当展望未来,提出希望和号召;可以突出重点,强调有关事项;也可以省略结尾。总之,结尾部分不宜长篇大论,要适可而止。

在写作方式上,计划的正文内容可以采用不同的表达形式:

一是条文式。即将计划内容划块分条,以文字说明的方式,分条列项,逐条安排,并加小标题或用序码按序排列组合,主要用文字加以阐述。这种方式具有条理清楚、重点突出、说理性强的特点,便于准确把握计划内容并贯彻执行。

二是表格式。就是把计划的任务、指标用表格形式加以罗列,辅以简要的文字说明。这种方式具有易归类、易填写、易于对照和检查的特点。定期的、以数据为指标的计划,适宜用这种方式,简洁明快,重点突出,可以一目了然地展示各个时间段或者各个工作方面的内容,便于准确把握工作要点,全面了解计划进程。

三是条文与表格结合式。即条文式和表格式的结合和兼用,在文字表达的基础上,用表格形式整理出重要关节点的内容,这种方式可以使具体要求和时间安排相得益彰。

(3) 落款。

署名和成文日期写在正文的右下方,也可以用小括号的形式写在标题之下。如果标题中已经写出制发主体的名称,也可以省略署名,只写日期。

5. 计划的写作注意事项

第一,内容要切合实际,实事求是。制定计划必须尽可能周全地考虑多方面的实际情况,包括局部与整体、个人与集体、当前与长远等方面的具体关系,要从实际情况出发定目标、定任务、定标准,既不要因循守旧,也不要盲目冒进。计划的制定只有切合实际才能在实践中真正落到实处,实现计划目标。这就要求计划撰写者在写作之前必须做好调查研究工作,熟悉相关政策、方针、材料,广泛听取意见,博采众长,集思广益。

第二,步骤要具体明确,便于操作。计划撰写者对于计划的总体目的、分期目的或阶段目的要了然于胸;要思考应该通过哪些途径或者步骤来实现相关目的,做到具体明确,便于操作;要站在受众的角度考量这份计划是否具有可操作性,不能将计划制定为一份空话套话的文字材料,而应该是切实可行的指导文件。

第三,思路要清晰顺畅,符合逻辑。计划的主体部分必须清楚地体现"做什么""怎么做""何时做"的逻辑关系。"做什么"指的是计划的目标、任务,只有目标明确才能计划可行,如果含糊其词,不明所以,就会造成工作难以落实;"怎么做"指的是为了实现目标,应该完成哪些具体任务,实施哪些具体步骤,落实哪些具体工作,这是计划是否切实可行的关键;"何时做"指的是计划作为一种时间性的安排任务式文种,时间节点往往必不可少,这样才能方便执行者进行操作,方便管理者进行检查。

下表是对《国家全民健身计划》主要内容的概括,从表中可以一目了然地看出该份计划的清晰思路和核心要点,侧重在发展目标、主要任务和保障措施等几个方面:

表3-4 国家全民健身计划概况

	国家全民健身计划
发展目标	每周参加1次及以上体育锻炼的人数达到7亿
	经常参加体育锻炼的人数达到4.35亿
	体育消费总规模达到1.5万亿元
主要任务	弘扬体育文化,促进人的全面发展
	开展全民健身活动,提供丰富多彩的活动供给
	推进体育社会组织改革,激发全民健身活力
	统筹建设全民健身场地设施,方便群众就近就便健身
	发挥全民健身多元功能,形成服务大局,互促互进的发展格局
	拓展国际大众体育交流,引领全民健身开放发展
	强化全民健身发展重点,着力推动基本公共体育服务均等化和重点人群、项目发展
保障措施	完善全民健身工作机制
	加大资金投入与保障
	建立全民健身评价体系
	创新全民健身激励机制
	强化全民健身科技创新
	加强全民健身人才队伍建设
	完善法律政策保障

【例文】

2020—2021学年本科生导师制工作计划

为积极配合学院开展的本科生导师制工作,实现与学生的密切互动,特制定本人本年度的本科生导师制工作计划。

一、工作目标

本人在本年度的工作中将紧密围绕学院本科生导师制的相关工作重心和具体安排实现既定的工作目标,主要体现为:

1. 进一步加强与本科生的互动交流,充分发挥专业教师在本科生专业学习和成人成才等方面的指导作用。

2. 协助推进学院层面的研究性教学改革工作,并体现于常规的课堂教学和课后辅导过程中。

3. 指导学生进行科学研究,向学生介绍专业研究的思路和方法,培养学生专业学习的兴趣。

二、工作措施

首先,要积极主动地与学生实时交流。这种交流不仅停留于集体指导时的上课式讲授,更多的应该是时时处处的细节交流。因此必须热情真诚地面对学生,提供包括电话、邮箱等在内的各种有效沟通渠道,并且要多主动联系学生,使交流更加充分密切。

其次,要耐心细致地解答学生的各种提问。不仅要力求准确地进行相关专业知识的探讨和学术问题的研究,更应该使学生的提问涉及学习生活的方方面面,使学生真切感受到本科生导师与班主任和一般任课老师的不同之处。

最后,要坚持不懈地提升自身素养。为了能够更好地实现本科生导师的重要职责,本人将不断学习教育教学知识,掌握学生专业培养目标和教学计划的主旨,了解学校学院教学管理和学生管理方面的规章制度,提升自身综合素养,以良好的人格品质和精神面貌感染影响学生。

三、工作步骤

根据学院本科生导师制相关工作安排,本人计划在本年度实施如下工作步骤:

1. 与大一秘书专业新生集体见面。主要向学生进行简单的专业介绍,同时发言鼓励大一新生。

2. 与大二秘书专业学生开展小组讨论。主要帮助学生认识和了解本专业的人才培养计划、课程体系、教学大纲和专业特色等方面的问题。

3. 与大三秘书专业学生进行专业交流。主要培养学生的专业兴趣,帮助其制定学习计划,对学生考研、考公务员等方面的事宜予以指导。

4. 与大四秘书专业学生进行学术研究讨论。主要指导学生进行科学研究,介绍专业学术研究的思路和方法,积极培养学生的科研能力和学业素养。

×××

2020年8月10日

表 3-5　计划写作模板

拟写顺序	计划文稿模板
标题 ↓ 前言 ↓ 工作目标 ↓ 工作措施 ↓ 具体步骤 ↓ 结语 ↓ 落款 注：以上为计划的基本内容结构。拟写计划时可视情况调整。	×××（单位名称）×××年×××工作计划 　　××。为此，特制定本计划（文种承启语）。 （前言部分或写制定计划的依据，或写制定计划的目的。也可写总任务和要求，或写制定计划的指导思想，还可写完成任务的意义。） 一、工作目标（即"做什么"，包括做多少、做到什么程度、什么时候做等。） 　1. ××××××××××××××××××× 　2. ××××××××××××××××××× 　3. ××××××××××××××××××× 二、工作措施（即"怎么做"，包括谁来做、用什么方法、有什么措施等。） 　1. ××××××××××××××××××× 　2. ××××××××××××××××××× 　3. ××××××××××××××××××× 三、具体步骤（具体"做"的程序安排和时间进度等。） 　1. ××××××××××××××××××× 　2. ××××××××××××××××××× 　3. ××××××××××××××××××× 　　××× （结语，可以是计划的补充，也可写完成计划的注意事项，还可提出号召。也可无结语。） 　　　　　　　　　　　　　　　××××××××（署名） （如果标题中已出现单位名称，落款时可不再写单位名称。） 　　　　　　　　　　　　　　　××××年×月×日

（二）总结

1. 总结的含义

总结是对前一段时期的工作、学习或生活等方面进行回顾和整理、分析和归纳，对过去的工作目的、任务、经过、方式方法等进行较为全面的分析、研究和评价，从而了解工作的全面情况，肯定成绩，明确问题，从中梳理主要做法，提炼相关经验，发现一定规律，进而指导下一步工作的一种应用文种，是对过去某项工作或某项活动的情况、成绩、经验和存在的问题的总回顾、评价和结论。

毛泽东同志说过："人类总是不断发展的，自然界也总是不断发展的，永远不会停止在一个水平上。因此，人类总得不断地总结经验，有所发现，有所发明，有所创造，有所

前进。"①这段话精辟地阐述了总结的作用和意义。总结是对实践的认识,总结的过程是由感性认识上升到理性认识的过程,是创新的过程,更是推动人类进步的过程。人们通过总结,可以全面、系统地了解工作的情况,从成功中获得经验,从错误或失败中吸取教训,从而改进工作,把工作推进到一个新的更高的阶段。因此,总结的写作过程其实是一种自我认识和自我反思的过程,古人云:"吾日三省吾身。"这种自我总结和反省有利于积累经验、发现不足,进而在未来的工作中扬长避短、获得进步。

2. 总结的分类

从不同的角度看,总结有不同的分类:

从写作内容角度可以分为工作、学习和生产总结等;从写作时间角度可以分为年度、季度和月份总结等;从写作范围角度可以分为行业总结、部门总结等;从写作主体角度可以分为个人总结和单位总结等;从写作性质角度可以分为综合性总结和专题性总结等。

综合性总结是较为全面地对本单位、本部门或个人在某一时期工作情况做的回顾总结。这类总结,一般内容详细,涉及面广,时间较长,能够反映一定时期的整个工作的全貌。在写作方式上,要求内容全面,点面结合,但也要注意重点突出,防止面面俱到,该详则详,该略则略。专题性总结是对某一专门问题或某项工作、某个活动进行的专门总结,这类总结一般偏重于总结经验,对其他方面的情况往往一笔带过或省略不提,其特点是内容单一、集中,有很强的针对性和指导性。

3. 总结的特点

与其他事务文书相比,总结的主要特点体现在:

(1) 内容的自我性。

总结是对本人、本单位或本地区某一时期的工作进行的回顾、分析、归纳和提炼。因此,通常使用"我""我们"或"本"等词语,以第一人称的口吻进行自我总结和自我分析。

(2) 回顾的理论性。

总结要解决和回答的,是在某一时期的工作中已经做了什么、如何做的、做到了什么程度、有什么经验教训等问题,这就要求把零星的、肤浅的、表面的、感性的认识,上升为全面的、系统的、本质的、理性的认识,体现出较强的理论性。

(3) 内容的真实性。

由于总结是对实际工作由感性到理性的再认识过程,因而总结选用的材料必须是自身实践过程中的真实具体的材料,只有通过真实材料获得真实体会,才能真正提高认识,增长才干。另外有些总结,既要上报,又要下发,有的还在一定场合宣讲,因此只有内容真实的总结,才能起到互通情报、共同提高的作用。

---

① 中共中央文献研究室.毛泽东文集:第8卷[M].北京:人民出版社,1999:325.

4. 总结的结构与写法

（1）标题。

总结的标题和计划的标题类似，一般有三种写作方式：

一是四要素齐全式标题，即"制发机关＋时限＋事由＋文种"，如《××市教育局2019年工作总结》，当然这其中的制发机关、时限等个别要素有时可以省略，如《××大学开展党的群众路线教育实践活动动员阶段工作总结》等。

二是正副形式标题，正标题概括总结内容，揭示中心主旨，副标题写明单位名称、时间、文种等。如《一切为了学生，为了学生的一切——××学校筹建工作总结》等。

三是文章式标题，即采用普通文章的标题形式拟定总结的标题。如用《寂寞嫦娥舒广袖，万里长空且为中华舞》作为对中国首次探月工程的总结标题，具有新意。

（2）正文。

总结的正文包括开头、主体和结尾。

总结的开头部分一般统领全文，以提纲性的文字交代要总结的对象范围、主要工作和时间跨度等事项。然后以承上启下的文字引起下文，如："为总结工作经验，发现工作规律，指导今后工作，特对这段时期的工作总结如下"。

总结的主体部分是全文的关键和核心，一般以分条列项的方式对相关工作进行提炼总结。从逻辑上讲，具体写明做了哪些工作，完成了什么任务，采取了哪些方法和措施，取得了哪些成绩，有什么经验和体会。这部分内容需要认真思考、仔细琢磨，采取灵活多样的结构思路进行有逻辑性的提炼整合。

总结的结尾部分可以适当提炼全文主旨，或者写一段号召性、鼓舞性的文字，或者指出需要进一步改进和加强的地方，并且展望下一步的工作目标和努力的方向。这部分一般文字较少，概括写出即可，不必多加分析。也可以意尽言止，不写结尾。

（3）落款和时间。

若是单位总结，则用单位全称，若是个人总结，则写个人姓名。若标题中已标明单位或个人名称，署名则可省去。时间可以写在落款处，如果总结没有落款，日期也可以写在标题之下。

5. 总结主体部分写作要领

总结的主体部分从结构布局上看，有一些基本的形式，可以采用"正反对比式"，把工作中的经验与教训糅合在一起，归纳成几大点，逐一从正面与反面、经验与教训的对比方面进行叙述。也可以采用"层层递进式"，这种方式经常用于专题总结中，即按照开展某一工作的过程和顺序，分层逐级加以叙述，层层递进，步步深入。

在综合性工作总结中比较常见的形式是"三段式"，通常由三部分组成，即"基本情况→做法或成效或体会→问题"式。如：

一、基本完成情况

2019年全年，全区整体项目投资额××亿元，比去年增长×××……

二、主要做法和措施

（一）严格落实任务，加大工作力度……（做法一）；
（二）严格遵守要求，鼓励有效举措……（做法二）；
（三）严格管理内部，积极提升能力……（做法三）。

三、存在问题和今后打算

在客观总结成绩和经验的同时，我们也清醒地认识到，我们的工作中还存在许多问题和不足，主要是：

（一）……（问题一）；
（二）……（问题二）；
（三）……（问题三）。

这种三段式还可以有一些变化，比如"背景→做法→成效"式，"做法→成效→体会"式，"指导思想和目标→做法→问题"式等。

此外，还可以采用"条款并列式"，即把相关的做法、成效、体会等融合在一起，归纳成若干条，逐一加以叙述，每一段大致以"做法或成效或体会"为主式，如：

一、强化服务意识，实现思想认识的新突破（成效一）

××办公室的特殊工作性质决定其实质就是公司的服务中枢……（体会）为此，我们通过学习教育、健全制度等措施夯实服务工作……（具体做法）

二、把握服务重心，实现职能发挥的新突破（成效二）

要提高服务水平，必须抓住关键……（体会）为此我们着重把握了四方面工作……（具体做法）

三、激活服务要素，实现队伍建设的新突破（成效三）

做活服务关键在人……（体会）为此做了……（具体做法）

6. 总结的写作注意事项

（1）精心提炼，提升立意。

有些单位或个人做了不少的工作，取得了一些成绩，但是在写作总结的时候仅仅停留在罗列相关工作和成绩的层面，使写作流于简单的材料汇报，不能达到指导今后工作的目的。相反，如果精心提炼、提升立意，就可以从琐碎的工作中总结出有价值的意义。这就要求在写作过程中要从细节方面入手，用一些精心提炼的小标题体现工作内容的与众不同。在立意方面，用心挖掘工作中的闪光点和创意，使一份普通的总结起到发现规律、承前启后的作用。总结的根本任务就在于总结经验，找出规律性的东西，不断把工作推向前进。

（2）搜集材料，丰富内容。

材料的丰富程度直接决定一份总结内容的饱满度。写作总结不能只有几句总结性的标题或者口号性的空话，而应该句句落到实处，既有理论提炼更有材料支撑，这样才言之有物、言之有理。这就要求写作者必须充分了解工作实际，深入调查研究，全面地掌握有关材料，尤其是把握典型材料，落实有关数字。

(3) 要写出自己的特色。

总结一般采取第一人称写法，要写出本单位的个性特点，写出本单位独具特色的新鲜经验教训，写出和别人、别的单位不同的方面来，写出今年与去年不同的特点来。

【例文】

文学院文秘专业实习总结

文秘专业是一门实用性很强的专业，理论联系实际的实习是教学工作的重要组成部分，也是培养合格的文秘人才的重要环节，学院历来高度重视学生的实习工作。目前，文学院文秘专业实习已经顺利完成，现对此次实习做如下总结：

一、体系完善的组织形式

为做好本届文秘专业实习工作，学院成立了以分管教学工作的副院长和分管学生工作的副书记为组长的实习工作领导小组，具体领导实习工作。

在实习之前，学院精心组织了文秘专业的见习活动，同学们在教师指导下，以多个实际案例为基础，全身心地投入，认真分析研究，制订解决问题的具体方案，分组集中汇报，接受学院聘请的具有丰富文秘实践经验的专家、行家组成的答辩小组的答辩，聆听专家的指导。学院还邀请相关实习部门领导做了指导实习的专题报告。

本届文秘专业实习生共61人，采取两种实习形式：一是学生自己个人联系实习单位，以接受单位的接受公函为准，学院委托实习单位指导、鉴定；一是学院统一安排，以小组活动为基本方式，每组配备一名实习指导教师，与实习单位指导老师一起，共同负责对实习生的管理与指导。不管采取何种形式，均做到了实习任务明确、责任到人。由学院安排在市内实习的17位同学分成7个小组，分别在区政府办公室、市人大、市工商局、市建工局等7个实习点实习，每个小组由1名同学任组长，1名教师任指导老师。同学们到了实习单位，又接受实习单位领导的具体分工，明确每个人的具体工作岗位和实习的主要任务。每个同学都有一个实习单位的指导老师，具体指导同学的学习、工作和生活。学院的指导老师和实习单位的指导老师经常交流，相互配合，齐抓共管，将学生的实习工作抓得扎扎实实。

此外，学院为每位同学分发了《文学院文秘专业实习手册》，不仅对实习的目标与要求、内容与方式、考核与评定以及实习注意事项进行了详细周全的明确和规定，而且要求学生必须完成本手册的实习周记和实习总结，实习结束一周之内上交学院。根据学生的实习周记和总结，结合实习单位的考核成绩和指导教师的考核意见，学院综合评定学生的实习成绩。

二、丰富多样的实习收获

学生的实习内容一般包括：办公室管理、公文撰写、信访处理、筹备会议、公务接待、信息管理、档案管理、商务谈判与协约、新闻采访与撰稿等事务工作。面对这些全新的任务，同学们普遍感到工作有压力，学习有动力，在实习岗位认认真真干好每件事，从而改善了知识结构，增强了实践能力，提高了综合素质，8周的实习，时间不长，收获不小。

学生的收获概括起来涉及这样几方面：

首先，要学会转变心态。与学校三点一线的生活不同的是，在工作中，要学会考虑如何提高工作效率,怎样处理与上级领导、同事的关系等,及时地转变心态会让工作更加顺利。

其次,要学会有计划地做事。有了明确的计划,目标才清晰,工作中才不会茫然。看似平常的实习周记和总结,在无形中提高了学生做事的效率和工作的有序程度。并且,作为文秘专业的学生,更加要学会在工作中处处留心,学会思考。

第三,要学会从小事做起。同学们大多有在实习阶段做一些烦琐的小事情的经历,而且都认为做这些小事很有必要,他们往往把打水、拖地和擦桌子这些小事看作改变办公室环境和培养素质的大事情。可见,事情虽小,过程至关重要。

三、及时有用的教学反馈

文秘专业的实习不仅使学生收获颇丰,而且为本专业的教学工作提供了及时有利的反馈信息。

一方面,我们要加强在课堂教学活动中宣讲优良传统,使学生在实践工作中能够找到可供参考的理论支持,从而较快地融入实际工作环境,实现从有本可依到融会贯通的超越;

另一方面,我们必须在教学活动中有意识地增进学生对本专业知识的了解,拓宽学生的知识面,适当增加行政管理学、经济学、法学等有关方面的知识,提升学生学习的积极性,进而使学生在工作实践中不断改善自己的知识结构,以适应社会对人才的需求。同时有必要利用大二、大三的寒暑假适当增加学生的实习时间和机会,使学生更好地学会理论联系实际,将在校所学的专业知识和技能综合运用于工作实践,以提高实际工作的能力。

文学院
××××年×月×日

表 3-6　总结写作模板

拟写顺序	总结文稿模板
标题 ↓ 概述基本情况 ↓ 工作回顾 ↓ 经验体会 ↓ 今后打算 ↓ 结语 ↓ 落款 注：以上为总结的基本内容结构模式。可视情况做相应调整。	×××（单位名称）××××年×××工作总结 　　××××年是我单位××××等各项工作取得明显成效的一年。一年来，全体员工坚持×××××，围绕×××××××，抓住机遇，开拓创新，锐意进取，无论××××××，还是×××××××，都取得了可喜的成绩（前言部分概要介绍基本情况和总体评价）。现将一年的各项工作情况做如下总结（文种承启语）： 　　一、工作回顾（完成的工作，取得的成绩。） 　　1.××××× 　　2.××××× 　　3.××××× 　　二、经验体会（有何经验，具体阐述。） 　　1.××××× 　　2.××××× 　　3.××××× 　　三、今后努力方向（今后怎么办，针对问题提出改进措施等。） 　　1.××××× 　　2.××××× 　　3.××××× 　　××××××××× 　　××××××× 　　　　　　　　　　　　　　　　　　　　×××××××（署名） （如果标题中已出现单位名称，落款时可不再写单位名称） 　　　　　　　　　　　　　　　　　　　　××××年×月×日

【课堂练习】

1. 制定一份个人期末复习计划。
2. 以班级两委会名义撰写本班本学期的工作总结。

五、依"事"成势：校园活动策划创意书

（一）策划创意书的含义

策划创意书是一种广泛应用于商业活动、文化活动等众多领域的实用性事务文书，是策划人思维活动的轨迹和结果的外化体现。其核心亮点在于各种各样的创意与灵

感。比如某家百货公司经常遭到小偷的光顾,损失不少,报警后也无成效。公司董事长想出了一个惊人的创意——雇佣小偷。具体做法是:公开雇佣几名小偷,让其在公司内偷窃,如果成功得手,那么所偷的物品直接上交董事长;同时,关照员工,如果能够抓住小偷,董事长立即重赏有关员工。一开始,小偷屡屡得手,三个月后,员工屡屡获胜,真正的小偷从此销声匿迹。这就是一个反其道而行之的创意策划,不走寻常路,获得异常效果。

校园活动策划创意书则是适用于校园活动的策划书,指的是根据已有的各种信息和现有条件,对即将举办的校园活动进行主题构思、流程规划和整体安排,设计出活动的基本框架,并用文字进行表达的书面文案。校园活动策划创意书使用的范围和对象具有特定性,但也同样应该在创意、灵感等方面多下功夫,这种创意可以是前所未有的新鲜做法,也可以是从常规活动中提炼出崭新主题,还可以是开展过程中使用的全新媒介和手段等。

(二)策划书与计划书的区别

策划书与计划书都属于计划类文书,都是面向未来,针对具体事项或工作内容进行的预期性规划和设想。但是在文案写作方面,主要存在以下区别:

第一,文案全面性不同:一般来说,策划书不仅需要对于具体活动或项目的细致谋划,而且需要相关背景信息的搜集分析和相应的预测或评估等内容,而计划书相对而言内容上比较单一,主要体现需要采取的措施和步骤即可。

第二,创意要求不同:策划书的灵魂在于创意,策划的活动或项目往往是具有独特性的,实际生活中,策划书较多适用于商业领域或重要活动,而计划书往往在机关单位或常规活动中使用,更多是例行事项或惯常任务的部署和安排。因此,策划书比计划书具有更多商业气息或创意亮点。

(三)策划创意书的结构与写法

1. 标题

常见策划书的规范式标题一般是"策划单位+策划事项+文种"。如:《师范学院"每周一课"专业技能展示策划书》。有时为了更加凸显策划书核心主旨或者独特创意,可以采用正副标题式。如:《光影人生,守护心灵——新闻传媒学院经典电影推介活动策划书》。

2. 前言

这部分内容可以简单介绍策划创意的缘起、背景、意义等引言性要素,也可以以摘要的形式介绍策划活动主体的基本情况、策划活动当前面临的主要问题等。不宜太长,数百字为宜,也可以省略不写。

3. 主体

主体部分要具体陈述策划书的主要内容,即围绕活动主旨要开展的具体工作和实

施步骤,需要涉及多方面的事项,需要认真对待,仔细梳理。主体部分常见的项目包括:

(1) 背景分析。

这是对活动举行的背景方面的介绍。主要凸显出本活动开展的必要性和重要性。

(2) 活动主题。

一份出色的活动策划书离不开精心打磨的响亮主题。好的活动主题可以起到画龙点睛的作用,扩大影响,提升层次。比如某学院的一次书法比赛活动,巧妙融合校园内的任半塘先生雕像,设定主题为"悠悠半塘,淡淡墨香",既符合书法比赛的文化意境,又切合学院的特有底蕴。

(3) 意义或目标。

这部分主要提炼和阐发活动的深层意义,或者指出活动预定的目标。比如在2020年新冠疫情影响的背景下,许多大学的毕业活动都改到线上进行,毕业典礼策划书在"活动意义"部分就可以这样展开:

> 为了让2020届毕业生留下的遗憾少一些,对母校的记忆多一些,特策划"别于云端,跃入人海"一系列云毕业活动,让毕业生完成最后的毕业仪式,圆满结束大学生涯。希望毕业生们虽然匣未配剑,但仍踌躇满志,虽然前路艰难,但已整装待发;希望毕业生们跃入人海,各有风雨灿烂,努力坚持,笑对人生。

(4) 时间地点。

这部分要交代清楚活动开展的具体时间及地点。如果是系列活动,最好以表格形式逐个列出各个小活动的时间地点,方便读者查找。

(5) 活动步骤或策略。

这是需要具体阐述的部分,是整个策划创意书的核心内容,也是该项活动顺利开展的重要保证,必须条分缕析、细化到位,包括各个环节的负责人、注意事项等等。一般建议按时间顺序展开。

(6) 活动预算。

这是开展活动所需要的各项经费的汇总,应该考虑周全,合理安排,并采用表格形式统计计算。

4. 结尾

结尾的写法非常灵活,可提出注意事项;指出活动可能出现的突发情况及应变措施;对活动进行预测或评估;也可省略不写。

5. 落款

策划者+策划日期。

6. 附件

如果有相关附件材料,如活动报名表、相关日程表等可以作为附件放在文后。

(四) 策划创意书的写作策略

广泛调查,深入分析——为了能够使一份策划创意书真正服务于实际工作需要或

者解决具体事务问题,撰写者必须在提笔之前进行充分的背景调研、广泛的材料搜集和深入的情境体察,努力发掘一切可资借鉴利用的线索、条件,从而找到真正具有创意的角度和亮点。

缜密思考,力求完备——在基本确定创意策划的切入点之后,必须紧紧围绕文本主旨进行周密详尽的思考完善,并且尽可能充分完整地掌握有关材料,从而既能够主题明确,又能够胸有成竹,材料充沛从而心中有数。

逻辑安排,梳理主线——在前期充分的调研搜集整理工作的基础上,撰写者应当学会取舍和确定主次,可以学习利用行之有效的思维导图模式,围绕主旨,把握创意,梳理材料,确定逻辑,延伸主线,从而进一步确定撰写大纲,重点突出创新创意。

明确思路,清晰表达——在具体的文本撰写过程中,需要按照策划创意书的规范格式进行清晰准确的表达,既要在策划内容方面言简意赅、准确明了,又要在步骤和策略部分深入思考、准确表述,同时还要认真打磨活动预算、活动预测等部分内容,使文本完备,方便执行。

修改细节,语言润色——一份出色的策划创意书应当避免出现前后矛盾、词不达意等问题,这就要求撰写者必须字斟句酌、仔细打磨,使其表述精准、逻辑严密。

【例文】

××大学第三届"情暖校园"人物颁奖典礼策划书

一、活动背景

2013年、2016年,学校相继举行了第一届、第二届"情暖校园"人物评选表彰活动,众多"情暖校园"人物在校园内外产生了积极深远的影响。近年来,校园内善行义举薪火相传,好人好事蔚然成风。在第三届"情暖校园"人物评选活动中,学校组委会从30多位优秀师生中,遴选出20名候选人物,并自今年4月起陆续通过校报、校园网、官方微博和微信进行了集中宣传、报道。评选活动得到了广大师生、校友的积极响应和踊跃参与。经各二级党组织推荐、组委会评定和校党委常委会审定,本届评选活动最终评出10位"情暖校园"人物(群体)。

二、活动主题

真情相伴,情暖校园

三、活动时间

12月27日 19:00—21:00

四、活动地点

中心校区大学生活动中心三楼小剧场

五、前期准备(概要)

1. 邀请获奖嘉宾出席
2. 邀请颁奖嘉宾出席
3. 确定主持人及主持词
4. 制作获奖嘉宾视频短片

六、活动流程(概要)

1. 主持人介绍颁奖典礼相关情况
2. 播放获奖人物视频
3. 主持人宣读颁奖词
4. 嘉宾为"情暖校园"人物颁发证书、奖杯
5. 主持人对获奖人物进行现场访谈
6. 嘉宾为"情暖校园"提名奖获得者颁发证书、奖杯

七、活动预算(略)

八、活动预测

通过生动再现10位"情暖校园"人物的感人事迹,让大爱与真情交相辉映、温暖与感动翻滚涌动,让更多的师生不忘初心、乐行义举、乐做善事、乐献爱心。让这些善行义举、这些凡人好事、这些普通人身上不断闪现的道德光芒,汇聚成一首大爱与真情的交响乐,在校园里激荡回响,在全校师生中树立道德榜样,倡导自强不息、积极进取、温暖有爱的价值取向。

××大学宣传部
2019年12月16日

本篇小结

本篇《事务写作:询事考言　相机而动》从事务写作的缘起、内涵、要素、分类等角度入手,介绍了事务写作的行文规则和格式规范、特点与应用范围,以及规则与突破、内容与形式等艺术性表达,并侧重介绍请假条与申请书、应聘表与求职信、创新创业项目申报书、工作计划与总结、校园活动策划创意书等常见事务文书的写作适切性。随着社会的发展,事务写作在人们工作和生活中发挥着越来越重要的沟通作用,越来越多的人希望能提高写作能力,高效迅速地完成写作任务,这就需要写作者脚踏实地地系统学习相关沟通与写作理论,踏实认真地提高自我综合素质修养,日积月累地搜集整理材料,谦虚谨慎地多看多学多练,同时要在写作过程中保持严肃认真、实事求是的端正态度,切忌空谈口号、弄虚作假、做作浮夸,真正实现事务写作的任务沟通目标。

【拓展阅读】

1. 玛丽·蒙特,林恩·汉密尔顿.管理沟通指南:有效商务写作与演讲:第10版[M].钱小军,张洁,译.北京:清华大学出版社,2014.
2. 房立洲.公文掌上课堂:实战36技[M].杭州:浙江大学出版社,2018.

> ◆ 网络正在改变人类的生存方式。（比尔·盖茨）
> ◆ 根据形势发展需要，我看要把网上舆论工作作为宣传思想工作的重中之重来抓。宣传思想工作是做人的工作，人在哪儿重点就在哪儿。（习近平）
>
> ——题记

第四篇　网络写作：空间表达　互联互通

本篇要点

- 网络改变了大学生表达的方式和内容。
- 网络空间的形象塑造影响现实人际关系的建构。
- 网络写作能力是大学生职业素养的一部分。
- 学会网络写作、新闻写作需要掌握一些规律。

核心概念

网络语言；网络表达；网络空间管理；网络新闻；网络新闻写作要素

内容导图

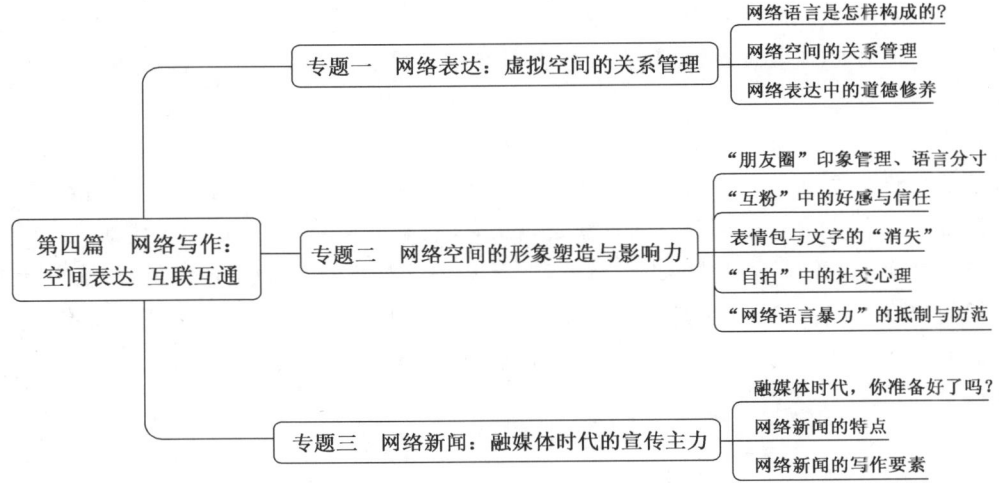

案例一:杨一是一名理科专业的大一女生,特别喜欢古典诗词、汉服等中华传统文化,觉得自己和理科同学格格不入。她开始在网络上寻找志趣相投的网友,渐渐和宿舍的同学疏远了。一个偶然的机会,她加入了学校传统文化的社团,也成了该社团微信群中的一员。社团成员由于各自课程安排时间不同,大多通过群内沟通的方式,协调安排社团活动。杨一在这个社团中发挥所长,各项活动开展得有声有色,在学生中形成一定的影响。有一次,她的舍友向她了解有关传统文化的一个问题,她发现身边的同学并不是对传统文化完全不感兴趣。她耐心地和舍友讲解,经常在宿舍中介绍社团的一些活动和传统文化中的一些常识,慢慢地,她和舍友们的关系越来越融洽。

案例二:夏阳和丁岚分别是某校行政管理和人力资源管理专业的学生,通过应聘进入同一家集团公司的发展规划部和人力资源部,都承担了各自部门的对外宣传工作。夏阳大学时曾参与过学院新闻中心的宣传报道工作,进入工作岗位后,较快地适应了工作要求,不仅及时宣传本部门所做工作,而且善于总结凝练部门的阶段工作,形成系列报道,为部门营造了较好的舆论氛围。丁岚大学时没有接触过新闻采写编辑等工作,经历了较长时间的学习摸索之后,慢慢掌握了新闻写作的要素,逐步进入宣传工作的角色。由于夏阳宣传报道能力突出,很快被提拔至集团办公室,负责集团的内外宣传工作,两人的职业生涯逐渐呈现不同的轨迹。

【案例分析】

案例一是大学生从现实走向网络,再回归现实的呈现,也是大学生管理个人在网络和现实中人际关系的过程。杨一刚进大学时苦于在现实中找不到聊得来的人,转而在网络中构建朋友圈。随着大学生活的推进,杨一进入传统文化社团,在现实中构建了朋友圈,以网络表达方式为主,实际上是在网络上建立了现实朋友圈的阵地。和同学们之间的交流越来越多,也影响了杨一和宿舍同学间的关系,使得杨一在现实中的人际关系也呈现较好态势。所以,网络表达已经成为大学生交往的重要方式,但是也要认识到,网络表达来源于现实表达,是现实表达在网络中的反映。

案例二是大学生走上工作岗位后,以承担宣传报道工作为抓手,管理公共网络关系的一个事例。两个求职简历看起来差不多的学生,工作的起点也几乎相同,都是从同一单位的同级职员做起。但随着网络化社会的不断推进,宣传意识已经深入人心,也成了不同部门工作中的相同部分。两位新进员工,同样面对宣传工作,因为大学时期一段不一样的经历,就呈现不一样的工作绩效,甚至影响了职业生涯的发展。所以,大学生在校期间,应进一步提高自身的综合素养,写作能力不是中文相关专业大学生特有的,是所有大学生自我表达和公众表达的必备技能,是大学生自我沟通和与社会沟通的重要技能。

专题一　网络表达：虚拟空间的关系管理

一、网络语言是怎样构成的？

（一）什么是网络语言

网络语言是人们在进行网络沟通时使用的语言，是现代汉语在网络环境中的创新演变。广义的网络语言是网络时代出现的与网络和网络技术相关的"另类语言"；狭义的网络语言就是指网民在网络交流时的语言。于根元先生主编的《中国网络语言词典》中，对网络语言做了如下定义，"网络语言是网民为了提高输入速度，对部分汉语、英语词汇进行改造或加工，把文字、图片、符号等进行随意链接和镶嵌。从语言规范化的角度来讲，网络语言将汉字、英文字母和数字杂糅在一起使用，会出现不少错字、别字甚至病句。但在网络中，这种语言却深受网民的欢迎"[①]。由此可见，网络语言主要是指由网民创造的、在网络上流行的、约定俗成的一种语言变体，包括网络沟通中的习惯用语、俚语和比较流行的社会通用语。

（二）网络语言的构成

语言主要以口头语言和书面语言的形式存在，受语言环境的影响和制约较大。网络聊天往往用文字或符号等形象易感的方式表达口头语言，和日常生活用语形成较大的差别，应该说综合体现了口头语言和书面语言的形式。

在现实交流中，双方处于同一时空，除了语言内容以外，还可以通过语调、语速、表情等来实现沟通的过程。在网络交流中，双方不在同一时空，为了弥补无法面对面交流的不足，有时需要用一些语气词或者表情、图片来表达不同的情感，增进了解，达成沟通。另外，人们在输入文字时为了节约时间，在双方能理解领会的前提下，往往使用"同音词"代替很多词汇，久而久之，便固定了一些词汇，进而约定俗成。比如"斑竹""斑猪"表示"版主"等。

网络语言的构词形式主要包括：数字型，如520（我爱你）；符号型；谐音型，如鸭梨（压力）；组合型，如 I 服了 YOU（我服了你）；简化型，如 3Q（Thank You）；方言型，如有木有（有没有）；一字型，如囧（表示令人很诧异和尴尬）；格式语，如咆哮体、甄嬛体；缩略词，如 BT（变态）；事件型，如打酱油（表示与己无关）；替代型，如偶（我）……

[①]　于根元.中国网络语言词典[M].北京：中国经济出版社，2001：12.

(三)网络语言的特点

1. 形象性

网络交流为了弥补不能面对面交流的不足,所用语言大多简洁易懂、形象可感。人们为了网络交流的效率和速度,常常使用短句和各种缩略语,如:MM(妹妹)、886(表示再见)、996(互联网企业加班文化);经常会运用一些形象的符号、图片、动画,甚至是简单的一个汉字、一串数字、几个标点、几个字母等直接明了地表达意思。如:瞌睡用"Zzzzz"表示,开心用":)"表示等。

2. 随意性

网络沟通的平等、自由、开放、包容等特点使网络语言中构词的随意性和表达的口语化加强。构词的随意性主要表现为错别字、任意搭配、省音性。错别字如:我太南了(我太难了)、雨女无瓜(与你无关)、斑竹(版主)。任意搭配主要表现为中英文混搭、普通话和方言混搭。如:你 get 到了吗(你明白了吗)、I 服了 you(我服了你)、木有(没有)。省音性和英语中的连读相似,当两个字放在一起的时候,省去中间的因素,如:"这样子"表达为"酱紫"、"不要"表达为"表"。表达的口语化主要表现为语气词、拟声词的大量使用,或方言、倒装省略句型的使用等。在网络聊天中,常常使用诸如"呵呵""哦"等。方言尤其是港台、四川、山东、东北等地的方言也常常被运用,如:"有木有"(有没有,山东方言)、"我是一个好银"(我是一个好人,东北方言)。

3. 创新性

创新性是网络语言最突出的特点,主要表现在形式和语义两个方面。在形式上,网络语言通过表情、图片、符号、动画、视频等多种形式表达意思;在语义上,网络语言不断地自我更新、不断地被使用、不断地被遗忘。每年的网络流行语排行榜总是如期推出,推陈出新的网络语言来源于高速发展的社会生活,不断地刷新着网民的认知,被广泛地使用和吐槽,又会被新的流行语所覆盖。如 2010 年的"神马都是浮云"、2011 年的"伤不起"、2012 年的"元芳,你怎么看"、2013 年的"我和我的小伙伴们都惊呆了"、2014 年的"且行且珍惜"、2015 年的"世界那么大,我想去看看"、2016 年的"洪荒之力"、2017 年的"惊不惊喜?意不意外"、2018 年的"锦鲤"、2019 年的"我太难了"。

二、网络空间的关系管理

(一)网络中的人际关系

人际关系是指人与人之间通过交往与相互作用而形成的直接的心理关系,主要包括亲子关系、夫妻关系、朋友关系、师生关系等。人际关系受生产关系和政治关系的制约,渗透在社会关系的各个方面,是社会关系的一个侧面,又对社会关系产生深刻的影响。网络人际关系是人们在网络中交往而建立起来的一种新型的人际关系。相较于传统的人与人面对面的现实关系，网络人际关系虽然依附于互联网技术，形成"人—机—人"的交往模式，但其实际上是形式上的虚拟性和本质上的现实性的统一。

（二）网络表达的特点

互联网的出现拓展了人类的交往时间和空间，极大地改变了大学生交往的方式和内容。大学生在网络中的交往突破了以往受制于阶级、阶层、区域、国度的交往方式，在一个自由的时空中自主地表达自己，成为真正自由的创造性主体。网络表达与现实表达相比具有自身的特质，即隐瞒性、自由性、即时性。

1. 你是否隐藏身份？

比尔·盖茨曾说，在网络上，没人知道你是一只狗。网络平台之所以成为吸引大学生交往沟通的场所，在于其虚拟性。网络环境的虚拟性使大学生在网络平台上的表达更真实也更易于无畏、更自由也更易于放纵、更包容也更易于隐藏。有些大学生在网络交往时往往会选择隐瞒自身的真实信息，在彼此不识庐山真面目的情况下，可以无所顾忌地表达、评论，而不需要顾虑自身的形象或者影响，有时甚至可以将道德规范置之不顾而恣意表达情感和自我。长期进行这样的网络沟通，容易造成大学生道德意识和责任意识的弱化，自律能力的降低，甚至造成大学生对现实生活和网络世界产生认知混淆而导致严重的心理问题。

2. 你是否畅所欲言？

网络表达的平等性使大学生能自主地选择交流对象、表达交流内容、形成交流习惯，一定程度上有益于形成大学生的独立意识、责任意识和担当意识，但也易于成为部分大学生传播不实言论的"帮凶"。尤其是随着自媒体时代的到来，大学生都可以成为自媒体的中心，能够在网络中更加自由地表达、分享、评论，自我意识得到极大满足的同时，网络中"他律"机制的缺失也导致发表不当不实言论的风险增加。另外，自我意识的膨胀、平等意识的强化和独立意识的增强，容易导致部分大学生过分沉溺于网络世界，被社会不良风气左右而不自知，不加判断盲目跟风，最终导致自我的缺失。

3. 你是否时刻在线？

网络渗透到大学生生活中的各个方面。第一，网络表达成为大学生的生活方式。大家通过微信、QQ等通信应用，建构学习、生活、工作的联系群组，在不同的群组中完成相应的沟通。表达方式的变化使大学生时刻在线，以便即时反馈相应的学习和工作任务。第二，网络表达影响大学生的思维习惯。除了班级群等大集体群组以外，大学生会根据自己的兴趣爱好建立各种小集体群组，如学生社团的联络群组。大学生在不同圈层中的表达潜移默化影响他们看待世界的方式、认识问题的角度，日积月累会影响他们的思维习惯。第三，网络表达影响大学生的品德素养。大学生在网络沟通中，在各种信息的交织碰撞中形成对信息的再认识、再创造和再输出。网络信息良莠不齐，网络表达也不全是正向引导,大学生对外界信息接受和认识的角度不同,就容易形成世界观、人生观、价值观的差异,形成不同的道德品质。

(三) 网络表达与现实表达的统一

网络改变了大学生表达的方式,一方面为大学生建立了更加平等、自由、民主的人际关系,拓展了大学生人际关系的发展空间;另一方面也潜藏了大学生人际关系的欺瞒因素,使大学生现实的人际关系产生隔阂。这把双刃剑在大学生的生活中发挥着重要的作用,网络媒介在现实生活中的嵌入,使线上线下交往的界限日益模糊,网络表达和现实表达的统一是既顺应时代潮流,又管理好人际关系的重要方法。

1. 网络表达的现实化

网络表达虽不同于现实表达,但来源于现实表达。首先,网络表达的隐蔽性特点使大学生可以在隐瞒身份没有面对面交流压力的前提下,自由地表达;第二,网络表达的开放性特点使大学生可以同时实现一对一、一对多、多对多、多对一的充分沟通,打破了现实交往的时空局限;第三,网络表达的平等性特点进一步打破了大学生现实沟通中身份、地位等的界限,有助于多元主体平等自由地交流。由此可见,网络表达使大学生的人际关系更加广泛、更加多元,一定程度上补充了大学生现实沟通的局限。但是,网络表达的主体依然是现实生活中的人,只是沟通有了新的媒介和场所。只有充分认识到网络表达是现实表达在网络中的延伸和拓展,才能防止脱离现实沟通而沉迷网络沟通的现象。

2. 现实表达的网络化

随着网络技术的日益发展,很多使用者都力求在网络中建构现实的人际关系。微信作为一款广泛使用的即时通信工具,用户可以利用其与好友进行文字、音频、视频等形式多样的交流,是现实表达在网络中的再现。中国互联网络信息中心的网络调查数据显示,65.8%的被调查者采用实名,35.34%的被调查者使用实照,只有15.14%的微信用户隐瞒真实信息。可见,绝大多数微信用户是在网络中进行着现实的表达,微信也成为联系现实生活"朋友圈"的强大纽带。美国学者戴森曾说:"网络不具有独立的存在。它之所以重要是因为人们把它作为一个互相交流、经营生意和分享见解的地方,而不是因为它是一个不依赖于外界的神秘的实体。"①大学生应立足于现实表达,在网络表达中构建更加多元和立体的现实人际关系。

三、网络表达中的道德修养

(一) 道德修养的内涵、意义、特点

道德修养是指个人在道德意识和道德行为等方面,自觉按照一定社会或阶级的道

---

① 埃瑟·戴森.2.0版数字化时代的生活设计[M].胡泳,范海燕,译.海口:海南出版社,1998:17.

德要求进行的自我锻炼、自我改造、自我提高的行为活动和经过这种努力形成的相应的道德情操和达到的道德境界。① 道德修养也可称为个人品德修养,是个人的道德活动之一,是个人把社会道德内化为个人品德的自我努力、自我完善的过程。

道德修养的意义在于鼓励个体不断完善自身的人格,不断超越自我,最终实现个人和社会的和谐统一。君子坦荡荡、小人长戚戚,良好的道德修养能使人保持良好的精神状态,能使人心胸宽广、积极进取。道德修养能够实现人与自然、人与社会、人与自身的和谐相处。只有每个人都具备良好的道德修养,人与人之间的和谐相处才能实现,社会的整体道德修养水平才能得到提高。

道德修养的过程充满曲折,毛泽东同志强调思想道德的改造,必然是一个"长期的甚至是痛苦的磨练"②过程。道德修养的本质是人性向善的自我规范和自我改造,最显著的特征在于它的自觉性、自律性和实践性。人们只有自觉地把道德修养的提高作为引领各项行为的准则,自律地按照社会要求的道德原则和规范进行自我修养,并且通过具体的道德实践磨炼提高自己,才能真正把握和适应社会道德需要,达到符合社会需求的道德水平。

(二)网络表达的道德坚守

网络表达给大学生的生活带来更多便捷的同时,也产生很多网络沟通中的异化问题。网络管理需要什么样的规范,网络表达需要什么样的道德修养,才能共同发挥好网络媒介的沟通效能?

1. 网络表达的道德诉求

遵纪守法是大学生网络表达的首要道德品质,是必须遵循的道德底线。网络信息良莠不齐,大学生在进行网络表达时需保持警惕,不能被利用,不能违法违纪。爱国爱社会是大学生网络表达的核心道德品质,是必须遵循的道德标准。网络中存在大量违背事实、颠倒黑白、损害国家和社会利益的现象,网络中任何影响国家和社会安全与利益的言论、事件都必须自觉抵制,时刻铭记维护国家尊严、社会公正。爱人爱己是大学生网络表达的基本道德品质,是必须保持的道德水准。虚拟的网络环境容易滋生人与人之间的信任危机,也容易将大学生的思想"带偏"。大学生应在网络表达中,基于自由平等、诚信友善的前提进行交往,营造彼此理解、互相帮助、相互支持的沟通生态,共同维护好网络的文明和谐。

2. 网络表达的道德自律

大学生网络表达的过程,是个人道德修养展示、重塑、提升的过程。道德修养完善的关键在于自觉抵制网络不文明现象、主动反击网络不道德言论、及时修正错误认识并且构建升级版道德修养体系。一方面,大学生们要认识到网络表达是自由和自律的结

---

① 杨鲜兰,彭菊花. 交往与青少年道德修养[M].北京:中国社会科学出版社,2013:65.
② 毛泽东. 毛泽东选集:第3卷[M].北京:人民出版社,1991:851.

合,网络提供了自由表达的空间,但并不意味着可以为所欲为、肆无忌惮,也需谨言慎行、恪守规则,不因善小而不为、不因恶小而为之。另一方面,大学生们要自觉抵制网络中不文明不道德的行为,网络的开放性也给了别有用心之人可乘之机,借题发挥、造谣生事者比比皆是。大学生需要一双慧眼,不盲目跟风、不单纯跟随,在思考中认清现实,在思辨中发现本质。最后,大学生们要主动维护网络文明,要使用好网络的主阵地,科学规范用好网络语言,进行网络语言的形象创新,避免网络语言的随意低俗,说文明话、做文明事,力争成为网络表达中的清流。

【课堂练习】
1. 谈谈你对网络表达与现实表达的认识。
2. 大学生在网络表达中应遵循怎样的道德修养?

专题二　网络空间的形象塑造与影响力

一、"朋友圈"印象管理、语言分寸

新媒体的发展改变了以往传统的社交模式,微信"朋友圈"作为网络社区,其印象管理及语言运用的方式将会直接影响到现实人际交往。微信创始人张小龙曾说过:"微信,是一个生活方式。"而"朋友圈"作为用户呈现生活方式的最佳途径,打破了传统的写作模式,架起了一个全新的网络"写作"桥梁。

(一) 什么是微信"朋友圈"

"朋友圈"是微信的一个社交功能,2012年4月19日,在微信4.0版更新时上线,可以供用户发表文字、图片和视频,分享文章和音乐。用户可以对好友发送的照片进行"评论"或"赞",而其他用户只能看相同好友的评论与赞。美国作家克莱·舍基在《未来是湿的:无组织的组织力量》一书中提出了一个全新的概念"湿世界"。他认为,"湿世界"特指社会性软件使人与人之间充满了人情味,变成了一个湿乎乎的、充满黏性的存在。① 而微信"朋友圈"这一即时分享各式内容的写作工具,把我们带入了"湿世界",不仅加强了好友之间的黏性与沟通,同时也让彼此找到了归属感与共鸣感。

---

① 克莱·舍基.未来是湿的:无组织的组织力量[M].胡泳,沈满琳,译.北京:中国人民大学出版社,2009:67.

(二)"朋友圈"中的印象管理

1. 印象管理的概念

印象管理,又称印象整饰,是指一方通过一定方式影响并控制另一方,进而给另一方塑造出自己期望的印象。因此,社会学家戈夫曼称人与人在社会生活中的交往情境是一种戏剧表演,在表演过程中,一方会通过表演努力地去接近想呈现给别人看的那个角色,所以通常他人看到的是角色扮演而不是角色本身。

2. 印象管理的策略分类

印象管理通常被分为两种,一种是获得性印象管理,即试图使别人积极地看待自己的努力;一种是防御性印象管理,即隐藏自己的不足或试图避免别人消极看待自己的努力。

(三)"朋友圈"中的语言分寸

语言如何使用地精细恰当难以尽言,有时一个措辞的微小差别就能给人不一样的感受体会,遣词造句的适度与否,体现的是一个表达者境界的高低。在社交网络中,把握好语言分寸感十分重要。语言分寸感,是指对语言运用是否准确的敏感把握。通过"朋友圈"发送的内容,是一种全新的书面语言,不同于以往纸质书面语言的规范严谨,更具有灵活性、创新性,更为自由。人们通过在自己与好友共存的虚拟领域传递自己想要传递的信息,表达自己的诉求时,会针对不同的对象,合理调整自己的语言分寸尺度,使阅览者与自己都处在一个舒适、平等的状态中进行沟通互动。

(四)不同对象采取不同的印象管理策略

自"朋友圈"功能上线后,"好友分组"功能也随之上线。人们可以根据自己想要发送的朋友圈内容自由选择可以看到此条朋友圈的用户,一个小小的朋友圈就能简单地塑造出多样且合理的自我形象。以盛望同学的"朋友圈日常"为例,从他针对不同"朋友圈"对象所发的"朋友圈"内容,与其展现的沟通方式中,我们可以看到他采取的不同印象管理策略和语言表达方式,从中得到启发。

情境一:

  盛望在参加完省级技能竞赛后发了条仅朋友可见的朋友圈,内容如下:太难了,宿醉后傻三年,但还好结果是好的…(附庆功宴照片和获奖照片)
  朋友圈底下不一会儿就收到了来自朋友们的评论——
  张强:好久不见,盛哥越来越能喝了啊(笑脸)。
  江海:努力会有回报的,起来喝点蜂蜜水,继续加油!
  王阳:就你这小酒量喝这么多吗?哈哈,可悠着点。
  ……
  盛望回复张强:那可不,上了大学总有些东西要进步,哈哈。

盛望回复江海：谢谢老江，也祝贺你拿到了国奖！
盛望回复王阳：下次一定注意，昨儿高兴上了头。

分析："朋友"是相对亲密的交往对象，人们面对自己的朋友倾向于使用获得性策略，正是因为彼此十分熟悉，所以能够接受对方的一些缺点，有时互相交流时这些缺点也会成为互相调侃的"槽点"。当朋友不在身边的时候，"朋友圈"成为你们互相了解彼此近况的一个很重要的途径，一次及时的点赞，一个暖心的评论都能让彼此得到实时的情感表达，拉近距离。甚至有时"朋友圈"的评论互动也能成为两者打开话匣子的"助力器"，如果太久不见，忽然找对方聊天会感觉很突兀，通过探知对方朋友圈的近况，则可以自然而然地进行私聊。

情境二：

"公开"分组的朋友圈空空如也，盛望挑选了最近看到的一个与专业相关的新闻进行转发，并输入：学习（点赞），谨遵王老师的教诲！

分析：大学生在"朋友圈"中对亲戚、老师等所用的防御性策略要多于获得性策略。案例中人物很久没有发一条完全公开的朋友圈，思索很久后还是选择了一个挑不出毛病的新闻进行转发。这种现象的出现，主要是因为对于许多大学生来说，亲戚、老师等与自己熟悉度较低，同时"敬爱长辈""尊敬师长"等一系列教育理念的影响，使大学生采取了不一样的印象管理方式。当然，对于亲戚与老师，大学生选择防御性策略的理由与心理还不相同。亲戚作为长辈，可能会过度传输一些面对社会问题的负能量，对本身就即将面临就业压力的大学生来说更是一种额外的心理负担。因此大学生会选择减少"朋友圈"里针对亲戚们的真实自我呈现与互动，一方面维持着现实中原本良好的关系，另一方面也减少给自己带来的困扰。而教师对于学生来说代表了威严崇高的形象，所以学生与老师交流的可能性比其他对象少很多，往往仅限于课堂上的交流。因此学生更倾向于选择"沉默"以防出错，不会轻易选择获得性策略发展亲密的师生关系。

"朋友圈"作为一个网络写作环境的缩影，给予人们表达、塑造自我，影响、感染他人的机会。在这个圈中我们描绘出想要呈现出的最好的自己，并且通过恰当的语言表达方式维系自己与互动者的关系。把握好语言分寸，有礼有节，有情有义。以正确的自我呈现实现良性的印象管理，才能实现网络空间中沟通的有效性、适度性。

二、"互粉"中的好感与信任

（一）何为互粉？为什么互粉？

自媒体快速发展的时代，越来越多的人投身于微博、抖音等社交平台。在这些社交平台上我们可以自由关注喜爱的用户，被关注者可以自由选择回关与否。网友为这种互相关注的行为取了新的别称——"互粉"。互粉双方有权利了解彼此分享的各种事情。用户选择互粉大多抱有目的，有的是喜欢彼此分享的内容，愿意去互相推送；有的主要是为了提升自己的知名度,扩充自己的粉丝量,找到志同道合的朋友,也能增添自己的信息来源。

(二)互粉中建立好感与信任的要素

1. 性情相投

互粉成功与否最为关键的是看彼此是否性情相投。老话说:"酒逢知己千杯少,话不投机半句多。"在虚拟网络的交往中,心意相合、谈话相契十分重要。

互粉中能博得对方好感的性格有许多,主要有以下几点:

(1)真实诚恳。社交网络是一个虚拟的空间,人们在网络互动中充满了不安全感与不确定性。想要获得对方的好感,首先要表达诚意,在互动中呈现真实的自己,不欺骗对方,不触及道德底线。

(2)乐于助人。管仲曾道:"善人者,人亦善之。"社交网络中互粉的好友,一部分是生活中的朋友,另一部分是完全陌生的网友。现实中的好友本身是有情感基础的,建立信任关系较为容易。而陌生网友之间需要一些契机来巩固情谊,比如:小杨与小光在互粉后,小杨经常会刷到对方发表的一些经济学人外刊笔记,而小光也能在自己的主页刷到小杨分享的一些关于国考、省考的最新资讯和备考指南。正因为分享的内容对对方来说都有意义,所以彼此会产生信任感,会认真阅读对方分享的文章,获得双赢。

(3)互相尊重。陈家琪教授曾说过:"尊重是一种文明,但又像一层贴在脸上的东西一样容易脱落。"身处社交网络时代,在互动中体现出尊重不仅能加强网友对自己的好感,也能将自己塑造成一位有良好品行的人。比如:舟舟和杨杨互粉是因为大家都喜爱看女排比赛,但他们各自又有其他业余爱好,舟舟喜欢看CBA,杨杨喜欢看美妆博主视频,虽然其他爱好并不相同,但是两人经常会互相评论或者只是点个赞,这都体现了双方对于彼此喜好的尊重。学会尊重,是朋友间和睦相处的调和剂,人生所难,最难不过付出;人生所易,最易不过回报。

2. 拥有共同好友

美国社会心理学家米尔格伦曾提出过一个"六度分离"理论,该理论认为在人际交往中,任意两个陌生人都可以通过"亲友的亲友"来建立联系,通常只需要经过五个人就能达到目的。互联网的魅力在于证实了这个理论的可能性,网络使陌生人相识的概率大大提高,例如现在众多社交媒体已经出现了"共同好友"选项可供查看。当互不相识的A与B通过C搭建的情感桥梁来联结,A和B给对方"安装"的防御墙就不会那么高,那么共同好友C便成了A与B建立好感与信任的推动力。

3. 共同兴趣爱好的魅力

在"人山人海"的网络空间里,遇到一个意气相投,有共同兴趣爱好的人,本身就是非常奇妙的事。作家罗兰说道:"和太强的人在一起,我会感觉不到自己的存在。交朋友不是让我们用眼睛去挑选那十全十美的,而是让我们用心去吸引那些志同道合的人。"除了能增进彼此的好感,拥有共同爱好的人也能相互促进、激励,共同进步。例如:在社交平台上,小望和小李就是因为都喜欢写字而互粉的,然而坚持练字并不是一件容易的事,小望每个月都会发一篇练字成就合集,并传达对好友们的鼓励,小李看到别人写字的进步就更加坚定了自己练习的信心。

(三)如何在互粉中进行网络写作

互粉中的情绪内容表达主要通过网络写作,达成有效写作需要具备的两个条件,第一是表达者应清晰阐明信息的内涵,第二是表达者应当重视信息接收者的反应并及时做调整。随着互联网的不断进步,网络写作主体进一步扩大,每种"写作欲望"都拥有表达自我的机会。无法面对面交流的网友需要思考如何在网络平台上将自己的思维准确地传达给好友,使这份"情谊"长存于保鲜期内。

1. 营利性互粉的网络写作

互联网时代的到来,给予了众多网民新的投资与盈利商机,淘宝、闲鱼、微商、代购和社交电商等层出不穷。为了使自己的营利数据更好看,有更多的机会接广告、做广告,不少人会选择通过互粉来扩大自己的粉丝数,从而拓展自己的客户数量。而广告的宣传与互粉人群宣传的影响,能够吸引一批潜在顾客,虽然潜在顾客在看到广告或者商品信息时可能不购买,但是他们有可能会记住品牌或是商家本身,在他们有购买需求的时候,就很可能转变成购买行为。

以营利为目的的互粉和以营利为潜在目的的互粉的主要网络写作方式:

第一,多发动态,塑造更接地气的生活日常。

第二,多为互粉的好友谋福利,提供一些优惠券、红包等。

第三,参考市场上同类产品的价格,塑造自己的产品的价值感。产品的选择和价值主要是看与自己互粉好友的需求。通过动态中的询问和评论区的互动,了解需求并及时给予回应,例如可以通过抽奖或附加赠品的方式。

2. 非营利性互粉的网络写作

(1) 及时回复信息。

回复的信息主要包括@、评论和私信,及时回复信息一方面可以看出互粉好友间相互重视,也很在意好友们给予自己的评价并及时给予反馈;另一方面可以在别人心里塑造一个有修养、亲切、礼貌的形象,提高别人对你的好感度,使互粉的好友更加愿意与你真诚写作交流。

(2) 采用恰当的语言与情绪进行表达。

在网络写作中,语言简单明了,语气温和,话语中减少攻击性,容易营造一种轻松愉快的氛围。互粉好友在这种氛围里,更加能敞开心扉。

(3) 选取正确的"表情"表达。

如今网络冲浪的大部分群体都喜欢聊天时在一段文字中加"emoji"或者软件自带的表情,来体现自己此刻聊天时的心情、感受。不同年龄阶段的好友选择的"表情"也不同,如果是年龄较大的长辈,他们会用"微笑"表示笑,会对"笑哭"表示不解,奇怪对方为什么会发送"哭"的表情;而紧跟潮流的年轻人则会用"微笑"表示"呵呵",暗示自己内心的不痛快,而会用"笑哭"表示内心哭笑不得。从以上例子中可以看出,选择不一样的"表情"能表达不同的心情,只有传达正确的"表情",对方才能设身处地了解你的想法,有利于更直接有效的交流。

三、表情包与文字的"消失"

(一)什么是表情包?

随着互联网信息技术的发展,人们交流信息的方式逐渐从面对面沟通转为通过网络写作进行传达。在网络人际交往中,仅仅依赖文字进行交流是远远不够的,因此,随着人们表达情绪需求的扩大和多媒体技术的发展,形形色色的表情包得以诞生。表情包能够传达自己此刻的心情或者状态,可配有文字也可以是静态或者动态图片,这些图片风格多样,而且系统自带或是用户自制皆可。作为一种新兴的网络"写作"形式,表情包已成为网民聊天交友中必不可少的工具。

(二)表情包的来源及其发展

"表情包"一词最早源于2008年,以以静态或者动态图片为基础的表情为主,而如今表情包已更新迭代,不仅有纯图片形式、纯文字形式,还有图像与文字结合的形式。现在在网络平台中,更多人情愿用表情包进行交流,而不是输入文字进行传达,仿佛由于"表情包"的入侵,文字逐渐消失了,作为沟通工具使用率降低了,其实不然。文字只是换了一种形式呈现在写作内容之中,人们渐渐会在图片上加一些网络流行词汇或短语的文字,因为很多"招呼"用语、"道别"用语文字都是一样的,但配上各种各样的表情图片,则多了一种趣味性和亲切感。

当下表情包还有许多新的形式,卡通、萌宠、真人等等,表情包的广泛流行也使社交平台,例如微博、QQ、微信等发现了新的开发点,与第三方设计师合作的系统表情包也在不断发展壮大。2019年年底,微信曾推出一个全新的功能——朋友圈可以评论表情包功能。这更加证明了用户对于表情包的喜爱,同时这个功能推出以后,"斗图达人"也可以在朋友圈的评论下面尽情斗图了,或许在不知道该输入什么样的文字时,可以发送一个可爱的或是亲切的表情包,不仅能避免词穷,也可以拉近双方的距离。表情包的出现不会使文字渐渐"消失",反而会让难以通过语言交流的感情被表情包维系起来。

(三)表情包在网络写作中的作用

1. 方便快捷拉近距离

使用简洁清晰的表情包能快速而有趣地表达自己的想法,不仅能让对方体会到你

传达的善意,同时对方也会认为你是一个幽默的人,拉近彼此的距离。

2. 新奇创新强化表达

表情包传递了网络空间生成的新文化,让一些新奇的事物或者人物成为一种流行元素。这些"流行文化"也可成为人们在日常网络写作中的话题来源,不断丰富写作的素材,也使人们之间的表达方式更加多样化。

3. 包容文化促进交流

表情包扎根于中国的本土文化,嵌入了众多时下的网络流行语与各地美食、美景,在跨文化的交流过程中,这些富有特色的表情包使不同地域的网友对中国的风土人情产生了浓厚的兴趣,不少外国友人学会使用这些表情包,增强了网上沟通的趣味性和共情力。

四、"自拍"中的社交心理

远观文艺复兴时期,达·芬奇、拉斐尔等众多艺术家都热爱绘制自画像,将"自我成像"抹上艺术的色彩。而在如今的数据时代,不再需要笔触来记录一个人的容貌,只需要运用手机、数码相机、平板等电子产品的拍摄功能即可。在牛津词典中"自拍"的解释还强调了"使用智能手机或网络摄像头拍摄并发布到社交媒体网站的照片"。可以看出,大部分的"自拍"行为都是以上传到社交网站为最终目的。分享到社交网站这一行为体现了自拍者本身自我展现,在网络上谋求互动的心理需求。

人作为群体动物,本能地有一种社会交往动机,渴望与他人进行互动,得到别人的关注与喜爱。"自拍"行为存在于虚拟空间中,同样折射出复杂的社交心理。

(一)给予开放式的自我表露平台,寻求自信与自由

人本心理学家西德尼·朱拉德在《透明的自我》中将自我表露界定为:"告诉另外一个人关于自己的信息,真诚地与他人分享自己个人的、秘密的想法和感受的过程。"他认为将自己逐渐透明化,能够真正认识自己,成就自己。然而在现实社会中,部分人群由于自身条件处于劣势,缺乏充分展示、表露自我的信心。他们在面对面与人交往中,会产生羞怯、自卑的情绪,阻碍了他们展露自我的机会。"自拍"给这一群体提供了一个表露自己的平台,满足了自卑而孤独的人的表达需求。

在非"面对面"的沟通方式中,人们获得了自信与自由。他们通过用心编辑的图文获得陌生人的点赞与好感。如今像"b612""轻颜相机""黄油相机"等软件功能强大,而网络社交中信息发布是自由选择的。人们有更多的时间去精修图片,从而让自己获得他人称赞的概率提高。比如:

王好在现实生活中是个内向的孩子,面对很多人的时候就不敢说话,平时总是闷不吭声,缺少很贴心的朋友,也没有人关注到她。为了跨过心中的这道坎,她尝试在网络中分享自己的生活日常,通过发布自拍记录自己的生活,有时在现实中不敢显露的一些可爱表情在网络中发布分享,逐渐收获了很多志同道合的陌生网友的欣赏,在他们的鼓励下建立了信心,受到压抑的自我得到了释放。

通过社交网络中的自拍途径,我们可以无拘束地表达自我情绪、纾解内心感受,自由选择想要相处的朋友,在更为宽容的网络世界里,解放出胆怯的自己。

(二) 满足群体归属的需要,获得同伴认同

荀子曾道:"人之生,不能无群。"人类的本性决定了我们需要群体作为支撑与依靠,因为群体的存在能够满足个体的一些心理需求。在互联网时代中,"同类"群体以"X圈"为名,比如:自拍圈、饭圈、手账圈、笔墨圈、古风圈等。自拍圈集结的就是对自拍感兴趣的群体,他们喜欢通过镜头记录自己的生活,又因为志趣相投、生活方式相近而相遇,组成了一个可以长期交流、互动的群体。通过自拍圈,自拍者认识到了屏幕里彼此的日常,看到感兴趣的事物也可以进行交流互动,不仅满足了自我展露的需求,也获得了同伴的认同,使网络空间里的"人际关系"更为坚固,促进了自我幸福感的形成。

(三) 利于获得成就感,满足自我建设

既然将自拍发布在社交平台,那么必定是渴望他人的点赞与评论的。通过自拍来进行网络社交的人群,他们会塑造一种身份来获取他人的尊重喜爱,从而达到虚拟的自我价值的实现。其实每个人都渴求获得成就感,他们希望在他人心目中树立一个良好的形象,但并不是每个人在现实生活中都明亮耀眼,总有一群默默无闻的人,想要得到他人的关注,想要弥补生活中不那么完美的自己的一些缺点,通过一些处理将虚幻的自拍分享到网络平台上,在陌生网友的点赞与良性互动中获得满足。

我们一方面尊重这种行为,但是同时也要提醒自拍者不可逾越道德的底线,发布一些不雅的自拍,污染了网络环境。

五、"网络语言暴力"的抵制与防范

互联网为我们架起一座沟通的桥梁的同时,也滋生了很多负面影响。网络上的言论自由是相对的,有积极向上、各抒己见的一面就有盲目挑衅、妄加揣测非理性的一面。由于网络本身的虚拟性与隐蔽性,一些人误认为自己在一个保护罩中,便发出在现实生活中不敢发表的非理性言论。

(一) 何为"网络语言暴力"?

语言暴力主要指使用具有攻击性、侮辱性的词汇,对他人进行精神、心理上的攻击与侵犯,甚至将攻击范围扩大到被攻击者的亲人、朋友之中,破坏了社交圈的安宁。伴随着互联网的普及,人们开始选择通过网络社交平台发表言论宣泄情绪,甚至会对他人进行非理智的评论,运用文字或语音辱骂、攻击伤害他人的行为,全然不顾法律道德的约束,这便是网络语言暴力。

(二)抵制"网络语言暴力"的意义

2016年9月,克罗地亚邮政发行了一枚小小的邮票,名为《抵制网络语言暴力》,虽然设计者为小学四年级学生,发行量却达到了十万枚。韩国明星崔雪莉、具荷拉遭网暴自杀事件震惊全网,如同在湖中央丢下的一块石头,泛起了阵阵涟漪,事件发生后网友开始自我反思检讨。《奇葩说》某辩手曾讲述自己女儿遭受网络语言暴力,"一个人,你只有温暖纯良了,才有资格去谈论爱与自由"。我们从来不知自己随意的一句"恶评"会给他人带来多大的精神伤害,恶意评论堪为杀人不见血的锋刃,满载恶意与怨气,戳破人的心脏,这份痛苦是时间都难以治愈的。

抵制网络语言暴力有利于网络环境的净化,构筑一个绿色的网络空间和社交平台。俗话说"近朱者赤,近墨者黑",环境对人的影响是潜移默化的,"乌烟瘴气"的网络环境会影响人们上网时的情绪,导致不好言论的发布。违法、非道德的集群效应,会使一些缺乏是非观念,容易产生从众心理的人忽视问题的两面性,强化情绪化倾向,导致不理智的极端行为。我国《宪法》第35条规定,公民享有言论自由,但是该权利的行使应当在合法的范围内;《民法典》第1024条规定,任何组织或者个人不得以侮辱、诽谤等方式侵害他人的名誉权。相关的法律在抵制网暴的过程中,需要我们去宣传,让更多人懂法识法,认识到要为自己的网络言论负责。

(三)"网络语言暴力"的防范措施

从国家、社会层面来讲,首先应制定相关法律规章,明确针对网络空间言论自由的规范与保护进行立法,明确主客体的特征和"网络语言暴力"的标准,使"网暴"行为的整治有法可依。其次,以优秀、积极的网络形象感染大众,树立良好的网民印象,使网络空间执法过程得到人们的响应与支持。再次,政府应当推动净化网络环境的进程,在各大网络平台实施网络实名制政策,在保护个人隐私的情况下,也对个人言论进行规范约束。同时也要打击各种销售平台"××小号"的贩卖,取缔不法销售,将试图用小号进行"网暴"的行为扼杀在摇篮里。

从学校层面来讲,青少年作为目前使用网络的重要群体,他们对许多社会问题的思考不完整、不全面,容易做出不理智的行为。学校应当加强网络文明教育、搭建专业的网络教育平台,提高学生的辨别能力,针对学生的心理发展变化给予适当、适时的疏导,通过网络文明教育将正确的价值观传输给学生,提高他们文明使用网络的能力。

从个人层面来讲,个体应当树立正确的网络伦理价值观,时刻规范自己的网络行为。如果遇到网络语言暴力,不可纵容他人低劣言语行为的同时,也要克制住自己试图反击的情绪,因为暴力从来不会在两方不断延续的"战火"中停歇,网络语言的不可逆性决定了在你点击"发送"键后,就无法再撤回爆发的情绪,因此在发送每条评论之前请三思。

【课堂练习】

1. 课堂内开展关于"朋友圈查看权限"的小调查,写下原因并与老师、同学分享交流。

2. 思考自己日常通过哪些方式进行网络空间的印象管理,并结合自身实践列举利弊。

3. 利用一些书信匿名社交软件让学生进行一次网络书信的写作活动,并分享各自的心得体会。

专题三 网络新闻:融媒体时代的宣传主力

一、融媒体时代,你准备好了吗?

随着数字信息时代的来临,媒体行业发展风起云涌,传统媒体站在风口浪尖,遭遇巨大冲击。一方面,电子报刊、网络广播、手机新闻、网络电视、手机电视、微博、短视频网站等成为群众获取信息的重要渠道,唱衰传统媒体的声音不绝于耳,许多地方报社关停或转型;另一方面,新媒体来势汹汹,自媒体依托微信微博、视频直播等传播手段,以及更灵活的传播机制,迅速崛起并发展壮大。为有效应对媒体及舆论生态的变化,国家敏锐把握媒体变革大势,及时做出了"推动传统媒体和新兴媒体融合发展"的战略部署,强调融合发展关键在融为一体、合而为一,从相"加"到相"融"阶段,打造新型主流媒体。

融媒体时代,宣传的方式更加广泛、主题更加灵活、形式更加多样,每个集体或个人宣传的需求也更加旺盛,社会对大学生网络新闻的编辑能力提出了更高的要求,这也成为大学生职业素养的重要组成部分。但这并没有引起大学生们足够的重视,他们在网络沟通中流连忘返之际,往往忽视自身其实也是宣传的主体,往往只关注网络新闻的结果,较少留意网络新闻的编辑过程,甚至很多大学生走上工作岗位后,无法完成一篇简易的宣传报道,而对自身的职业生涯产生一定影响。

二、网络新闻的特点

互联网丰富了新闻的表达方式和传播手段,能够更生动、更即时、更具互动性地传播新闻,也更能适应受众的阅读习惯。

（一）网络新闻的传播特点

1. 新闻内容的生动性

不同新闻形态层出不穷，使网络新闻的内容多媒体化，语言、文字、图片、音频、视频都可以成为网络新闻的素材，创新了网络新闻的传播方式，从可读到可视、从静态到动态、从平面到多维，对传统新闻存在的表达方式单一、传播对象狭窄、互动能力不足等缺陷形成了有益的补充。

2. 新闻传播的即时性

网络新闻因其传播介质的不同而明显区别于传统新闻，具有更强的即时性。首先，传统的报纸以日为单位，需要经过新闻采写、编辑排版、印刷分发等多个流程，传统的广播电视在制作完成后也需按照计划程序进行播放，网络新闻的编审流程则相对简单，几乎可以与新闻事件同步，充分展示了新闻的时效性。其次，网络新闻具有易存储、易复制、易传播的特点，只需要服务器的一点空间，就可以保存成千上万的文字和图片，只需要点击鼠标，就可以广泛传播新闻事件，形成强大的舆论效应。传播的简易便捷使得每个人都有可能成为新闻事件的传播者，成为舆论的中心，越来越多的新晋网红就是最好的例证。再次，网络新闻受版面因素影响较小，使用跳转链接可以全过程多角度呈现事情发生的完整过程。

3. 新闻反馈的实效性

新闻传播者和受众之间必然存在一定的互动，传统新闻传播者在和受众互动方面存在一定的限制。网络新闻改变了这种局面，每一条新闻都可以添加评论板块，个人的微博也可以作为新闻深度讨论的阵地，新闻网站往往在每则新闻之后设置相关链接给公众提供评论交流的场所，使受众直接参与新闻报道。这不仅使得媒体与受众之间能够沟通，还实现了新闻在受众之间的传播，"编读往来""读读往来"实时有效，为媒体向人们提供更好的新闻服务提供了可靠的保证。在此基础上，大数据的应用能够提供有关受众访问时段、访问量、访问类型、访问地区等的精准统计和分析，为媒体及时调整传播策略提供有效参考。

（二）网络新闻的阅读习惯

1. 自主性的阅读习惯

在传统新闻中，往往是精英阶层主宰话语权，引导受众获取信息，受众选择信息的渠道狭窄且受限，大众传媒体现的可能是包装后的平民化。网络新闻的出现，不仅使新闻成为人们日常生活中可方便获取的信息，也使受众选择信息的自由度更大、自主性更强，选择什么样的新闻真正成为受众自己的事情，受众的需求成为网络新闻素材选择的出发点和落脚点。信息爆炸时代，网络新闻必须根据受众关心、关注和关切的问题，确定新闻点、选择新闻素材，并且以受众喜闻乐见的方式进行传播。

2. 碎片化的阅读习惯

令人目不暇接的网络信息对人们的阅读习惯形成了一定影响,"读者花在一篇报道上,甚至是报道首页上的时间超过 60 秒的可能性极小"。在这种扫描式阅读习惯下,动画、图片比文字内容本身更能吸引眼球,关键词更容易被受众捕捉,标题成为吸睛的重要抓手。另外,网络新闻由很多跳转链接组成,在扫描式的信息浏览中,受众在不同的链接中切换,无法形成完整的线性阅读,获取的信息零散、断裂。媒体只有针对受众碎片化的阅读习惯和获取信息的心理状态,把完整的新闻事件分割重组,根据传播重点进行不同梯队的呈现,才能有效传播,实现舆论引领的目标。

3. 再创造的阅读习惯

由于网络新闻反馈的及时性、互动的频繁性,传统新闻的传播界限被打破,每一个受众都能成为新闻的发布者、评论者,甚至是制造者。受众对网络新闻的内容展开讨论,在某种意义上是推动新闻事件的公众力量,甚至能影响新闻事件的发展。受众不仅是信息的接受者,也是信息的建构者,从不同的视角对信息进行加工再创造,并且通过便捷的网络在一定范围内发布交流,甚至能成为一个新闻事件的发起者和组织者,形成崭新的网络舆论场,并影响着事件的走势。从汶川地震、杭州飙车案、江歌遇害案,再到北京朝阳医院伤医案、武汉新型冠状病毒肺炎疫情等,都反映出突发事件对网络舆情产生的重大影响。网络新闻写作需要对新闻的反馈再创造进行预判,确定合适的新闻传播口径,不仅能吸引受众关注新闻事件,也能激发受众讨论互动的热情,取得良好的传播效应。

三、网络新闻的写作要素

网络新闻一般包括标题、导语和主体三个部分。标题以单行题为主,是吸引受众阅读的核心,是新闻内容最凝练的概括;导语主要概述新闻事件的核心内容,既是进一步吸引受众深入阅读的载体,又能满足受众浏览式阅读的需求,承载了新闻事情的全部;主体是在导语概述的基础上,进一步紧扣中心,具体阐述导语的核心内容,是对导语内容的具体呈现和丰富拓展。

(一)网络新闻的标题

"标题是新闻的眼睛",网络信息如潮水汹涌,人们在纷繁的网络世界中看到标题就想阅读内容,除了新闻素材本身的受关注程度以外,标题的表达方式也是重要的因素。网络新闻是相对于报纸新闻而言的,网络新闻标题也是在和报纸新闻标题的比较中显现出以下若干特征:

1. 形式上:融合凝练

新闻标题有单行题和复式题两种结构。网络新闻标题以单行题为主。受网络版面的影响,网络新闻标题行高和列宽受限,既不宜换行,也不宜空行,同一个版面的新闻标题的宽度基本一致,以人民网为例,新闻标题页设置三栏,每一栏的标题从上到下依次排列,标题栏的宽度不超过22个字符,而报纸新闻则没有此类限制。例如,《习近平:疫情防控工作到了最吃劲的关键阶段》(人民网),而《人民日报》同样新闻内容的标题是《中共中央政治局常务委员会召开会议 分析新冠肺炎疫情形势研究加强防控工作 中共中央总书记习近平主持会议》。报纸新闻通过字号、分行的方式将该标题的三部分内容做了区分,网络新闻标题则无法进行此类编辑,需提炼主要内容在一行内显示。如果新闻内容过于复杂,一句话不能充分表达,也会采用空格或标点将标题间隔成两句话或多句话的形式,但也会限制在同一行内,尽量做到简洁凝练。

2. 内容上:重点突出

新闻标题有实题和虚题之分,实题主要概括新闻事件内容,可以独立运用,也可以与虚题结合运用。虚题可以表达对新闻事件的评价,不作为新闻标题单独使用。报纸新闻题文一体,即使标题是虚题,受众浏览新闻的导语,也能大概了解新闻内容。网络新闻题文分离,如果标题用虚题,受众难以把握新闻要领,会对新闻"点击率"产生较大影响。例如,《李克强主持常务会议 加强经济运行调度调节》(人民网),该标题简明扼要概括了新闻的核心要素,受众能较快形成对新闻内容的基本概念,想要详细了解新闻内容则点击标题链接即可。点击进入新闻内容页,原样引用《人民日报》同一新闻《李克强主持召开国务院常务会议 进一步部署在全力以赴抓好疫情防控同时加强经济运行调度和调节更好保障供给》,网络空间删去的引题在正文页得以显示,强化了对新闻事件进展的有效解释,丰富了标题对新闻事件的表达。有时,网络新闻标题要通过对一个或多个新闻要素的凝练,通过恰当的排列组合,把握"新闻眼",吸引受众阅读。例如:《战"疫"关头,习近平向世界发出这些"中国声音"》(人民网),而《人民日报》的两则新闻标题是《习近平同印尼总统佐科通电话》《习近平同卡塔尔埃米尔塔米姆通电话》。人民网在引用这两则新闻时,进行了相关主题的新闻要素的整合,形成系统化全方位的报道。综上,网络新闻标题要在有限的版面中,重点突出、简洁凝练地表达核心要素。

3. 风格上:形神兼具

如何在琳琅满目的信息标题中,让受众一眼选中?相比报纸新闻的标题,网络新闻的标题扮演着重要的角色。"网络媒体的超级链接方式使它的标题承担了全部的吸引读者阅读的重任……要从众多的新闻中突出出来,吸引读者点击,靠的就是标题的出彩,标题吸引不了读者的点击,就意味着新闻传播的失败。"[1]应该说,为了吸引受众的注意,把握舆论宣传的主导方向,每条网络信息的标题都是各显神通、形式多样,直截了当型如《经习近平批准 军队2600名医护人员增援武汉》(人民网);问题型如《新冠肺炎疫情危及中国选手备战奥运? 官方:不影响》(中青网);巧用修辞型如《复工稳供,央企成为"压舱石"》(人民网);工整对仗型如《守好一个门 守护一座城》(人民网);创意型

---

[1] 徐小立.网络新闻标题与报纸新闻标题比较[J].新闻前哨,2006(2-3):102.

如《最吃劲的关键阶段,习近平@各级党委、政府》(新华网)。还有很多种形式无法穷尽,总而言之网络新闻标题应坚持正确的价值引领,契合时代主题,彰显时代风貌,避免价值错位、题文不符、新词滥用、媚俗低俗等倾向,不仅传递正能量,也让受众感受到阅读美的体验。

(二)网络新闻的导语

美国著名的新闻写作指导罗伊·彼得·克拉克认为:优秀的撰稿人会花很多时间和创作精力在导语的写作上。导语是新闻内容中最重要的部分。

1. 导语的写作要素

导语的写作要素主要从结构和内容两个方面来把握。新闻写作最常采用的结构是倒金字塔形,导语位于倒金字塔的顶端,也是最重要的部分,交代新闻事件的核心要点,从第二段以及随后的每个段落按重要程度递减的顺序提供次要的或支持性的详细内容。它使受众在快速浏览导语后大概了解新闻的概要,并决定是否继续阅读。这样的新闻结构要求导语能发挥统领全篇的作用,对导语的内容提出很高的要求。导语的内容通常遵循"5个'W'+1个'H'"的原则,即告知受众何时(When)、何地(Where)、何事(What)、何人(Who)、为何(Why)和如何(How)。但并不是说每个导语都需要写满六要素,多数情况下,要根据主题表达的需要,选取最重要的要素组织成导语,其他要素则放在第二段及后续的段落中。例如:

> 海外网2月26日电 当地时间2月25日,一位参与中国—世界卫生组织新冠肺炎联合专家考察组的加拿大医生在结束对中国的考察访问后,称赞中国对疫情的"积极"反应,并建议世界其他国家也要尽快做好面对疫情的准备。(中青网)——何人、何时、何事
>
> 新华社华盛顿2月26日电 据美国媒体报道,莫尔森·库尔斯啤酒酿造公司位于美国东北部威斯康星州密尔沃基市的厂区当地时间26日下午发生枪击案,造成5人死亡,枪手随后自杀身亡。(中青网)——何时、何事、如何
>
> 新华社武汉2月26日电(记者胡浩、赵文君)为深入贯彻习近平总书记在统筹推进新冠肺炎疫情防控和经济社会发展工作部署会议上的重要讲话精神,落实中央应对新冠肺炎疫情工作领导小组部署要求,中央指导组26日下午召开视频会议,指导督导加强武汉以外市州患者救治工作。(中青网)——为何、何人、何时、何事
>
> 中新网2月27日电 据日本共同社报道,日本厚生劳动省称,27日从"钻石公主"号邮轮下船的是包括日本在内总计23个国家的91名船员和1名乘客。所有乘客的下船结束。(中青网)——何时、何人、何地、何事、如何

由此可见,导语总是根据表达的侧重点选择不同的要素,将六要素同时融入同一则导语的例子较少。一般而言,时间是导语的必要因素,其他要素选择方面,事件型新闻侧重选择地点、事件、影响等要素,人物型新闻侧重选择人物、事件等要素。

2. 导语的写作误区

写作导语过程中,会存在一些误区,如字数冗长、内容杂乱、信息模糊、主题无效等。导语虽然是新闻的精华,但字数不宜太长,需要用凝练的语言,恰到好处地组织相关要素,恰如其分地表达主题。导语是新闻的整体概述,不是新闻的缩写,不能为了追求生动,而在导语中描写细节,这样容易分散要素的表现力,进而淡化主题。导语的每一个字都应是不能缺少的,在有限的字数内,必须将明确的信息传递给受众,包括明确的时间、地点、人物、事件、原因、影响。一般不用"日前、近日"等不确定性时间概念,对于事件的影响,尽可能用数据等可以量化的素材描述一个可以直接感知而确定的结果,少用形容类描述如"本次暴雨产生轻微的影响"。

(三)网络新闻的正文

美国微电子公司的杰可布·尼尔森在对网络受众的研究中发现,接受测试的网络用户中,79%的人看到新页面时总是快速浏览而过,只有16%的人会仔细阅读。基于这一分析,尼尔森提出"网页内容的写作必须有利于人们的浏览,以便受众在最短的时间内知晓一篇文章的内容要点"。

1. 选择一个独特的视角

随着网络的迅猛发展,草根媒体、博客、播客等新媒体不断涌现,改变了传统媒体的格局,也形成了信息共享的大环境,几乎没有独家新闻这一说法,各个媒体可以发出自己的声音,也让网络新闻更加真实生动。如何在有限的网络版面中确保一席之地,如何让受众喜欢这个媒体传播的新闻,关键的一点是需要选择一个独特的视角。同样的新闻事件,由于报道角度的不同,产生的效果甚至会大相径庭,这就需要写作者具有敏锐的洞察能力、对新闻关键点的把握能力、对视角选择的分析能力。只有这样,才能在激烈的竞争中赢得受众的青睐。例如:《疫情下一位湖北大娘的返乡之路》(中青网)。当大部分的媒体都在关注疫情动态数据、医护人员、社会救助、疫情防控等消息时,这则新闻通过描述一位跟随儿子到城市医院就诊的湖北大娘,因儿子确诊需转院治疗且不需陪护,大娘本人在社会各界的帮助下返回农村老家的过程。在疫情防控的关键时期,返乡的过程就是社会各界接力协调、协同、协力的过程,新闻从一个侧面既表达了普通民众受疫情影响的生活,也反映了疫情防控工作各个环节的坚强有力,和社会各界团结一致、共克时艰的精神状态,给受众以鼓舞和激励。

2. 选择一种合适的结构

网络新闻正文部分,是对导语的补充和丰富。根据受众阅读网络新闻的习惯,倒金字塔结构最常被采用,除此以外,沙漏式结构也会经常被使用。

第一,由于读者每次只能浏览一个页面,300字左右的内容,并且长时间集中注意力的浏览容易造成视觉疲劳,所以网络新闻应把新闻的核心内容在第一板块呈现给受众,开篇就能"摄人心魄"。传统的倒金字塔结构,开篇是摘要和结论,后面是细节和背

景信息,浏览网页更加便捷、高效,更好地满足了受众碎片式"搜索"的需要,适合用于网络新闻的编辑。如2020年2月14日人民网的一则新闻《我们的口罩从哪里来?》,开篇"'我们每到一个地方首先就是找药店买口罩,想带回去捐给湖北,可是转战8个城市,6个人总共才买了不到200个。'从新西兰旅游回来的小陈对记者说。"寥寥数语介绍"一罩难求"的现状,由于新型冠状病毒肺炎疫情,口罩是人们抗"疫"的刚需,也是受众非常关注的问题。开篇第二段"不仅中国一'罩'难求,海外口罩供应也吃紧。作为制造业大国,中国2019年口罩产量超过50亿只,占全球产能一半左右,可口罩依然是稀缺物资。口罩产能能否短期内迅速提升?随着开工复产潮到来,疫情防控形势依然严峻,口罩需求迎来新一波增长。口罩从哪里来?中国企业如何增产扩能保证口罩供应?"通过设置三个问句,问出了受众的心声,即口罩是否有、如何有、有何依据,自然吸引受众继续深入地了解新闻内容。

第二,沙漏式结构是倒金字塔结构和正金字塔结构的结合,是对两者优点的选择,弊端的回避。在新闻的前半段,仍然采用倒金字塔的结构提供新闻的主要内容,段落间根据新闻素材的重要性依次排布。在新闻中间,通过一个转折如"＊＊讲述了事情发生的经过",引出过渡段,此后的报道按事件发生的时间顺序推进,形成正金字塔结构,与前半段的倒金字塔结构相互连接就形成了形似沙漏的结构。"沙漏式结构的新闻通常被用于报道审判、治安和消防的新闻。虽然其报道的门类较窄,但有一定的针对性。"沙漏式结构不仅将最重要的信息在新闻的前半段提供给受众,而且能够充分发挥记叙体的优势,在新闻的后半段生动详细叙述事件的经过,进一步充实新闻事件,给受众塑造更加丰满的认知。

"新闻报道的写作方式不必拘于一格,记者需要寻找最佳的结构,尽可能将新闻报道组织得最好。"①根据受众阅读网络新闻的习惯,写作者在进行新闻深度报道时,可以通过凝练小标题的方式,不仅满足受众快速"搜索"的需要,也在潜移默化中将媒体的宣传立场传递给受众,引领舆论导向。由于受众在网络阅读中,看到具有吸引力的新闻信息,才会点击标题深入阅读,网络新闻写作也需要充分发挥互联网所独具的非线性超文本链接功能,总体谋划整个新闻事件的呈现方式,全方位报道新闻主题,通过专题报道、视频访问、留言互动等形式,满足不同受众的多样化阅读需求。

【课堂练习】

1. 请找出8种以上你认为最具表达创意的网络标题,并简单分析。
2. 近期大学校园内有哪些热点新闻?尝试撰写一篇网络新闻报道。

---

① 廖建国,周晨芳. 网络新闻与编辑:第2版[M]. 重庆:重庆大学出版社,2018:110.

本篇小结

本篇《网络写作:空间表达 互联互通》从个体网络表达和网络新闻写作两个角度,概述网络表达中语言特色、关系管理、道德坚守、印象管理、形象塑造等知识,探讨网络新闻写作中如何根据网络沟通的特点和受众阅读习惯,把握标题、导语和正文的写作要点。有效的网络写作不仅是个人交际的重要手段,也是个人参与社会表达和公共关系治理的重要方式,有助于营造良好的个人发展环境,有助于维护更加和谐的社会环境。

【拓展阅读】

1. 段伟文.网络空间的伦理反思[M].南京:江苏人民出版社,2002.
2. 秦州.网络新闻编辑学:第2版[M].上海:复旦大学出版社,2012.
3. 邓炘炘.网络新闻编辑:第3版[M].北京:中国广播影视出版社,2019.
4. 王云.网络语言的创新与规范化研究[M].北京:中国政法大学出版社,2018.

第三部分

沟通：以"素养"为本的社会互动

> ◆ 与人交谈一次,往往比多年闭门劳作更能启发心智。思想必定是在与人交往中产生,而在孤独中进行加工和表达。(列夫·托尔斯泰)
> ◆ 人们不是被事物干扰,而是被他们对事物的看法所干扰。(埃皮克特图斯)
>
> ——题记

第五篇　认知素养:言为心声　言之成理

本篇要点

- 沟通在社会交往和互动中有着积极作用。
- 沟通过程中的原则、障碍及迷思。
- 沟通观念的调整远比行为训练更重要。

核心概念

沟通障碍;思维定式;认知偏差;语言沟通;非言语沟通;沟通艺术

内容导图

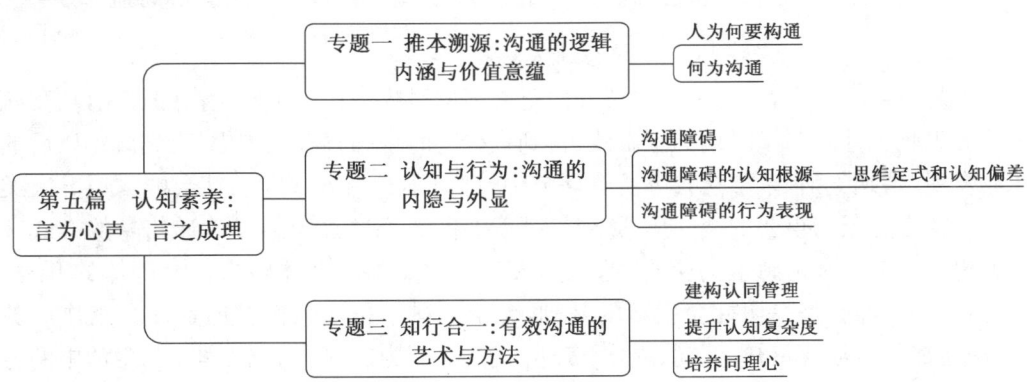

有效写作与沟通

【引导案例】

顾玲同学的寝室"逃离"

大一新生顾玲和宿舍的舍友们发生了冲突。顾玲同学来自一个富裕的城市家庭，习惯以自我为中心，在中学时因为成绩优异经常被老师表扬。进入大学后，大家各自独立生活，失去了"众星捧月"感的顾玲非常失落。一到周末就回家和父母待在一起。时间长了，和舍友们的关系越来越冷淡。有一次，顾玲生病了，她感觉到同学对她很冷漠，越想越难过，发起了高烧，同时还出现了胃痉挛，第二天英语期中考试也考砸了。顾玲终于在宿舍爆发了，把每个同学数落了一通，宿舍陷入了沉默，舍友们一个个离开了，顾玲忍不住号啕大哭。

【案例分析】

这个案例为我们提供了一个因为沟通问题而产生人际冲突的范例。从顾玲与舍友交流的过程，我们可以看出，沟通中的很多障碍与沟通者的认知偏差有很大关系。而在具体的沟通过程中，行为上的很多细节会人为增加冲突解决的难度。

沟通的认知和行为是一组互为补充的影响因素，沟通中最大的障碍是人与人之间对同样问题的看法和见解存在偏差，又被称为"理解性偏差"。缺乏对认知的调整意识而单纯通过行为训练（礼仪、对话等）去提高沟通艺术，如同治病的"治标不治本"。因此，将两者结合起来，能够为沟通者提供更有针对性的指导。

专题一　推本溯源：沟通的逻辑内涵与价值意蕴

人从出生到死亡，从第一声啼哭开始就是在向世界表达一个新生命的存在，从婴儿时期的吸吮乳汁到儿童时期的玩游戏，再到青少年时期的青春期焦虑，直到成年以后的职业发展、婚姻生活、亲子抚育等所有环节中，都离不开与人、环境、社会的沟通。人类社会最初也是最为重要的交往形式就是人际沟通，人们往往会通过传递信息的方式开展思想上的沟通和情感上的交流，这也是人类从原始部落群体转为社会群体的开端。与人相处的学问，是一切社会生活的基础，无论是科学技术工作者还是社会工作服务者，沟通都是伴随着感知、认同、内化、表达、交换等行为出现在工作、学业和生活中的各个环节。

一、人为何要沟通

(一) 沟通是生理发展的需要

心理学家亚伯拉罕·马斯洛(Abraham Maslow)提出,在关注高层次的需求之前应先满足基本层次的需求,最基本的就是生理需求,而沟通的存在与否会对生理健康产生很大影响。①

引导案例中的顾玲因为与舍友之间并不积极和谐的人际交往出现了发烧、胃痉挛等症状,其情绪也陷入崩溃,严重影响了身心健康。医学研究中一份包含了近150项研究、超过30万人参与的综合分析显示,那些与家人、朋友有着密切联系的人,其寿命比社会孤立者平均长3.7年。同时研究表明贫乏的人际关系会危害冠状动脉的健康,其程度与抽烟、高血压、高血脂、过度肥胖等一样严重,相比拥有活跃社交网络的人,社交孤立者罹患感冒的概率要高四倍,一个人一天仅需短短十分钟的交往就能够改善记忆,提高智力。② 沟通与生理健康之间的联结是毋庸置疑的,极端例子显示沟通甚至可以成为生死攸关之事。因此积极乐观的社会关系可以让生活更加健康,沟通是人的一种生理需求,不可或缺。

(二) 沟通是多元认同的需要

沟通不仅仅是生理的需要,也是对人这一个体自我评价认同的方法,也可以说是唯一的方法。自我评价认同是人们对自己所持重要信念的集合,是个人关于自身的认识和观念。但是在自我认知过程中容易忽略社会的认知和评价,这种局限和狭隘就导致了自我误判,如大多数人都习惯于自我肯定而非自我否定,习惯于自以为是而非自以为非。因此自我评价认同不仅需要个人自我认同,更需要他人也就是社会的认同。沟通就是实现自我认同评价的方法。

顾玲的"自我"和"孤立"导致了她对自己缺乏真实的认知,也导致了她的痛苦和失落。人们对自己的认知往往会高于自己的实际表现,所以在沟通中我们可以不断实现自我认同与塑造,也就是在与别人不断沟通诠释的过程中逐渐正确认知自我。

(三) 沟通是社会交往的需要

沟通除了可以帮助人们塑造自我之外,也提供与他人之间重要的联系。专家们已经证实:"沟通可以满足我们的社交需求,这些社交需求包括娱乐、感情、友谊、解闷、休闲和控制等。"有研究还显示,沟通与快乐有着紧密的关系。一项对200名大学生做的

---

① 刘创.社会沟通技巧[M].北京:中央广播电视大学出版社,2011:31.
② 罗纳德·B.阿德勒,拉塞尔·F.普罗科特.沟通的艺术:第14版[M].黄素菲,李恩,译.北京:北京联合出版公司,2018:4.

有效写作与沟通

调查中显示,最快乐的那10%的大学生,都认为自己有丰富的社交生活。然而也有研究表明,虽然人们已经知道沟通对于社会认同的重要性,但是很多人并不擅长管理他们的人际关系。[①] 同时,美国的一项研究发现优秀的人也拥有着更大、更多元的社交网络。由此可见,沟通是人类情绪和幸福感的一个重要来源,也是实现自我价值的有效途径之一。

【课堂练习】

观看校园青春网络剧《最亲爱的你》中考入心理学系的大一新生林小纯与同校三个合租舍友之间的争吵片段,从情节故事以及对话内容谈谈"人为何要沟通"。

二、何为沟通

"沟通"初始的意思是通过开渠的手段使得两个水系相互流通畅达,而拉丁语中的"沟通",意为"分享、传递共同的信息",在英语中是和"交往""传播"十分接近的一个词。桑德拉·黑贝尔斯和里查德·威沃尔在他们的著作《有效沟通》一书中明确指出:"沟通是人们分享信息、思想和情感的任何中间过程。"基蒂·洛克则认为"全面地讲,沟通就是一种同周边的环境进行信息交换的多元化过程"。罗宾斯说:"沟通必须包括两个方面的含义,一个是传递,一个是理解,缺一不可。"孔茨对沟通有另一种解释方式,他说:"信息总是从发送者经过中间媒介转移到接收者那里,再通过一系列手段使后者理解这些信息的正确含义。"克里斯·科尔说:"每天,我们以许多方式进行沟通。我们交流思想、情感以及我们的期待。"系统组织理论创始人、现代管理理论之父巴纳德则认为"沟通就是通过一定的手段和方法,把某一组织内的诸多成员联系在一起,最终可以使他们团结一致实现共同目标的手段"。

生活中人们一直在谈论沟通,似乎这个词的意义已经非常明确了。事实上,沟通的定义在学术界一直存在着争论。尽管如此,大多数人对沟通的实质都达成了共识,也就是说沟通是一个先将某一类型的信息通过媒介传递给对方,并期望对方做出预期效果的反应的过程。在深入讨论沟通这一概念之前,首先要系统地解释,当人们在人际沟通中与他人交流信息和创造意义时,究竟发生了什么。下面进一步分析沟通模式,并解析沟通的过程逻辑。

---

① 罗纳德·B. 阿德勒,拉塞尔·F. 普罗科特. 沟通的艺术:第14版[M]. 黄素菲,李恩,译. 北京:北京联合出版公司,2018:5-6.

(一) 沟通的模式

1. 线性沟通模式[1]

早期的研究者建立了各种模式来说明沟通的过程,最早出现的是线性沟通模式,在这种独特的单向互动模式中,沟通可以被描述为一种传送者将信息传达给接收者的过程,并构建出了如图5-1的线性模式:

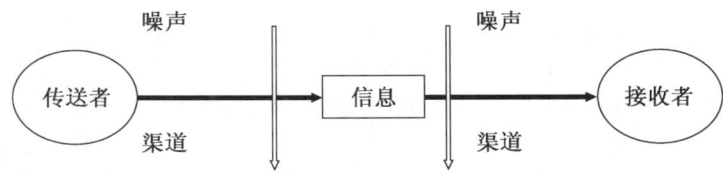

图5-1 线性沟通模式

线性沟通模式简单将沟通归为机械沟通,而忽略了机械沟通与人际沟通的差异,如你是否会对传送的每一个信息都编码?还有一些不自觉的行为是否会在沟通时传送给对方?所以,研究者又开始探索更能说明人际沟通的模式。

2. 互联沟通模式[2]

互联沟通模式(如图5-2)在单一的线性沟通模式上进行了逻辑调整,增加了"反馈"的互动元素,在这一模式当中,学者认为所谓沟通的过程,实际上就是一个发送者将信息通过特有的的渠道和媒介传达给接收者的过程。该过程包括了编码与译码、途径、背景、反馈、噪声等基本要素。

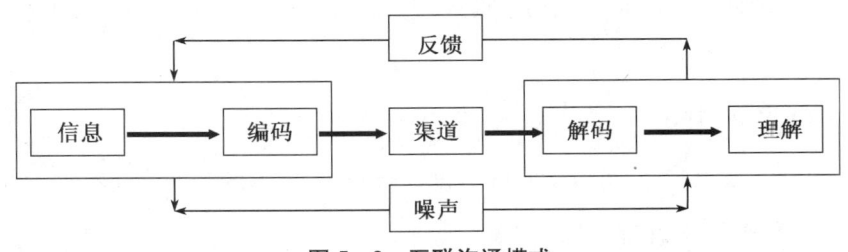

图5-2 互联沟通模式

互联沟通模式往往忽略了沟通中信息的意义会受到更广泛因素的影响,例如沟通者的文化、情境或者沟通者之间的关系等。同时沟通者本身既是信息的传送者,也是接收者。

---

[1] 罗纳德·B.阿德勒,拉塞尔·F.普罗科特.沟通的艺术:第14版[M].黄素菲,李恩,译.北京:北京联合出版公司,2018:7-8.
[2] 王洪涛,薛明.论行政组织上行沟通中的信息不对称问题[J].成都行政学院学报,2006,15(4):15.

3. 交流沟通模式[①]

交流沟通模式(如图 5-3)在线性沟通模式基础上进行了扩充,以"沟通者"取代"传送者"和"接收者",沟通者这个词代表着我们同时传送和接收信息这个事实。该模式认为沟通是一个交流的过程,其参与者处于不同但又有所重叠的背景之下,经由交换信息而建立关系,关系的品质会受到外在的、生理性的和心理性的噪声干扰。

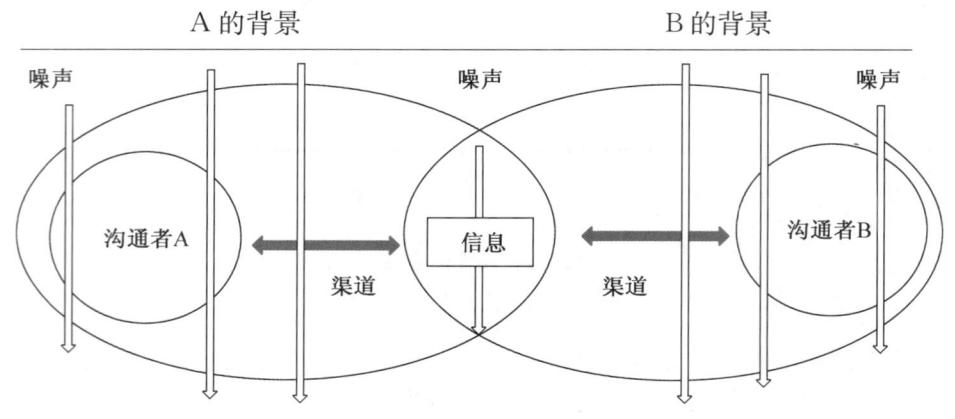

图 5-3 交流沟通模式

交流沟通模式中沟通者 A 与 B 两人背景的重叠部分,指的是不同沟通者之间相同的背景。背景重叠越小,沟通起来的困难就越大。这里的沟通渠道表示的是传递信息的工具,这个模式引导出一个重要的观点:交流式的沟通并不是我们"对"别人做了什么,而是"与"别人做了什么。这里更加侧重沟通方式会因为与不同的人沟通而发生改变。所以人际沟通更多的是交流沟通模式,它有着独特性、不可替代性、相互依存性、公开性和回报性。

(二) 沟通的分类

沟通的形式多种多样,可以从不同角度进行分类,常见的沟通方法有如下几类:

1. 语言沟通与非语言沟通

这种分类是以沟通过程中使用的工具和运行的方式或者信息载体的不同为标准,将沟通行为的种类划分为语言沟通和非语言沟通。其中语言沟通就是指通过语言、文字、图画、表格等媒介传输的信息与互动交流,完全是建立在语言和文字的基础之上的,同时内部又可细分为两类,一是口头沟通,二是书面沟通。而非语言沟通则是指依托非正式语言的符号,主要是语言文字一类的符号系统,开展的信息传递与互动交流,其中包括但不限于身体语言沟通、物体的直接操纵、副语言的隐晦沟通和空间距离等多种

[①] 罗纳德·B. 阿德勒,拉塞尔·F. 普罗科特. 沟通的艺术:第 14 版[M]. 黄素菲,李恩,译. 北京:北京联合出版公司,2018:9.

形式。

2. 正式沟通与非正式沟通

这一划分方式是以沟通的组织系统为标准的。其中正式沟通准确来讲就是依据组织结构指定的路线和框定的程序展开信息的传递与互动交流,而非正式沟通则是通过运用组织框定的结构以外的诸多渠道开展的信息传递与互动交流。

3. 上行沟通、下行沟通与平行沟通

这一分类是按照流动方向来划分的,分别是上行沟通、下行沟通与平行沟通。其中上行沟通是指下级向上级汇报工作、征求和反映意见,也就是自下而上方向的沟通,包括两种互动形式即层层传递与越级反映。而下行沟通也是一样,指上级对下级开展的自下而上的信息传递和互动交流形式。平行沟通是指在一定组织框架范围里,相同级别或职能部门之间的信息传递与互动交流。

4. 直接沟通与间接沟通

按沟通的过程是否需要第三者的加入,可将沟通分为直接沟通和间接沟通。直接沟通是指信息在发送者与接收者之间直接进行的传递与交流。间接沟通是在信息传递和互动交流的全过程中,存在三者及以上的信息过程方,信息在经过发送者之后、到达接受者之前还存在其他的中间过程。

5. 单向沟通与双向沟通

这一分类以沟通的过程中是否存在反馈为标准,一般可以分为单向沟通与双向沟通。单向沟通指信息接收者只接收信息而不向发送者反馈信息的沟通。双向沟通指发送者与接收者之间进行的双向信息传递与交流。

(三)影响沟通的因素

辨析影响沟通的因素与了解沟通的原则和重要性同等重要,研究表明影响沟通的因素有以下五个:

1. 认知

人的行为受制于认知,因此人在沟通中的行为表现受制于认知能力。认知是人类沟通活动的重要决定因素,面临同样的问题不同认知结构的人会产生不同的反应。所以,认知方式是否科学合理,直接影响人的沟通是否有效。而认知方式的偏差则往往会引起不良的沟通冲突,产生沟通障碍。因此认知是有效沟通的重要影响因素,提升对自我、他人和社会的多重认知有利于促进沟通活动的进行。这也是本篇中重点讨论的话题。

2. 语言

语言是沟通的主要信息内容。众所周知,沟通是一种信息的双向传递过程。传递的关键信息内容主要是通过语言表达出来的。语言不只是用来帮助人们在沟通中了解彼此的媒介,也可以塑造人们对周遭世界的直觉,和影响人们对他人所持的态度。在沟通中,人们在联想字词的意思时,不论正确与否,其含义要远远超过字典里的解释。语言起到的是一个符号作用,但对于这个符号的理解,却是影响人际沟通的关键。当然还有非语言沟通,比如身体姿势、手势、表情眼神、声音、触碰、外貌等因素都影响着沟通,但对于有效的沟通,语言是主导,其他皆是辅助。

3. 观察

这世上不会有任何两个人以完全相同的视角看任何事物。从天生的生物基因到人们所持有的偏见,所有事情都会影响人们看待这个世界的方式。作为独立个体,不仅以不同的方式观察,注意并收集信息,还会用不同的方式去理解。知觉是人们解释观察时收集信息的途径,可以将它视为内在的过滤器。它可以影响或者遮蔽事实真相,或者改变人们对现象的解释。对人和事物进行观察后选择适合的言语和行为,从而达到更为有效的沟通。

4. 倾听

倾听是人们最常用的沟通形式,也是最重要的沟通形式。在与人建立关系上,倾听与"说"有着同等重要的地位。倾听从人际沟通的角度来说是解读别人所说信息的过程。一个好的聆听者才能成为成功的沟通者。一位令人舒心的倾听者,会选择用耳朵去聆听信息的内容,更是用心灵去"听"内在的情感,最佳倾听效果的前提也正是借由正确而又合理的倾听态度达成的。学会倾听是加强人与人之间的沟通,促进良好的人际关系形成的有效途径。所以,有效的倾听也是实现有效沟通的重要因素之一。

5. 情绪

情绪是人类生活中必不可少也极为关键的一个组成部分,也使人与人之间有了相通之处。心理学家丹尼尔·戈尔曼用情绪智商来描述我们理解和控制自己情绪的能力和对他人的感觉保持敏感的能力。研究表明情绪智商不仅与个人的自尊、生活满意度和自我接纳方面有积极的联系,还对冲突管理和人际关系有积极的影响。不良的情绪也影响着沟通过程中的言语表达,导致出现社会孤立、不满意的人际关系、焦虑和沮丧的感觉,以及隐忍的攻击行为等。

影响沟通的因素中,无论是观察、情绪,还是倾听、语言,都建立在正确的认知基础之上,认知既是决定情绪状态的重要因素,也是决定观察、倾听效果的重要因素,更是语言表达的重要依据。可以这样理解,沟通的行为背后最重要的是认知的问题,也就是接下来专题研究的内容。

【课堂练习】

观看四个情境对话片段,结合剧中人物角色和主要经历,分析不同人物角色在交流对话中认知、语言、情绪等方面的特点和影响有效沟通的程度。

专题二　认知与行为：沟通的内隐与外显

众所周知，人的行为受制于认知，认知本身是一种内在行为，指人的信息感觉系统（即心灵）对外部刺激的处理过程，包括接收、处理和付出三个方面。探讨沟通中认知与行为的关系，指具体的内在行为与具体的外在行为的交互作用关系，以便对人际沟通有更鲜明生动的描述，而无意从哲学上再重复或创造抽象的思维模式。我们往往会将某一个体对部分事件秉承的正向或反向的基本认知、内在情感或本能的状态反应，理解为沟通的内隐。同时将沟通中一切能观察到的行为归纳为沟通的外显。错误的认知或者认知方式的偏差则往往会引起不良的沟通行为冲突，从而产生沟通障碍。因此沟通中最重要的是去解读认知层面产生的沟通障碍及其产生根源，进而拥有多样的行为反应和挑选恰当行为的能力。

一、沟通障碍

沟通障碍是指人与人的沟通中认知层面的偏差导致的行为偏差，进而对正常的社会交往和有效的工作关系建设产生消极影响，严重的沟通障碍会引发冲突和剧烈纷争，轻微的沟通障碍会造成情绪困扰和交往困难。

刘薇与心理咨询师交流，她说："我不觉得我的沟通有什么问题，从小父母就说我很懂事，周围邻居和老师都说我有出息，为什么到了大学这一切都变了呢？这个世界我不懂，生活太累了。"

刘薇对于沟通的认识更多的是基于对中小学人际交往的简单认识，以学生成绩为主要评价导向的评价模式一定程度上忽略了在学生社会认知和环境认知上的引导与培养，"很懂事""有出息"无法满足人际交往中的他者需要，更无法成为刘薇沟通能力的考量依据。

二、沟通障碍的认知根源——思维定式和认知偏差

（一）思维定式

1. 沟通中的思维定式

思维定式（Thinking Set），也有人称其为"惯性思维"，这是一种特殊的心理准备，可以通过过去的行为或趋势来行动，如果环境没有改变，旧的刻板印象使人们有自己的习惯，它使人能够以现有的方式快速解决问题，从而防止人们在事情发生变化时选择新的方式。

沟通中我们容易产生定式思维，我们的父母和对我们的生活有影响的人，以及我们

自身的生活经历共同形成了我们的信仰、思维方式、心理定式和看待世界的方式。人们在沟通中经常会在具体事件和具体策略上产生分歧,却很少在思维方式上有更多的自我觉察和自我发现。于是将时间和精力大量消耗在由事件引发的主观感受上,并将对方置于对立面进而引发冲突和危机。思维定式的形成主要源于成长过程中的家庭环境、亲子关系和个人生活史中的特殊事件。

  蔡思出生在一个苏南地区的殷实家庭,作为家中的独女,被父母亲娇生惯养。从小,蔡思受到父母的影响,对苏北地区存有地域偏见,不愿意和班级里来自苏北地区的同学交往。考进大学之后,宿舍里的苗安如是来自苏北地区的,蔡思虽然表面上与之和平相处,但她始终心存芥蒂,不愿与之往来。有一次,蔡思在与家长通电话时,提到苗安如,便直呼其为"江北人",没想到苗安如正好进门听见。于是一场关于苏北苏南的争吵发生了。

思维定式有的源自环境和文化因素,有的源自个体的观念和价值观因素。我国自古就有关于"宋人""巴人"的地域偏见,今天也有地域歧视。中国文化中的地域偏见,与地理环境及不同地区的民俗和人们的生活习惯是分不开的。中华文化的多元一体其实实质就是主流文化与地方文化,以及各种不同的地域文化并存的状态。但是,不可否认的是,类似于地域文化偏见的思维定式,又如职业偏见、学历偏见、家庭背景偏见都会或多或少地成为人与人之间沟通中难以逾越的障碍和壁垒。

思维定式作为逻辑思维活动的前提,和创造性思维是可以相互转化的,对于解决问题是有积极价值的,但是在社会交往活动中,思维定式有时表现为各种形式的思维固着和偏见,也造成了沟通中的种种困难。

2. 沟通中思维定式的表现形式

(1)"完美主义"特定思维——你算是完美主义者吗?

【测一测】 你与完美主义者差多远?

你是一个完美主义者吗?
- 在工作中如果你的注意力被打断,你会生气吗?
- 当你在计划购物时,你是否不想理睬进行促销的人,而是去找一些你需要的信息然后再作定夺?
- 你是否对那些随便的人感到非常厌恶,并且暗自批评他们对自己的生活太不负责?
- 你是否会不停地想如果某件事还有其他选择会更完美?
- 因为总是对自己或他人不满意,所以你总是否定其他人的做法?
- 你是否经常会为了顾及别人的需求,而放弃你自己的需求和机会?
- 你是否经常全力以赴去做每一件事,却又常常希望自己能够再轻松些?
- 总是在计划你的一切,今天该做什么,明天该做什么?
- 总是对衣服或房间的结构感到不满意,时而会更改它们吗?
- 如果别人做了不完美的事情,你会继续为别人重做吗?

第五篇　认知素养：言为心声　言之成理

以上这些问题,若你内心真实的答案几乎都是肯定的,那么你的沟通障碍可能与你的完美主义倾向有很大的关系,也就是说存在"完美主义"思维定式。完美主义者对于自身的行为标准十分严格,因此挑战自己和获得成功的内驱力极为强劲,对别人造成很大的压力。在对话和交流中,完美主义者对自己和他人总是有很多不满和要求。认为每个人都离他们的完美标准还很远。

　　杨文是一名活跃的学生干部,工作积极,主动热情。可是,杨文陷入了持久的烦恼中,他希望自己在方方面面都是优秀的,然而学生工作和专业学习的时间冲突使得他在时间管理上陷入了混乱。学业成绩的下降使他倍感焦虑,他经常责怪身边的工作伙伴无法帮他分担责任,觉得大家的工作态度和工作能力有问题,对伙伴们的工作成果总是再三挑剔。周围的同学渐渐都不愿意和他一起工作,杨文感受到大家对自己的冷淡,又陷入了新的烦恼,因为他觉得自己在工作上也应该是受到普遍欢迎的。

有完美主义倾向的杨文在其他同学的眼中无疑是优秀的,但优秀的标准在每个人的心中是存在差异的,杨文十分固执的性格让他在群体当中失去了认同感。他作为一个完美主义者,对群体内其他人的批评有非常高的警惕和不安全感,他们对于工作的要求往往表现于外部评价,如果他们不这样做,完美主义的人就会很失望,这种失望使他们不安。但是,他们不会放弃自己的极高标准,并将其运用于人际交往中,当其他人或环境因素阻止他们以自己喜欢的方式思考和完成计划时,他们就会感到失望和愤怒。

　　(2)"绝对主义"思维——你是否陷入"非黑即白"的观念陷阱?

"绝对主义"思维通常有两种形式,即"二元式思维"和"绝对命令"。二元式思维——也可指"黑和白"或"全或无"的思想,描述了一种二元观,即生活中的事物不是"是",就是"非",非对即错,没有中间过渡。绝对命令是人们为自己和他人提出的特别严格的要求。该术语借鉴于伊曼纽尔·康德的道德哲学,其基础是以义务和规则为基础的道德准则。人们的判断方式经常会在"绝对主义"影响下忽略事物发展的复杂性,会陷入"非黑即白"的"绝对主义"或"绝对命令"的思维方式。美国心理学家苏珊·费斯克和雪莱·泰勒首次引入"认知吝啬"这个术语,它描述了人类如何寻求最简单和最不费力的思维方式。①"非黑即白"的认识模式就是为了回避复杂性和多元思维的存在,而采取的最为简单的"绝对化"判断,同时也会加快判断的形成。

　　然而,在社会生活的沟通中,"非黑即白"观念的持有者是很难对话和妥协的,他们的是非观、对错观都相当鲜明,爱和恨都会通过强烈的表达方式呈现出来,一旦形成结论便很难改变。对于"黑"与"白"之间的过渡地带,他们往往认为这是一种缺乏立场和不够坚定的表现。因此,绝对主义的持有者经常会用"这样肯定不行""你是不对的""我不可能改变立场"等强硬的态度来与他人交流,缺乏变通和灵活。与此同时,人际关系也会经常表现出紧张和压迫感,哪怕是喜欢与爱,也会因为过分给予而造成不公平感。

---

①　斯蒂芬·弗兰佐.社会心理学[M].葛鉴桥,等译.上海:上海人民出版社,2010:112.

董科从小在一个家教严格的家庭中长大,有强烈的是非观和正义感,做事一板一眼,非常认真。但是,经过长时间的相处,宿舍同学渐渐对他产生了意见,他很有主见,喜欢发表意见,但是他的表达方式都很极端。

以下是董科常用的表达语句:

这样绝对不行!

你怎么说我都不会改变主意的!

你这样做肯定不对!

我觉得你这个人做事不靠谱!

如果考研考不上我的人生就完了!

你是否也像董科这样陷入绝对化的"非黑即白"观念陷阱中呢?董科这种绝对化甚至极端化的思维方式,导致了他在沟通中陷入紧张的人际关系,也进而影响其生活工作中的情绪,容易陷入孤立和自我关注状态,甚至造成心理困扰。

(3)"自我意识"思维——你是否陷入"应该式"的思维盲区?

自我意识(self-consciousness)也称自我,一个人对不同心理状态、经历和愿望的理解,即一个人对自己的理解和评估,包括识别和评估心理趋势、个人心理特征和心理过程。它具有目标和提议的特征,并且用于标准化,监督和纠正个人的形成和发展。然而任何一个人对自我的认识都是极其有限的,人们能意识到自己,但不能够真正意识到自己,往往会被自我意识所限制。雷·达里奥在《原则》中提到"自我意识障碍",就是你潜意识里的防卫机制,它使你难以接受自己的错误和弱点。

在社会生活的沟通中,具有超强自我意识的人往往会被"应该式"的自我意识思维绑定。当面临问题和决策发表意见时,不敢主动大胆表达,会介意"发表意见不被采纳我应该很尴尬"的思维盲区;当面临别人请求给予帮助时,即使能力无法匹配也不会拒绝,会陷入"事情解决不了我应该会被嘲笑"的思维盲区;当工作中面临困难时,不会寻求帮助,会陷入"寻求他们帮助我应该会被认为没有能力"的思维盲区;当别人善意指出你工作或学习的问题时,会陷入"他(她)应该是故意针对我的"的思维盲区……这一切的问题都源于人内心最深处的需求和恐惧:渴望赞誉,害怕批评,甚至把批评视为攻击。所以在沟通中,人往往会遭遇这样的思维盲点障碍,人际关系也会陷入紧张,会因为过于维护自己和渴望获得别人的认同而出言不逊或沉默不语,从而造成冲突。你是否会陷入"应该式"的思维盲区?看一组对话对比:

对话1:

某人:"对了!说起来,我昨天给你打了几通电话,不知道你的电话有没有显示,你有没有看……"

你(防卫地):"好吧,所以是我忘了,有什么大不了的呢?你自己也不是完美的,不是吗?"

对话2:

某人:"对了!说起来,我昨天给你打了几通电话,不知道你的电话有没有显示,你有没有看到。我们需要在明天他们来之前再讨论一下招待的细节。"

你:"啊呀！真是对不起,我本来打算尽快回你电话的,但是后来一直忙着处理学校和工作上的一些事情,做到了很晚。"

某人:"没关系啦！那我们现在能谈一谈吗？"

你:"当然,没问题。"

从对话1可以看出"你"带有强烈的自我意识障碍,陷入了"应该式"的思维盲区,带有防备性的语句"你自己也不是完美的",表明当事人觉得自己被认为是一个"遭受不正指控的人",给予辩解,却造成了人与人之间沟通的终结和误会的产生。在对话2中可以看出沟通双方对话非常流畅,角色"你"能够合理正确认知对方沟通的本意。

(二)认知偏差

1. 沟通中的认知偏差

认知偏差(cognitive bias)是指人们常常会因为自己感觉到自己的处境(例如其他或外部环境)而扭曲了思想。[①]

每一个个体的气质、个性均有差异,沟通的机制就在于将差异性的认识通过意见的碰撞和交换逐步形成共识。个体之间的认知偏差也就是"没有两个人会用同样的方式来看待同样的问题"。事物以其客观存在的表象为人们所感知,但是人们对于其特征的加工会因为认知差异而千差万别。

> 李丽从小就很喜欢吃榴莲和各种以榴莲为食材的食物,而宿舍中的吴心如则对榴莲的气味非常反感。两人经常因为习惯的不同而产生矛盾,甚至有一次吴心如将榴莲扔出了宿舍,把李丽气得大哭。

"可是,榴莲的罪过究竟在哪里呢？"榴莲无法改变它的气味和口味,两位同学各自的喜好并没有什么不对,她们的问题就在于食物喜好引发了看待榴莲的态度差异。当老师在课堂上遇到学生的特定情况和另一种行为时,老师会根据学生的基本知识进行内部教育活动和判断,从而建立自己的教育行为。学生的社会意识是教师选择教学行为的主要依据,但教师并不总是能够正确地考虑学生并给出正确的判断。正如学生看待老师,会基于对老师的基本认知而认为教师在对其进行关怀和教育,然而实际上,一切都会受限于认知主体和客体,同时还会受到环境因素的制约,这才会出现首因效应、晕轮效应、投射效应、近因效应等各种形式的认知偏差。

2. 沟通中认知偏差的表现形式

(1) 首因效应——你是否陷入"先入为主"的认知陷阱？

首因效应(Primacy Effect)由美国心理学家洛钦斯首先提出,也叫首次效应、优先效应或第一印象效应,指"交往双方形成的第一次印象对今后交往关系的影响,也即'先

[①] 陆雄文.管理学大辞典[M].上海:上海辞书出版社,2013:23.

入为主'带来的效果"①。心理研究发现,与一个人初次会面,45秒内就能产生第一印象。虽然这些第一印象并非总是正确的,却是最鲜明、最牢固的,并且决定着以后双方交往的进程。首因效应即使经过漫长的时间洗刷,其保留下来的印象依旧是十分深刻的,但通常情况下又是十分不准确的,抑或是实际上与现实生活并不贴合的,所以也被认为是有偏差的。

孙喜玲大一报到,在宿舍遇到了已经报到的舍友小薇,小薇因为来自河北农村,普通话不是很标准,衣着也很朴素,孙喜玲第一眼就觉得她是一个无趣且不值得交往的人,一次孙喜玲的口红丢了,一口咬定是小薇偷的,因为这件事陷入了激烈的冲突。后来发现自己的口红丢在了书包里。

孙喜玲仅凭第一印象就将小薇归类为不值得交往的人,这种表面、片面的认知造成了对小薇的不公平对待,以致产生激烈的冲突和误解,导致人际交往陷入紧张。首因效应之所以会引起认知偏差,就在于认知是根据不完整的信息对交往对象作出判断,而不是本质的认识。首因效应一旦在某个群体里开始出现,那么就会通过一系列的误导现象改变人在交往中的态度,从而影响到互动行为的正确性。所以仅凭第一印象来评价他人的行为和人格,并将其作为进一步交往的基础是不全面的。这种认知差异影响了人际关系。首先,它会造成对人的认识肤浅。最初的印象是很普遍的,对人的本性的理解是浅薄的;将外貌、表情、细节和谈话作为基本的判断依据很容易通过形成单一的印象来判断一个人,因此认识很庸俗。其次,无法形成对人的全面了解。从他人那里获得的信息将对未来的互动产生更大的影响。俗话说:"路遥知马力,日久见人心。"仅凭第一印象就妄加判断,"以貌取人"往往会带来不可弥补的错误。

(2)晕轮效应——你是否陷入"以偏概全"的认知陷阱?

图5-4 "晕轮效应"认知图

图片里的一个小女孩和一个朋克少年站在一起,但是背后的影子却是恶魔与天使。我们可能会因为他人的外表而对他人的品质产生误判。

---

① 时蓉华.社会心理学词典[M].成都:四川人民出版社,1988:28.

晕轮效应(Halo Effect)又称成见效应、光圈效应等,最早是由美国著名的心理学家爱德华·桑代克提出的。指人们在交往认知中,对方的某个特别突出的特点、品质会掩盖人们对其其他品质和特点的正确了解。这种错觉现象,心理学中称之为"晕轮效应"①。美国心理学家H·凯利等人在印象形成实验中证实了这一效应的存在。晕轮效应也经常与外貌的刻板印象联系在一起。它是一种"以偏概全"的认知偏误,除了与人们掌握对方的信息太少有关外,主要还是个人主观推断的泛化、扩张和定式的结果,往往容易形成人的成见或偏见,产生不良的后果。

在一次期末考试中,王可和李木作弊,被监考教师当场制止,并终止考试。班级同学谈论肯定是李木向王可请求帮助,都怪他影响了王可。大家认为,王可是学院篮球队队长,虽然成绩不好,但人帅气,球打得好,善于交际。而李木不仅成绩不好,而且不喜欢与人交流,流言愈传愈烈,李木陷入痛苦。但事实经过是,王可向李木传递纸条寻求帮助但李木没有回应,王可按作弊处理留校察看。

从这个案例中可以发现,公众基于一个人的外表,而做出对他人品好坏的判断。一个人如果被标明是好的,他就会被一种积极肯定的光环笼罩,并被赋予一切都好的品质;如果一个人被标明是坏的,他就被一种消极否定的光环所笼罩,并被认为具有各种坏品质。这种趋向于绝对主观偏见的趋势导致认知障碍,这对人们在人际关系中的心理产生很大影响,并干扰他们观察和评估的能力。它有很强的遮掩性、表面性、弥散性,会导致人与人沟通中形成偏见和冲突。我们往往会持有偏见而"因人废言"或"无由反对"。

  我不喜欢她,所以她的意见我没兴趣。
  凡是她提出来的,我都会反对,不要问我原因。
  我不想和她沟通,是因为她对我说话的语气让我不舒服。
  你别问我为什么反对,我之前说过很多次,你听进去了吗?

在日常生活中,充斥着各种各样的对话、争议、讨论和反驳,然而很多的负面情绪源于傲慢与偏见。对他人存有情感偏见,就会将其不好的行为扩大化,进而泛化为对与之有关的话语、交往、事件产生敌意和反感。如果进一步加剧,就会因为这些以有错误的、不全面的信息概括而来的观点,形成对群体或事件更大强度的反对。

(3) 投射效应——你是否陷入"以己度人"的认知陷阱?

投射效应是倾向于将自己的特质归于他人,认为自己与他人具有相似的特质,并将自己的感觉、意志和特质强加给他人。投射效应分为相同投射、愿望投射、情感投射。"推己及人""以己度人"等说法就是典型的投射效应。

热播电视剧《下一站是幸福》自开播以来,受到热评。剧中的女主角同时被一位小10岁的男生和成熟稳重、事业成功的大叔追求,张洁和舍友讨论,张洁认为女主角应该和小10岁的男生在一起,要遵从内心、追求爱情,不能被物质和现实打

---

① 刘永中,金才兵.英汉人力资源管理核心词汇手册[M].广州:广东经济出版社,2005:281.

败,而舍友小琳觉得女主角应该和大叔在一起,毕竟很多时候会面临不少现实问题。张洁认为小琳的观点不对,认为她不懂爱情、物质,应该像她那样,于是大力劝说,因此引起了一场争论,最终不欢而散。

张洁的做法就是明显的投射效应的代表,这是一种较为典型的心理偏差现象,以己度人始终是片面的。投射就是希望人们根据他的形象看待其他人,而不是根据观察到的实际情况看待其他人。观察者产生准确的判断,但这不是因为他们的感官是正确的,而是因为此时观察到的人是相似的,所以他们的结论是正确的,例如,你如果心地善良就可能也认为别人是好人,你心胸狭隘就觉得别人也老是算计你一样。投射效应的性质是主观的、自我的,这就是认知的主观性、任意性,造成人际关系紧张、沟通不畅。

【课堂练习】

材料分析:结合以下情境对话分析江林同学存在哪些沟通障碍。

情境对话一(教师办公室)

江林:"张老师,您看这个活动方案还有什么问题?"

张老师:"小江,方案我看过了,做得不错,但有些地方还需要再仔细斟酌,比如活动流程设计上还可以再创新科学一点。"

江林:"张老师,我们已经做过四次方案调整了,流程设计上我们按照要求也做了论证和调研,同学们还是很认可的,相信方案已经很完善了。"

张老师:"小江,我知道你们前期投入了很多努力,但是我仔细看过方案,确实还存在一些问题,辛苦你们再完善一下。"

江林:"张老师,完善可以,但是这个活动如果再不举办,就要错过最佳时机了,就办不了了。"

张老师:"小江,没那么绝对,我们刚刚讨论过,你不要担心,辛苦!"

江林:"哦,那好吧,张老师。"

情境对话二(学生宿舍)

孔栋:"江林,怎么了?你看起来好像不开心啊?"

江林:"别提了,一个活动方案已经被张老师要求修改四次了,我看他就是故意刁难我,你知道的,我做的方案从来都没有问题的。"

孔栋:"张老师应该不是刁难你吧。"

江林:"就是刁难。第一次我在大礼堂见到他,就看到他要求特别高,活动现场布置改了又改,PPT内容调了又调,把大家折腾得够呛。这一次我算是体会到了。"

孔栋:"张老师要求严格,我们是知道的,但是他人很好的。"

江林:"是吗?我才不信呢,他这样苛刻的人对别人能好到哪里去,反正我不信。这次方案改好了,我估计还是通不过,哎……"

三、沟通障碍的行为表现

善于沟通者能够从各种沟通行为中获知对方的态度和观念,行为觉察是沟通者了解对方、情境的重要手段。当你和一个沉默寡言、行动迟缓的人在一起时,你是很难获得更多的信息加以交换的,对方缺乏主动沟通的意愿或者必要的沟通技巧,都会在行为上反映出来并让人产生不适的感觉。

沟通障碍是指在人与人的沟通中认知层面的偏差导致的行为偏差。人际沟通遇到的障碍和困难,其成因有生理因素和社会心理因素。口吃、结巴、听力障碍等生理因素造成的社交沟通缺陷往往导致有效沟通、社交参与、发展社会关系、学业成就或职业表现方面的功能受到很大的限制。其中社会心理因素包括组织障碍、个人障碍、人际障碍、情感障碍、文化障碍等。

组织障碍 信息过载、沟通噪声、时间压力、网络崩溃、专业领域术语、信息扭曲

个人障碍 认知障碍、语义区别、地位悬殊、个人空间、情感障碍、低质量的倾听

人际障碍 沟通双方信任度、沟通双方相似度、冲突与矛盾、理解偏差

情感障碍 情感偏好、表达过度、表达不足

文化障碍 人情文化、地缘差异、跨文化差异

哈贝马斯在《交往行为理论》中,定义了四种不同的行为模式:目的行为模式、规范行为模式、戏剧行为模式、交往行为模式。这里包含的交往行为模式认为语言是联系交往主体的媒介,能够有效又即时地沟通。哈贝马斯提出任何处于交往活动中的人,在施行任何言语行为时,必须满足有效性要求,即"真实性""正确性""真诚性"与"可领会性"并假定他们可以被验证,用这几种不同的规范联系起"客观世界、社会世界、主观世界"。[①] 这从一定意义上表明,人类产生人际关系障碍主要缘于没用能够进行有效沟通的语言来进行解释,不能够与他人进行良好的互动,让个人的情绪受到压抑而产生负面情绪,逐渐发展为游离于社会关系网络而陷入孤独状态。

沟通行为主要集中表现在言语行为和非言语行为方面。言语行为和非言语行为的具体表现形式为:

表 5-1 言语行为和非言语行为的表现形式

	声音沟通	非声音沟通
言语行为	说出来的字词	写下来的字词
非言语行为	语速、音调、叹息、尖叫、音质、音频、音量等	姿势、动作、表情、外貌、基础、距离等

---

① 汪怀君.人文传统与交往伦理[M].济南:山东大学出版社,2007:79.

（一）沟通障碍的言语行为表现

沟通障碍的言语行为表现有以下六种类型：

1. 指令型言语行为

指令型言语行为指说话人言及听话人某些将来的动作，并使其感到不得不做这一动作，或使之无法避免地做这一动作的言语行为，如命令、提醒、要求等。常用的指令型言语行为词语有"必须""不许""务必""要""莫""千万"等。①

> 命令型：
> 父母要求孩子："不能哭！就不许哭！小孩子就要吃苦！"
> 提醒型：
> 舍友之间说："你要完成倒垃圾这项任务。"
> 要求型：
> 老师对学生说："大家在课堂上必须调整手机至静音模式。"

这种命令与要求的行为往往带有强制执行的含义，听取要求的人不能完成指令就会受到惩罚。日常行为中某些特定的人群会较多使用这类隐含命令语气的话语，比如父母、老师和领导，在这类人群的理解中接受指令的人会通过执行命令而发生行为上的改变并逐渐满足行为规范。这类人群常常是交往过程中较为强势的一方，他们经常通过这种方式改变其他人的言行举止，从而达到满足自己利益的目的。指令型言语通常会由具有绝对主义思维定式和晕轮效应认知偏差的人说出来，造成人际关系紧张甚至冲突。

2. 模糊型言语行为

模糊型言语行为是指说话人陈述的词拥有至少两种能被普遍接受的定义。模棱两可的语言容易造成误解，甚至造成很大的误会。

> 一名护士告诉她的病人"将不再需要"睡袍、书和刮胡工具了。听完她的话，病人开始变得不安静和情绪化，突然昏厥。当抢救过来后，护士询问这些奇怪行为时，她发现病人将她的陈述误解为将不久于人世，而她的意思是病人很快可以出院了。

在人与人的沟通交流中，这类言语行为未能充分考虑到接收者的性格特点、环境背景等因素。换句话说，对于听话人所处的语境文化没有进行考虑，模棱两可的陈述导致误解。这样的言语行为往往会让听话人觉得说话人不尊重、不严谨，导致沟通误解和冲突。

3. 劝说型言语行为

劝说型言语行为指说话人在主观上认为听话人必须按照说话人的意见行动的言语表达，如建议、劝说、抱怨等。常用的劝说型言语行为词语和短语有"应该""可以""最

---

① 曾莉，李颖超. 隐性暴力言语行为的类型及情态意义[J]. 南昌大学学报. 2019,50(5):119.

好""需要""何必""不必""不妨""姑且""索性""该"以及"还是""犯得着""用得着"等。①

建议型：

同学甲对有矛盾的乙、丙说："你们总是为一些琐事吵架，能不能不吵。同学们每个人都有自己的长处和短处，应该互相学习，取长补短。"

劝说型：

同学甲对乙说："你该去找工作了，老这么跟我们混，家里长辈了解情况后会非常难过。"

抱怨型：

同学甲对家庭条件优渥但生活勤俭节约的乙说："家里吃穿用度都不需要发愁，你有必要这么节约吗？"

这种话语表达的目的是使自己的愿望得到实现，但因为表达者通过言语迫使别人根据自己的想法行动，甚至希望用权威的语气迫使其他人做自己希望达成的事情，把自己的意愿强加在别人的想法之上，而拒绝听取他人的意见和建议，可能会导致听取意见的人因讨厌被操控而逐渐疏远自己。

4. 推测型言语行为

推测型言语行为指说话人以虚拟的口吻推测听话人的某些动作，如假设、推断、预测等。常用的假设、推测型言语行为词语和构式有"就""可能""会""肯定"和"不怕……吗？""恐怕……"等。②

假设型：

同学甲对乙说："你如果中途放弃这次比赛机会，你可能会彻底失败。"

推断型：

老师对家长说："如果你现在心疼孩子受点苦，你的孩子将来会吃苦。"

预测型：

家长对孩子说："你不好好学习，成绩肯定不理想。"

这种话语表达带有自己强烈的主观意愿，认为听取意见的人需要或不需要做这件事是合情合理的，假如听取意见的人不能做到自己所说的话，那么就需要接受惩罚，这种话语表达的特点是认为自己的猜想符合客观现实，认为对方只可能按照自己的想法行动，从而限制听取意见的人的自由。

5. 评判型言语行为

评判型言语行为指对听话人的某一方面作出负面评价的言语行为，如表示不赞同（否定）、批评、蔑视、取笑、指责、非难、侮辱、挑战、反驳、比较、贬低和贴标签等。常用的评判型言语行为词语和构式有"不""是""没有""还""比""不如"以及"还不是……""就

---

① 曾莉，李颖超. 隐性暴力言语行为的类型及情态意义[J]. 南昌大学学报. 2019,50(5):119.
② 曾莉，李颖超. 隐性暴力言语行为的类型及情态意义[J]. 南昌大学学报. 2019,50(5):120.

是……""别人……"等。[1]

　　评论型：
　　男生甲对女生乙说："你还是有发箍好看，不戴呢，就像马大姐。"
　　贴标签型：
　　朋友甲对朋友乙说："我和你不一样，你是土豪。"
　　比较型：
　　妈妈对孩子说："都说孩子是报恩的，你是来报仇的。"

印度哲学家克里希那穆提曾经说："不带评论的观察是人类智力的最高形式。"丹·格林伯格说："如果真的想过上悲惨生活，就去与他人做比较。"被肯定是一个人最本能的需要，因为人天生就会趋利避害，会主动做快乐的事情、逃避做令人痛苦的事。语言表达者如按照自身道德准则、价值观和需要来评判他人，那么就算听话人迫于压力接受这个评论，他内心也会是抵触的，甚至会心怀怨恨。"比"是一把刀。"别人家的孩子"这种比较势必会伤害到家人之间的感情，"别人家的丈夫或妻子"这种比较也会让丈夫和妻子之间的感情产生嫌隙，这种对其他人不好的评价或者是对其进行比较，消极影响非常明显。

6. 归咎型言语行为

归咎型言语行为指说话人无法认识其对思想、情感和行动负有责任，常常归咎于客观原因，如行政命令、公司政策、法律规定、老板要求和他人原因等，逃避自己的个人责任。常用的归咎型言语行为构式有"我不得不……""根据规定……""因为别人都……""你让我……"等。[2]

　　认知偏差型：
　　甲："你能不能不只让我做饭，我也累。"
　　乙："你是女生，我妈说做饭就是女生的事。"
　　上级命令型：
　　甲："你怎么能骗我？"
　　乙："老师的要求，我不得不这么做。"
　　个人经历型：
　　甲："你为什么不打扫宿舍？"
　　乙："我没有干过这类活。"

这种语言表达没有足够重视内在的情感根源，也忽视了表达者所应承担的责任，通过不同的借口摆脱责任，例如把责任推卸给无法厘清的问题、表达者自身的因素、别人的言行或上层的指令、来自伙伴的压力、组织中的制度和规范、在不同群体中扮演的不同角色、无法控制的冲动等。表达者如果不能理解自己是责任承担者，而将责任推脱给

---

[1] 曾莉，李颖超. 隐性暴力言语行为的类型及情态意义[J]. 南昌大学学报. 2019,50(5):119.
[2] 曾莉，李颖超. 隐性暴力言语行为的类型及情态意义[J]. 南昌大学学报. 2019,50(5):120.

其他客观因素,就会产生冲突。

【课堂练习】

沟通障碍中言语行为的表现认知

认知目的:深化对沟通障碍中言语行为表现的辨析和感受。

认知方法:将学生两两编排成对,每个人轮流充当说话人和听话人,用沟通障碍中不同类型的言语行为进行对话。对话结束后,分别阐述不同类型言语行为带来的感受。

(二) 沟通障碍的非言语行为表现

非言语行为对言语行为起到重复、补充、替代、强调、调整等作用,非言语行为是言语沟通中重要的一环,言语行为会借助非言语行为进行表达。那么沟通障碍下的非言语行为表现有哪些?我们要了解这些无用或低效的非言语行为。

1. 声音质量

声音质量包含速度、音调、补白、音量等。恰当运用声音的质量,能够增强个人魅力。不恰当运用声音,会造成人际沟通中的关系紧张。

(1) 声音速度。

沟通交流中,人类说话的速度影响着人类接受信息的方式,相关研究人员专门研究了人们在每分钟120—261个字之间的说话速率。研究结果表明,人喜欢与和自己有相同讲话速度的人交谈,但人的声音速度要考虑不同的场合和对象,讲话速度太快的人往往会给人不尊重甚至傲慢的印象。

(2) 声音音调。

声音的音调指声音的高低,音调可以决定声音听起来是尖锐刺耳或是悦耳动听。例如,柔和的音调使人感到友善和平易近人,尖锐的音调使人感到攻击性,激动时的音调会有颤抖。说话者的语调不同,能传递出截然不同的信息。声音音量是指说话声音的大小。说话人的声音大小要依据所处的时间、空间来决定。

(3) 声音补白。

声音补白也叫声音停顿,是在思考要用的词时,用于填充句子和做奄饰的声音,例如"嗯""啊""哦"等词,是说明说话当事人在思考和保证句子完整性的非言语行为。两种声音停顿会阻碍沟通。第一种是非故意停顿,人撒谎时会比说真话时有更多的非故意停顿,这会让人觉得不够诚实;第二种是发出声音的停顿,研究显示发生停顿会降低一个人的可信度,在很多时候会对一个人产生负面影响。①

---

① 罗纳德·B.阿德勒,拉塞尔·F.普罗科特.沟通的艺术:第14版[M].黄素菲,李恩,译.北京:北京联合出版公司,2018:200.

2. 身体动作

在非言语行为里，最重要的部分就是人体动作，例如没有声音的动作或者姿态、表情的变化、眼神或者形体的变化等动态的身体动作或没有声音的静态身体动作，如站立、背靠等，还有不同人之间保留的安全距离等。

（1）空间距离。

空间距离是私人领域的体现，是个人不希望被他人侵犯的领域。非语言沟通中的空间距离是两人亲密程度的标志。空间距离可以分为公共距离、社交距离、个人距离和亲密距离。公共距离一般为 366—750 cm，是一般的公共场合与陌生人之间的距离范围。社交距离一般为 122—366 cm，适用于不熟悉的人，个人情感色彩淡薄，是一般社交场合出现的双方之间的距离范围。个人距离一般是 46—122 cm，一般是与朋友、亲戚或是熟人之间的距离，没有爱情色彩。亲密距离一般是 0—46 cm，适用于恋人、亲人或很亲密的朋友关系，是对对方完全信任和十分具有安全感的体现。在人际交往中，距离越近或越远并不是对对方的尊重，不适当的距离，会让沟通者之间产生误解和不舒服。

（2）面部表情。

眼睛。眼神的动作一直被认为是最直接、最明确的表达情感的方式，眼神具有反映内心心理活动的作用。在与人交流中，眼睛的对视也是对他人的尊重和自己自信的表现，但是不恰当的目光接触或对视，会造成沟通障碍。公共注视范围一般在对方额上的三角区，社交注视一般是对方脸上的倒三角区，亲密注视一般是双眼和胸部之间的部位。目光接触过程中瞪眼或凝视的行为尽量要避免，这意味着思维的僵化或者愤怒，同时眨眼过多会让人觉得轻浮和焦虑。不停地转动眼珠与频繁眨眼都是一种掩饰性的动作，不自信、有欺瞒、不感兴趣或是厌恶。

嘴巴。微笑赋予对方一种友好、善良的感觉，有几种笑值得注意：一是假笑，假笑是嘴角被拉向耳朵的方向，眼睛中流露不出任何感情，给人以不尊重的感觉；二是冷笑，跟斜视一样，冷笑也是一种表达轻视、不尊重的举动，犹如在说"我不在乎你或你的想法"。同时抿住嘴巴的动作，表示人心中存有秘密，咬嘴唇通常表示人们在不确定、不满意或内疚，如果不恰当表达，都会造成人际关系的不和谐。

（3）动作姿势。

身体的动作包括站立、依靠、仰坐、手势等，这里主要介绍影响沟通障碍的身体动作。

身体倾斜。喜欢一个人时，我们会情不自禁地想要靠近他，这点在社交中同样适用。你对对方有好感，或者对一个话题感兴趣，你会不自觉地倾斜身体，靠近对方。而如果你对这个人感到厌倦、乏味，你的身体也会倾斜，不过这时候体现出来的不是靠近，而是远离。

双脚的指向。双脚是最容易暴露心理的部位，心理学家在与人交往时，最喜欢观察对方脚部传达的信息。交流时，双脚的指向代表内心倾向。如果在你聊天时，对方的双脚没有朝向你，就说明你和这个话题对他没有吸引力；如果对方的双脚突然交叉而且往

第五篇　认知素养：言为心声　言之成理

后缩，就说明他很紧张，对现在的话题十分抗拒；但如果对方的身体向后移，跷着脚聊天，就说明他很自信，最起码是在交流中占了上风。不过跷脚的行为如果出现在激烈讨论的状况下，那就意味着他在向你发起挑战。所以跷脚的行为是不友善的动作行为。

耸肩。耸肩也是一种带有掩饰性的行为，不坦率，撒谎的人通常会有快速耸肩的动作，这是在下意识地表示自己很镇定。当然，大多数情况下，耸肩都意味着无所谓，或者搞不清楚现在的状况。所以交往中注意耸肩动作行为的表现。

叉腰。叉腰时大拇指冲后，说明这个人有着极强的控制欲，如果冲前，则是一种疑问的态度的流露。叉腰的动作姿势容易让人有一种压迫、强势的感觉，交流中要禁止使用这类动作行为。

手部动作。手部动作决定了一个人的自信状态。表示自信的姿势，有用食指弹碰桌面、尖塔式手势、竖起拇指手势。但频繁用手指弹碰桌面会让人有种轻浮、不屑的感觉，要实时、适度做这一动作。而不自信的手部动作包括十指交叉紧扣、搓手、抚摸颈部，这样的动作会让别人感觉你的不安和低迷，影响人际关系。这里要特别注意的是切不可用手指指向他人，这是非常不礼貌的行为。

触碰。关于触碰的研究常常被社会科学家表述为触觉学。适当的触碰可以给予他人鼓励、安慰、激励等，但是触碰必须要有适合的文化语境，过多的触碰或在不恰当的场合对不熟悉的人进行触碰时会造成麻烦、厌恶，所以要根据不同对象不同环境进行适当的触碰。

【课堂练习】

1. 非言语行为表现中声音质量差异认知

认知方法：学生两两编排成对，分别充当说话人和听话人，用不同的音量、音调和停顿的方式来表达以下三段话。

非常感谢你！

初次约会真的让我很快乐。

再没有什么东西比钻石更让我喜欢了。

互换对话角色表达后，谈一谈作为说话人和听话人的不同感受。

2. 非言语行为表现身体动作差异认知

认知游戏：用不同的身体动作表达下列两组情感。

第一组	第二组
欣喜若狂	心如刀绞
惊慌失措	心花怒放
大惊失色	喜出望外

分析不同情感背后的身体动作细节，分享影响有效沟通的面部表情、动作姿势有哪些。

专题三 知行合一:有效沟通的艺术与方法

　　以知为行,知决定行。在人与人的沟通中,认知层面的偏差导致行为偏差,以致阻碍沟通。我们在上一专题中了解到,沟通障碍的认知根源是思维定式和认知偏差,也列出了沟通障碍行为表现的负面清单,在充分探析了沟通障碍的内在成因和行为逻辑后,如何克服认知层面的偏差,纠正和改变沟通行为偏差,从而实现有效、高品质的沟通,是本专题讨论的重点。

　　一个成功的沟通者不仅拥有选择各式各样行为反应方式的能力,还懂得在适当的场合表现出最合宜、最纯熟的行为;他们不仅能够准确理解对方的观点,还能带着同理心做出回应;他们还会在沟通的过程中随时监控自己的行为,增加成功的可能性。在跨文化沟通时,需要具备合适的动机,忍受信息的模糊性,开放心胸,掌握一定的知识技巧,这样才能实现有效沟通。

一、建构认同管理

　　人际沟通中,有两个重要的概念"我是谁""你是谁","我是谁"来自自我认知,"你是谁"来自社会认知。沟通中积极的自我评价通过自我认同和社会认同获得。不同的情境和文化转换适当的沟通方式与风格是沟通高手的特质之一。那么如何增强这种特质?

　　自我认同是指在综合了自我的感觉、意识和外部的评价后,得出"我是谁"的结论。自我认同是与人交往中融合信念、价值观到自己的人格中的过程,这个过程伴随着自我价值的评价。自我认同分为个体认同和社会认同。社会认同是社会范畴上个体的认识,是个体自我概念的一部分。积极有效的沟通,需要建构多元认同管理,认同管理是人们设计出来的策略性沟通,用来影响别人对自己的观感,认同管理借助管理自己的举止、外貌和配备来创造一种认同。认同管理包括面对面线下印象管理和网络线上印象管理。

1. 面对面印象管理

在面对面的互动中,沟通者可以通过三种方式管理他们的认同:举止、外貌和配饰。
(1) 举止。

个人的行为举止、风度仪表是展现个人外在魅力的主要方式之一。在心理学上,举止即"形体语言",是一种动态中的美,包括手势、坐姿、站姿、走姿等,是仪态的具体表现。在一定程度上,和口头语言的表达效果一样重要。一个人的一举一动、一言一行都与其风度仪表相关联,要注意这些小节并使之规范化,如规范正确的走姿、站姿、坐姿、蹲姿等。

站姿，即站立的姿势。保持站着的姿势时，要抬起脑袋、挺起胸膛、收起腹部，两眼目视正前方，身体立直，两肩舒展，双臂自然下垂，两手可交叉在腹前，也可以把右手放在左手上。在非正式社交场合，亦可把手背在身后。站立时，不要东倒西歪或躬腰驼背或挺肚后仰，不要耸肩或一肩高、一肩低。站着与人交谈时，不要把手插在裤袋里或叉在腰间。站姿可靠墙训练，后脑勺、双肩、臀部、小腿及脚后跟都紧贴墙壁；也可两人一组，背靠背站立。

坐姿，所谓坐有坐相，是指坐姿要端正。人的坐姿正常情况是，背后没有依靠的东西时，上半身应保持直立微微向前倾斜，两肩保持水平端正，手臂自然地贴靠身体下垂，两只手可以用舒服的姿势置于自己腿上，两腿之间的距离与肩宽保持一致，两只脚随意地放在地上。背后有依靠时，在正式社交场合，不能随意地把头向后仰靠。优美正确的坐姿需要注意以下几点：一是坐在座位上后，不可以大开两腿；二是坐下交叠两腿时，下压悬空的脚尖，切忌脚尖向上，并上下抖动；三是和其他人进行交流时，不要前倾上身或者以手托腮；四是坐下后应该保持安静，不可以东西张望，给别人留下不稳重、不安分的印象；五是落座后可以双手交握放在大腿上，或者轻轻放在沙发椅子的两侧扶手上，但需要掌心向下；六是如果坐在椅子上，不可以前仰后合，不可以把腿放在扶手上，也不可以踩在茶几上；七是保持端坐的姿势太久，人会觉得很疲惫，这时可变换为侧座；八是在交际和集会场合，入座时要动作柔和缓慢，要保持庄重的坐姿，起身或坐下时不可以动作过猛，使得座椅发出很大声响，造成紧张气氛，要小心桌上摆放的茶杯等用具被碰倒，从而避免被动和尴尬的场面。

走姿，即行走的姿势。正确的走姿，要抬头挺胸，两眼平视，步幅和步位和谐标准，讲究步韵。所谓步幅，是指行走时两脚之间的距离。步幅的一般标准是：前脚的脚跟与后脚脚尖的距离约等于自己的脚长。这里的脚长是指穿了鞋子的长度，而非赤脚。所谓步位，就是脚落地时的位置。一般说来两只脚所踩的是一条直线最标准。步韵是指行走的韵律。行走时，脚腕要富于弹性，肩膀应自然、轻松地摆动。平时走路不要太快，也不宜过于缓慢。男性每分钟走 100 步，女性每分钟走 90 步，显得有节奏和韵味。走路时，应挺直身板，自然地摆动双臂，前后摆动的幅度为 45 度左右，不要摇头晃肩和左右摆动双臂，也不要有意扭动臀部。此外，注意不要边走边吃东西。多人一起行走时，不要勾肩搭背，也不要排成横队，以免影响他人行走。训练走姿，可以在地上画一条直线，双脚踩着直线走。反复练习，则会有进步。

蹲姿，即人蹲下来时的姿势。做下蹲的动作时，可以先将左脚放在前方，将右脚放在略后的位置，并紧两腿往下蹲。左脚完全落地，左腿小腿与地面基本垂直，提起右脚脚跟，仅脚掌与地面接触，使左膝高右膝低，臀部朝下，身体的支撑点主要在右腿上。

（2）外貌。

人际沟通中，外貌对第一印象管理的作用十分重要。外貌是用来塑造印象的个人化方式，外貌的表现形式有穿搭、造型、妆效等。日常生活中，不同的场合对服饰搭配、发型、妆容的要求也不同。不同的服装可以代表不同的职业，不同的妆容可以表达不同的性格特征。穿搭主要是衣服的品牌、色彩、种类等相结合，给人整体感。发型和妆容则依据服饰搭配的效果进行管理,通过有效外貌管理以期获得更好的印象和认同。

服饰搭配,是根据人的年龄、身高、体型、日常需求及地方文化差异等,来确定最适合的职业装、运动装或其他风格。穿搭有三个要点:首先要确定自己喜欢的衣品,这需要根据自己的喜好判断当下流行的款式,衣品可以体现自己的性格、品味、修养等;其次,服饰要根据自己的年纪、职业和社会地位的变化而变化,年龄增大、职位改变,穿着打扮应该与其匹配;最后,潮流虽然永远在变换,可总有永不过时的基础款。服饰搭配中有六个禁忌:一是裤子不能太长太短;二是皮鞋不能配白袜子;三是衣服上不能有混合图案;四是领带不能太长太短;五是裤腰不能太高太低;六是皮带和皮鞋不能配不同色系的。

——上深下浅:端庄、大方、恬静、严肃
——上浅下深:明快、活泼、开朗、自信
——突出上衣时:裤装颜色要比上衣稍深
——突出裤装时:上衣颜色要比裤装稍深
——绿色难搭配,在服装搭配中可与咖啡色搭配在一起
——上衣有横向花纹时,裤装不能穿带竖条纹或格子的
——上衣有竖纹花型,裤装应避开带横条纹或格子的
——上衣有杂色,裤装应穿纯色
——裤装是杂色时,上衣应避开杂色
——上衣花型较大或复杂时,应穿纯色裤装
——中间色的纯色与纯色搭配时,应辅以小饰物进行搭配

除了得体的服装搭配,发型、妆容要依据服饰搭配和活动场合的需要进行设计。发型是指头发的长度、颜色和形状。一般情况下头发的长度要适宜,男性不宜留长发。头发的色彩不建议染为红色等鲜艳的颜色。妆容指人体通过某种装扮修饰形成的外在形态表现,"妆"字和"容"字分开来可以理解为通过打扮装饰凸显的人体神态、状态、形象、效果。恰当的妆容有助于形成良好的印象,女生切忌浓妆艳抹。

(3) 装备。

装备,指旅行、远征、考察、探险或特殊场合必备的各种物品。如代步使用的车、居住的住房等。虽然基本是出于个人的爱好,但更多是为了展现给别人评价而做出的选择。需要注意的是切勿过于展现自己的外在配备,从而给人高调炫耀的不良印象。

2. 网络印象管理

随着网络技术的发展,网络的印象管理显得越来越重要。网络沟通缺失了声音、姿势、手势和面部表情,为那些想要管理自身印象的沟通者提供了一个有利条件。网络沟通给了我们更多的印象管理控制权,我们的社交网络媒介如微信、微博、QQ 等,能让你重复编辑信息直到你创建出期望的印象。通过社交媒介沟通的陌生人可以篡改那些面对面沟通无法隐藏的东西,如年龄、人格、外貌。经常查看社交页面可以增强自尊。假设你在社交网站上经常管理自己的认同,由于它可以记录并不断提醒"你最好的样子",

你的"自我"就会随之大增。从一个中立的第三方视角去查看自己的网络形象,是一种有益的认同管理。

(1)要适量发布,选择性呈现。话语权就是说话权,这不光是我们发表意见的方式,而且是社会中意识形态斗争的拓展和影射。话语权作为现实权利的一方面,对于社会关系起着重要作用。在人人都有"麦克风"的时代,信息如潮,人们的注意力变成稀缺资源。要利用好自己的话语权,完成个人的印象管理。在社交网络中要注意在关键的节点展示自己的能力,以加深他人对自身的印象,同时切忌以"刷屏"态势去展示自我,要使他人对自己产生一种神秘、敬畏的情感,更好地塑造自身形象。

(2)要良好互动,规范自身行为。网络社会赋予了人们选择呈现的权利,但在强社会关系网络中,个人的线下行为也能影响个人线上的印象管理。网络下管理好个人行为,网络上不做键盘侠,不在网络上发表或转发不实言论,形成文明的网络行为,从而实现个人线上的自我呈现与线下的自我呈现形成呼应。

二、提升认知复杂度

认知复杂度是沟通能力的一个特质,能帮助人们更全面、更复杂地描述情境。认知复杂度可以通过训练得到提升。作家保罗·雷斯(Paul Reps)提出了提升认知复杂度的枕头法(四个边一个中心——五个立场)。[①]

  立场一:我对你错(从我的立场出发看到我对你错,对方亦然)

  立场二:你对我错(转换立场,承认我的缺点并尝试支持对方观点,或看到对方的优点)——发现双方的优缺点,目的在于找到方法去理解为什么他人用我原先无法苟同的行事方式。

  立场三:双方都对,双方都错(承认彼此的长处和弱点,寻找双方立足点)

  立场四:这个议题不重要(争论点无想象中重要)

  立场五:四个立场都有道理(认识每一个立场的优缺点,从而总结四个立场得出新的思考模式。这些思考模式也许无法改变你的观点,也无法解决现有问题,但它至少可以增强对他人立场的容忍度,改善沟通气氛)

试着将枕头法运用到你的生活中去。虽然用五种立场去分析每一种情境并不容易,但是一旦你真正理解这种方法,那么理解力的提升所带来的回报是很大的。

  卢北和何洁婷是两个在一起跑步一年多的朋友了,在这个过程中,他们的关系也越来越亲密。后来,何洁婷开始邀请她的一些朋友加入跑步。卢北喜欢她的朋友们,但是这些朋友也是刚开始跑步,所以没有以前两人一起跑时可以跑那么快、那么过瘾,而且卢北担心因此失去单独和她谈话的时间。卢北倾诉了自己的担心,但

---

① 罗纳德·B.阿德勒,拉塞尔·F.普罗科特.沟通的艺术:第14版[M].黄素菲,李恩,译.北京:北京联合出版公司,2018:108-110.

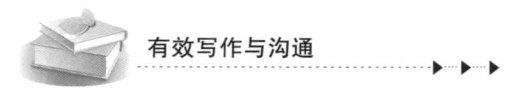

何洁婷却不觉得有什么，回答说"我看不出有什么问题，我们一样可以在路上跑，你也说过喜欢我的朋友"。卢北回答说："但是这不一样啊！"

在这个案例中，两人已经有了意见分歧，感觉到有不相容的地方（卢北希望和何洁婷单独跑步，何洁婷想邀朋友一起跑步），但是他们只有这些时间来跑步，这是不足的资源。我们试着列一下卢北和何洁婷处理这个问题的方法，每个方法呈现一种冲突处理的取向：

第一种：他们说"那就算了吧"，从此他们也就不再一起跑步。这是逃避（也就是双输）

第二种：卢北让步，陪着何洁婷和她的朋友们一起跑，放弃和她独处的时间。或是何洁婷让步，牺牲她其他的朋友，只维持和卢北的友谊。这其实是调试（一输一赢）的解决方式。

第三种：其中一个人强势维持个人意见，说："照我的意思，否则不再在一起跑步"。这种是竞争（一赢一输，有时候也会转为双输）

第四种：互相妥协，有些时候邀请何洁婷的朋友，有些时候不邀请。这种就是妥协（也就是部分双输）

第五种：他们俩一起通过头脑风暴来想所有的方法，想出一个两全其美的方法。这种是合作、双赢的方式。

当遇到问题时，要学会用枕头法的五个立场看待同一个议题，从多维度、多角度使用大量的建构概念去了解、分析问题，因而能得到有价值的见解。通过提升认知复杂度，培养同理心，避免"明言明语"，成为高明的沟通者。

三、培养同理心

同理心的定义是"设身处地理解""感情移入""神入""共感""共情"，泛指心理换位、将心比心，即对他人情绪和情感的认知性觉知、把握与理解。主要体现在情绪自控、换位思考、倾听能力和表达尊重等与情商相关的方面。在社会活动中，同理心对人的道德发展、情感沟通，和与他人关系的维系方面有着至关重要的作用。

同理心并非等同于同情心，同理心不是天生的，是可以培养的。缺乏同理心的人无法表达相互的关怀和理解，也无法建立融洽的人际关系。人们在看问题的时候往往是从"我"的角度出发的，而没有站在"你"的角度去表达。

1. 产生同理心的过程

（1）先倾听自己的声音。同理心最初要倾听内心的想法，如果不能让自己有所触动，就很难去理解他人，因为对你来说并没有经历过这样的情境。因此我们首先要让自己有所触动才可以理解他人。

（2）发表自己的见解。用恰当的方式抒发自己的感情。

（3）倾听他人的表达。当把自己调整到可以倾听他人的状态后，就可以开始理解他人了，这也可以更加有效地让你与他人交流。

（4）用理解的方式去认可他人的想法。最后，当你倾听他人表达的想法时，通过肢体动作或语气词应答来让他人明白你有在理解他并感同身受，所以倾听并表达自己的想法、发表自己的见解、倾听他人的感觉、用理解的方式去认可他人的想法，是产生同理心的四要素。

2. 如何培养同理心

（1）方法一：站在对方的角度。

培养同理心最重要的方法是站在对方的角度。人际沟通中，人们总是习惯于一味地表达自己，而不从对方的角度去考虑问题，这种情况使双方的交流停滞，从而产生摩擦，甚至导致矛盾。学会主动跟对方建立联系，站在对方的角度思考问题，即换位思考，它是一种逆向思维方式。善于换位思考的人，常常能从对方的角度审视自己，从多个角度综合考虑问题。同理心的形成需要训练自己以别人的眼光看待事物、考虑问题，站在对方的角度思考并形成处理办法。

（2）方法二：认真聆听他人，使其感受到尊重。

培养同理心要学会认真聆听他人，使其感受到尊重。人都有渴望被尊重的需要。有了尊重，沟通就有了基础。如何做到专心听对方说话呢？

要做到注意力集中。沟通交流中，要集中注意力听对方说话，不要想其他的事情，眼睛正视对方，随时注意对方说话的重点，在对方说话正兴奋的时候，可以用点头示意或打手势的方式鼓励他继续说下去，让对方知道你在认真地听。

要学会保持沉默。沟通中，如果想要更好地了解说话人的意图和要义，那么听话人就要避免自私地抢夺说话的机会或者一味地转换话题发表自己的想法，当然少说话也不是保持绝对的沉默，在听对方说话的过程中要适当地给予回应，从而帮助人们更好地了解说话者的意思。

不要过早地评价。在理解别人说话的意思之前不要过早评价，评价他人时最好先设身处地思考一下对方所处的情境。当你不赞同别人的说法或是别人批评你的时候，可以放置片刻再进行反驳，但是当别人对你提出一些真诚的忠告时，可以试着去了解这些忠告与事实是否对你有利。

不要直接跳到结论。沟通中的信息获取是一个围绕话题逐步深入的过程，在沟通互动中很多看似与主题无关的话语都有重要的价值，比如久违的寒暄或是对对方其他方面的关切。沟通中的信任关系首先需要"沟"，即"渠道"的建设。渠道的建设有时依托于沟通双方的身份关系设定，如上下级、师生、同事等，但是倾听过程中身份差异带来的优越感会使权威一方缺乏耐心和细致，将对方试图营造的友好氛围直接破坏了，也使对方失去了说话的机会。

（3）方法三：正确辨识对方情绪。

培养同理心需要正确辨识对方情绪，才能真正感同身受、处理情感问题。人际交往中,人们会遇到各种只能意会、不能或者不便言传的事,这就需要通过情绪观察来揣测他们的内心想法,推测他们的真实态度。情绪观察主要包括言语情绪观察和非言语情绪观察。人际交流中,非言语情绪观察往往是最直接的情绪觉察方式。非言语观察是通过人的面部表情、眼神和肢体动作来实现的,那么如何能更准确地从面部表情的模式中解读出他人情绪(见表 5－1)?

表 5－1　不同表情的面部模式

情绪	面部模式(面部表情、眼神、肢体动作)
兴趣	眉眼朝下,眼睛追踪看着、倾听
开心	眉眼弯起,嘴角向上
惊奇	眉眼提起、眨眼
悲痛	哭、眉眼拱起、嘴朝下,有眼泪的啜泣
恐惧	眼发愣、脸色苍白、脸出汗、发抖
羞惭——侮辱	眼睛向下看、头低垂
不屑——讨厌	斜视、白眼、嘴角上扬
愤怒	皱眉、眼睛变狭窄、咬紧牙关、面部发红

不同的表情借助不同的人脸部位表达:悲伤主要通过眼睛来表达,最能体现愉快和讨厌的是口部,额头能提供惊讶的情绪信号,愤怒会通过眼睛、嘴和前额来表达。当然多种因素都会影响识别情绪的准确性,例如根据情绪行为的前因后果识别情绪会比孤立地识别情绪准确度高;内向的人会比外向的人更善于解读情绪;情绪识别还很容易受到暗示的影响等。值得注意的是,观察身体姿势比观察面部表情更容易判断出谁在撒谎,脚和腿最不会撒谎,面部最容易隐藏信息,手和手臂处于二者之间。

(4) 方法四:正确解读对方说话的含义。

培养同理心需要正确解读对方说话的含义。在与对方的对话交流中,通过站在对方的角度思考,专心听对方讲话、辨识对方情绪,去捕捉、推敲对方话中的潜在含义,去揣摩对方说话背后的心理状态和考虑打算。下面通过一个案例说明如何正确解读对方说话的含义。

【解读说话含义训练】"张亮的说话意图"

张亮的说话意图

张亮,任某大学学生会文娱部部长,近期要举办"青春梦想秀"活动,他根据要求制定了活动方案,结果活动方案没有被通过,现在他与你倾诉。

情境一

张亮说:"我用了整整一周的时间做这个活动方案,但是老师还是不满意。"张亮的意思是 　　　　　　　　　　　　　　　　　　　　　　　(　　)

(A) 抱怨　(B) 无奈　(C) 表达建议　(D) 征求建议　(E) 希望指导

第五篇　认知素养：言为心声　言之成理

当对方仅仅是向你抱怨的时候，你就注意不要给对方指导的建议。他其实自己知道怎么做，就只是想发泄一下而已。你只要听着就可以了，适当的时候也可以发表一些无关痛痒的抱怨。

情境二

张亮说："嗨，我用了整整一周的时间，按照要求做这个活动方案，也不知道怎么搞的，老师还是不满意。"张亮的意思是　　　　　　　　　　　　　　　　（　　）

（A）抱怨　（B）无奈　（C）表达建议　（D）征求建议　（E）希望指导

当对方无奈的时候，可能对老师的判断有怀疑，需要和你分析一下老师的实际需求和活动所要达到的效果，这个时候你只要安慰和一起分析就可以了。

情境三

张亮说："看来是麻烦了，我用了整整一周的时间做这个活动方案，老师还是不满意。"张亮的意思是　　　　　　　　　　　　　　　　　　　　　（　　）

（A）抱怨　（B）无奈　（C）表达建议　（D）征求建议　（E）希望指导

这样的说法，可能他已经有候选方案了。当对方想换方案时，可能是对直接调整方案的信心不足，需要你给他鼓励。这个时候你只要鼓励他，并分享你曾经调整方案的经历和经验就可以了。

情境四

张亮说："说来也奇怪，我用了一周的时间做这个方案，老师还是不满意。"张亮的意思是　　　　　　　　　　　　　　　　　　　　　　　　（　　）

（A）抱怨　（B）无奈　（C）表达建议　（D）征求建议　（E）希望指导

可能张亮想从你这里得到建议，希望和你探讨一下，怎样做这个方案。当对方是真正寻求你的帮助的时候，你可以和他一起分析这个活动的情况，给出你的建议。但是要说明，仅仅是你的建议而已。

培养同理心有时并不只是要去理解他人，同时也是让别人理解自己。同理心不意味着要你去一味包容他人，你只需要设身处地站在他人角度体谅对方的想法，这样当你做出决策时，便可以想到这样做会对别人产生怎样的影响。

【课堂练习】

1. 观看电视热播剧《完美关系》中女主人公江达琳职场身份转换的三个片段，结合剧中主人公服装配饰、妆容细节的前后变化，分析变化的特点和对人际交往的影响。

2. 人际沟通情境模拟练习

场景：一家餐厅内

人物：看报纸的男士（45岁，穿着休闲服装）、正在看窗外的男士（28岁，西装革

履)、四处张望的老婆婆(60岁左右,好像第一次来餐厅吃饭)、用餐结束准备离开的小姐(24岁左右,看起来心情不错)。

任务:你是某大学生暑期社会调研团成员,要完成关于"生活满意度"的调研问卷。你该如何沟通?

练习:每五名学生编排成组,分别进行相应角色扮演,并完成任务。任务结束后,就过程中沟通出现的问题及表现作分享交流。

本篇小结

本篇《认知素养:言为心声 言之成理》从沟通的逻辑内涵、价值意蕴和内隐外显入手,介绍了沟通的原则、模式及影响因素,明晰了认知是有效沟通的重要影响因素,深刻分析了由思维定式和认知偏差导致沟通障碍的认知根源,梳理列举出沟通障碍的负面行为清单,并探讨成为一名成功沟通者的特质及方法。本篇强调沟通观念的调整远比行为训练更重要,从个人发展的角度来看,认知素养的提高有助于帮助个人提升对自我、他人和社会的科学认知,进而纠正认知偏差,改变沟通行为,推动个体在人际交往、就业择业、婚恋嫁娶等方面取得成功;从社会发展的角度来看,认知素养的提高有助于实现有效、高品质的沟通,从而营造和谐融洽的社会氛围。

【拓展阅读】

1. 罗纳德·B. 阿德勒,拉塞尔·F. 普罗科特. 沟通的艺术:第14版[M]. 黄素菲,李恩,译. 北京:北京联合出版公司,2018.

2. 马歇尔·卢森堡. 非暴力沟通[M]. 阮胤华,译. 北京:华夏出版社,2018.

3. 艾美·赫曼. 洞察:精确观察和有效沟通的艺术[M]. 朱静雯,译. 北京:中信出版社,2018.

4. 斯蒂芬·P. 罗宾斯. 组织行为学:第7版[M]. 孙健敏,李原,等译. 北京:中国人民大学出版社,1997.

> ◆ 上天赋予我们两个耳朵一张嘴,其目的是希望我们少说多听。(苏格拉底)
> ◆ 善于倾听是美好生活的开端。(普鲁塔克)
>
> ——题记

第六篇　倾听素养:此时无声　胜似有声

本篇要点

- 倾听是人类重要的沟通行为。
- 善于倾听是美好生活的开端。
- 不同目的对倾听行为的要求不同。
- 学会倾听需要掌握一些方法。

核心概念

倾听;理解性倾听;批判性倾听;倾听意识;倾听方法

内容导图

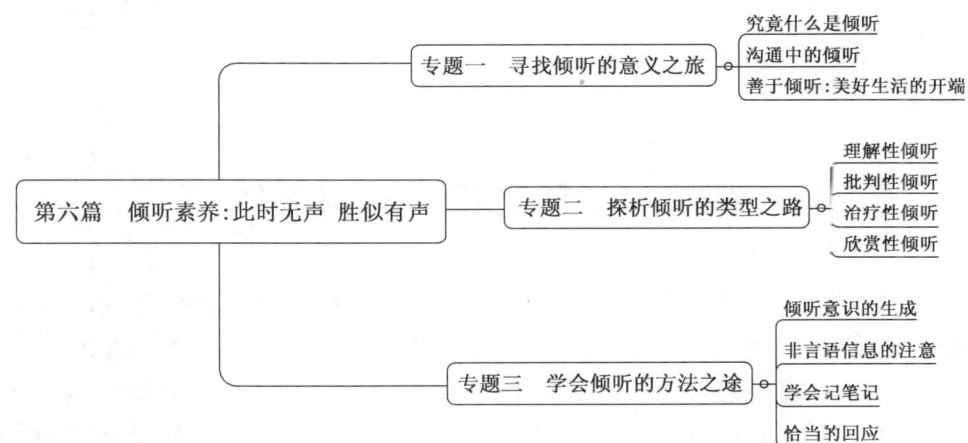

宿舍中的风波

大一新生张艳是寝室长,该寝室一共有六个同学,来自不同的省份,生活习惯也不尽相同,经常为此起纠纷。某天,张艳回到宿舍,就遇到两个室友在闹矛盾。一个坚持要开窗户通风,一个坚决不同意。两个人各说各话,纷纷指责对方任性。张艳作为寝室长,并没有贸然做出是非判断,而是让两位同学坐下来,心平气和地耐心倾听对方诉说彼此的理由。结果,坚持开窗的同学是觉得春天病菌较多容易染上呼吸道疾病,应该多开窗通风保持室内空气畅通。而不同意开窗的同学是觉得这几天天气较冷,风直接吹着容易着凉感冒。两人刚听完对方的话,气就消了一半。因为她们俩忽然都明白了彼此不是为了自己,也不是故意和对方作对的,都是考虑到宿舍所有人的健康情况,而且理由都很有说服力。刚才之所以争吵,是因为二人都执着于"开"还是"不开"窗子这个行为,却没有耐心地倾听彼此的理由。张艳在这个基础上劝说二人:"要不咱们把窗子打开半小时,趁这个时间一起去图书馆把老师推荐的那几本书借出来?"这个建议得到了一致的赞同。一场宿舍中的风波就此平息了。

【案例分析】

这个案例看起来是观点行为不一致引起的宿舍日常矛盾,实质是很多大学新生融入群体过程中不会沟通或者沟通不到位造成的。张艳作为寝室长,对寝室的方方面面负有一定的责任。但是她并没有直接作出决定,而是让彼此都说说,都听听。在倾听的过程中,彼此明白了对方的真实想法和动机,也就多了一份理解和对话。从整个案例中,我们能够看到倾听先于判断、了解、认知的重要作用。然而,倾听并非人人具有的天赋,更非自然而然的过程,这是一种需要特别学习的本领。因此,我们要特别重视人际沟通中的倾听,努力学会倾听。

专题一 寻找倾听的意义之旅

生活在21世纪信息时代的我们,每时每刻都在面对各种各样的信息,不可避免地与他人交换信息进行沟通。然而,很多人将沟通简单地理解为表达自己的观点看法。其实不然,眼耳鼻舌身意,人类通过此六根接受外界信号,获得色声香味触法,这是个信息输出与输入不断进行、循环往复的过程。倾听,这个听觉器官——耳朵特有的行为,是人类获取信息的重要感知方式之一,也是人际交流沟通中不可或缺的重要一环。

一、究竟什么是倾听

"倾听"一词作为日常用语,非常容易理解,可以把它与"听"等同。但如若将它置于学理层面,作为一个横跨多学科、得到沟通理论家、教师、实践者、心理治疗师甚至是哲学家等众多研究者关注和研究的主题,认真探讨究竟什么是倾听,它的本质和过程如何则是一件不太容易的事情。对此,国际倾听协会曾言:"定义倾听是一项挑战。这个问题有很多的未知点,要解决它需要我们发挥创造性,全身心地投入……"[1]因此,我们对于倾听的理解也将打破日常生活中的误解,通过释疑走向对倾听概念的科学理解。

(一)倾听=听?

倾听与听不同。听强调用耳朵去接收各种听得见的声音,它是一个因为耳骨膜受到声音的刺激进而产生振动并将这种振动传向大脑的生理反应过程。这个生理反应过程,只要是耳朵没有毛病,都可以做到,这是人与生俱来的、不需要锻炼和训练的本能。在这个过程中,耳朵接收到的是声音而非信息,是对传入耳朵的声音的无选择、无解读的被动接收。而倾听则不是,倾听是各种要素的综合体。一个人听力健全,并不能说明他就懂得倾听。约翰·德雷克福德教授曾对"听"与"倾听"有过下述的分析:"'听'用于描述一个生理感知过程。在这个过程中,耳朵获得了听觉感受,然后传递给了大脑。'倾听'则是一个更为复杂的心理过程,其中涉及诠释并理解这个感知经验的重要性。"[2]可见,倾听与听是不同的。

(二)倾听仅仅是对声音的接收?

倾听并不单纯是对声音这种听觉刺激的接收,它还包括视觉刺激的接收。在倾听过程中我们所接受的信息主要有两类。一类是听觉信息,耳朵接收的听觉信息既有发音、词语等语言信息,也有音量音调和语音的有声信息,还有铃声、电话声、警报声等符号信息。另一类是视觉信息。眼睛所接受的视觉信息主要是身体动作信息比如说眨眼、倾身或点头等。倾听主要涉及的是听觉信息和视觉信息的接收。

(三)倾听是简单被动的行为?

倾听并非简单被动的行为,相反,它是人的复杂的主动的行为。因为在倾听过程中,它不仅涉及听觉信息的获得、视觉信息的获得,还有对听觉信息和视觉信息的解读以及对各类信息所带来的情感意义的解读,它是眼、耳、脑等全身多种器官对信息进行

---

[1] 安德鲁·D.沃尔文,卡罗琳·格温·科克利,吴红雨.倾听的艺术:第5版[M].上海:复旦大学出版社,2010:43.

[2] 罗伯特·博尔顿.交互式听说训练:人际交流五大技巧[M].葛雪蕾,朱丽,译.北京:新华出版社,2004:35.

选择、注意与意义解读的过程。倾听者要注意将对方的声音从周围所有声音中分辨选择出来，对所说的话语进行字面意思分析和隐含意思分析，还要注意对方的身体动作以便辅助判断话语的真实表达。比如说，如果对方说"讨厌"，虽然话语的字面意思是"厌烦"，但是如果伴有亲切的笑容、轻柔的动作，则更可能是恋人间的打情骂俏。

（四）倾听与智力有关？

倾听与智力的关系比较复杂。一方面，从内容上看，倾听是一种智力行为。因为倾听者要理解话语，找到隐藏在话语中的思想观点，甚至还要结合言说者的行为、动作等对话语进行更进一步的解读才能获得真实的信息，这就离不开智力。另一方面，尽管倾听受智力活动影响，但二者并非呈现正相关的关系。因为倾听需要掌握一些必要的技巧，与许多因素有关。所以聪明的人并不一定是一个良好的倾听者。

（五）倾听是瞬间完成的行为？

倾听并非是瞬间完成的行为。倾听通常会呈现出三个阶段。第一个阶段是接收。此时，倾听者通过视觉和听觉等多种感官，对来自说话者的多种信息进行接收。第二个阶段是处理。要对感官接收到的信息进行内部处理，也就是将理解或翻译所听到、看到、注意到的各种刺激赋予意义，判断"说话者或这句话是什么意思"。这个阶段如果注意力层面或压力层面出现问题，可能就不能够理解信息的全部意思或深层意思。倾听的第三个阶段是回应。在这个阶段中，倾听者通过言语或非言语的形式对所接收的信息作出回应。如果这种回应是在正确理解信息基础之上的回应，则沟通无障碍，继续顺利进行。如果是建立在非正确理解信息基础之上的回应，则沟通将出现一定的障碍。

（六）倾听是天生的不需要训练？

听的能力是先天遗传素质所赋予的。一个听觉器官正常的人是能够感觉外界声音的刺激的。但是倾听能力不是天生的，倾听能力就像说话能力一样，都是需要训练的。因为它涉及各种声音刺激、视觉刺激的解读，而这种解读就带有后天习得的不同的文化理解。正常情况下，每个听觉正常的人都能听见琴声，但并不是人人都能够听懂琴声背后的意思，这才有了伯牙和钟子期高山流水遇知音的故事。它实际上就涉及对琴声的解读和欣赏，这是需要后天培养和训练的。比如就视觉信息的解读来说，在很多国家，点头代表同意摇头代表不同意。可是个别国家正好相反。所以，当来自这两个具有不同习俗的国度的人相互沟通交流时，就需要对彼此的习俗进行了解。当某人参加非本专业的学术会议时，尽管所有的声音他都能听见，但就是不明白是什么意思，这就是词汇（专业术语）不足造成的障碍。而有些时候朋友间的聊天，虽然对彼此的话语体系的理解都没有问题，但由于没有掌握一些必备的倾听技巧，在身体动作和回应上都存在问题，也会使得倾听和言说效果比较差，甚至"话不投机半句多"。所以，倾听能力是需要培养的，高效的倾听是需要训练的。

【课堂练习】

试着总结听与倾听之间的区别(不少于四点),并以表格形式呈现。

二、沟通中的倾听

(一)倾听:与人的相伴

听是每个正常的人先天具有的本领,倾听却是我们有意为之的,它伴随着人一生的整个发展过程。人自出生起,甚至在胎儿时期就具备了一定的听觉能力,能够感受到母亲的心跳声、外界的较大声响。出生后,在倾听周围世界的声音、倾听亲人的亲切呼唤和耐心讲解中学会人类的语言,知晓身边的一切。再大一些,进入学校上学,在倾听教师"传道授业解惑"的过程中获得知识和经验,从懵懂无知的孩童成长为学识渊博的人。甚至是朋友间聊天时的倾听也能够产生"听君一席话,胜读十年书"的效果。一言以蔽之,无论是初降人世的婴儿,还是白发苍苍的老翁;无论是远古始祖,还是现代社会的人,倾听一直伴随着人类历史的发展,伴随着每个人生存与发展的全过程,并在其中发挥着重要的作用。可以说,正是因为有了耳朵的倾听,我们才能识别出各种声音,才能够学会各种本领,才能够正常顺利地开展各种活动。甚至在某种程度上,"人们通过听所获得的知识,胜于通过看所获得的"①。倾听是与人相伴随的,它早已成为人类感知世界、人与人之间沟通交往的重要方式。

(二)倾听:与言说的共在

沟通,是人与人之间的信息交换,这种交换非单一方向的信息流动,而是信息的输入与输出共同组成的一个循环往复的过程。在这个过程中,信息的输出往往表现为言说,也就是说出自己心中的想法,以便让自己的所思所想能够被他人倾听到并得到一定的理解;信息的输入往往表现为倾听,也就是知道他人心中的想法并对他人的想法进行回应。实质上,"人正是在回应语言的意义上讲话,这回应就是倾听"②。换句话说,无论想与不想,言说的人都必须倾听。因为不听,他就无以去言说;而无人去听,他的言说意义也将大打折扣。也就是说,人们之间的沟通过程,从外在来看,是由言说和言说发出的各种声音所组成的,从内在来看,是由倾听和倾听的效果决定的。倾听与言说共同构成了完整的沟通过程,哪里有言说,哪里就有倾听;何时有言说,何时就有倾听,二者都是一种语言交际行为。只不过,言说是外显的、容易被注意到的语言交际行为,倾听

---

① 埃克哈特.埃克哈特大师文集[M].荣震华,译.北京:商务印书馆,2003:500.
② 王枬.语言:师生心灵之约[J].教育研究,2002(2):61.

是内隐的、常常被忽略的语言交际行为。所以,倾听与言说一样,都是沟通不可或缺的条件,这两者相互平衡,才会产生理想的沟通。甚至可以说,有效的沟通始于真正的倾听。也正是在这个意义上,沟通大师戴尔·卡耐基认为在沟通的各种功能中,最重要的莫过于倾听的能力。

(三)倾听:重要的沟通方式

倾听作为一种重要的沟通方式,在人际沟通中占有重要的地位。曾经有研究者对人们日常交流中的倾听、交谈、阅读、书写等四种常见的沟通方式进行统计,发现人们花在各项沟通方式中的时间比例分别为40%、35%、16%和9%。① 倾听以40%的比例高居榜首,这个数据是惊人的。它告诉我们,常识认知中我们是比较忽略倾听的,但在日常沟通中使用更为频繁的交流方式却是交谈和倾听,甚至倾听比交谈的比例还要高。在学校教育中,倾听也是最主要的课堂教学方法之一。调查显示,无论是小学阶段、中学阶段还是大学阶段,学生课堂听讲的时间百分比都超过百分之五十甚至更高。从上面两组数据可以看出来,在各种人群、各种情境中,仅从时间数量比例上分析,倾听就已然成为人际口头交流中最重要的方式。缺失了倾听的沟通是不完美也是不可能存在的。

三、善于倾听:美好生活的开端

倾听与我们的生活息息相关,善于倾听是美好生活的开端。回顾一下曾经的各种情境:在一些国家民族发展的关键时期,善于倾听使得多方利益诉求和各种矛盾得以呈现并妥善解决;在学校里,善于倾听使得学生掌握一定的知识和技能;在家里,善于倾听使得我们知晓亲人们的情绪状态;在工作中,善于倾听帮助我们与他人更好地合作。一言以蔽之,善于倾听能够为我们开启美好生活的大门。

(一)国家民族发展中的倾听

善于倾听对于国家民族的发展也是至关重要的。在每一个国家民族发展的过程中,都会出现多种道路选择的困惑,都会与其他国家民族发生误会和冲突。强权可以解决上述问题,战争也可以解决上述问题,但其带来的可能会是哀鸿遍野、民不聊生、生灵涂炭的结果。而倾听可以在某种程度上减少这种结果。因为倾听,了解了彼此的差异;因为倾听,知晓了对方的诉求;因为倾听,接纳了各方的声音;因为倾听,产生了对话,进一步解决了问题。可以说,倾听和产生的对话,能够跨越国家与国家之间的鸿沟,超越文化之间的差异,抚平彼此的误会和冲突,给人们带来理解和快乐,给国家和民族的发展带来福音。

(二)学校场域中的倾听

学校场域中的倾听对于教师和学生都非常重要。课堂是一个语言的世界、声音的

---

① 厉荣.如何提高倾听技能[J].新疆职业大学学报,2005,13(2):26.

世界。在那里，充溢着教师讲解、学生读书、师生问答的声音：教师讲解传授着知识和技能，指导着学生各方面的发展；学生倾听着教师的讲解，表达着自己的困惑和学习的喜怒哀乐。这样的整个过程，离不开学生的倾听、教师的倾听和师生彼此之间的倾听。倾听对于师生的成长和发展非常重要。从学生的角度来看，课堂中的认真倾听能够让学生获得知识，增长智能，发展品德，从一个懵懂无知的孩童成长为学识渊博的人。从教师的角度来看，对学生的倾听能够帮助他们了解教学的基本情况，更好地教学。从师生彼此倾听的角度看，倾听能够满足师生沟通交往的需求，在倾听中获得对世界、对自我、对他人的深刻认识和感受，使师生彼此的经验不断增长，精神世界不断丰富。学校场域中的倾听是师生美好的教育教学生活的基础和开端。

（三）生活与工作中的倾听

善于倾听对于日常生活和工作益处多多。推销员在推销产品过程中倾听客户的真实需求而使得销售量回升；公司工厂中各级部门人员高超的倾听能力能够使命令指示下达顺畅从而提高生产效益和效率；家庭中夫妻之间、子女之间和父母子女之间的良好倾听能够使彼此了解对方的心声，成为对方最熟悉的人，形成更为融洽的家庭氛围和关系；消费者认真倾听产品的介绍，从而正确使用产品，最大程度上享受产品的性能为生活带来的便利；甚至是问路的陌生人认真倾听他人的指路而顺利到达目的地……这一切都与倾听密切相关，倾听助力家庭、公司、工厂等群体的健康发展。因为倾听，获得了很多有用的信息；因为倾听，彼此之间建立了融洽的关系；因为倾听，合作变得愉快高效；因为倾听，沟通不再有阻碍……可以说，善于倾听为我们的工作和生活打开了一扇顺畅之门，它是美好工作与生活的基础与开端。

专题二　探析倾听的类型之路

倾听作为一种沟通方式，在不同的沟通目标和互动情境中，都有着相似的对信息进行接收、注意、赋予意义的过程，但同时又有着不同目标和情境的特殊要求。这就决定了倾听者首先要辨识不同的沟通目标和情境，选择不同的倾听行为。美国学者安德鲁·D.沃尔文与卡罗琳·格温·科克利据此将倾听划分为理解性倾听、批判性倾听、治疗性倾听、欣赏性倾听等四种类型。① 其中理解性倾听侧重于强调对接收信息的理解，它贯穿于所有的倾听之中。而批判性倾听、治疗性倾听和欣赏性倾听则是在对接收信息理解的基础上发展起来的强调不同目的的倾听。当然，无论是哪一种倾听，都有着自

---

① 一般来说，对倾听的划分有很多种，比较常见的是将倾听分为辨别性倾听、理解性倾听、批判性倾听、治疗性倾听以及欣赏性倾听五种。本书根据读者定位以及实际需要，参考其他学者的成果，主要介绍后四种类型。详见安德鲁·D.沃尔文，卡罗琳·格温·科克利，吴红雨.倾听的艺术：第5版［M］.上海：复旦大学出版社，2010：98－221.

己独特的行为要求,了解这些并有意识地进行练习可以帮助我们提高倾听的效果。

一、理解性倾听

公园的长凳旁有一只小狗在独自欢快地玩耍着。路过此处的一个年轻人非常喜欢,想摸摸这条狗,于是,他问坐在长凳上的老人:"你的狗咬人吗?"老人和善地回答道:"不咬人。"年轻人于是大胆地去摸那条小狗,却被小狗狠狠地咬了一口。年轻人生气地质问老人:"你不是说你的狗不咬人吗?"老人答到:"是的,我的狗的确不咬人。可是这不是我的狗啊!"

上面故事中的两个人,虽然看起来在沟通交流,但实际上,他们是在不同频道上发出和接收信息的,对彼此所说的话根本没有理解到位。这提醒我们要注意倾听中对信息的理解。实际上,在生活和工作的每个阶段,倾听都是基于理解的。比如上课听讲、谈判、开会、讨论甚至是随时随地地聊天。听孩子说着他们的喜怒哀乐,听医生对病情的解释,听老师的讲授,听陌生人的问路……对这些不断涌现出来的信息,我们要集中注意力去理解,而不是做评价。此时,需要的就是理解性倾听。

所谓理解性倾听,它强调倾听是为了对信息的理解,也就是倾听者接收到信息并赋予信息与言说者大体相近的意义和意图,双方的沟通在同一频道上。理解性倾听是我们日常学习、工作和生活中最普遍的一种倾听。在校的学生会发现课堂中的大部分时间都在倾听,而且这种倾听要通过理解才能转变为有用的信息。公司中的职员会发现在领导、同事和客户的工作指示、建议和疑问中有大量有用的信息需要去理解。哪怕是坐飞机旅行的过程中,倾听乘务员播报的飞机安全常识时都需要我们去理解以便获得的信息能够帮助我们在紧急时刻采取恰当的措施。如果我们不能够理解倾听到的东西,则沟通将变得非常低效。而这种沟通中双方不理解彼此发出的信息的现象在我们的周围随处可见,为此我们需要了解一些对理解性倾听产生影响的因素。

(一)影响因素

1. 词汇量

词汇量不仅是阅读中的重要因素,更是倾听时的重要因素之一。因为倾听中有一个不可缺少的赋予意义的环节,而赋予意义则首先需要我们有足够的词汇量来填充分类系统,避免出现概念性的错误。儿童很难听懂大人之间的谈话,不同专业人员沟通起来有困难,其原因都在于他们对彼此之间所说的词汇的真正意思理解得不一样。通常来说,我们可以通过兴趣和经验来扩充我们的词汇量。所谓兴趣,就是对我们不知道的单词、术语感兴趣。比如对中医的体质、把脉等现象感兴趣,对阴虚阳虚等词汇有进一步的了解,知道更多相关词汇,进而能够在倾听和中医有关的谈话时增进理解。所谓经验,是指通过我们自身的活动、自身的经历,在活动和经历中多次倾听该词,获得和掌握有关词汇的第一手经验,逐渐扩大词汇量,提高理解性倾听能力。

2. 记忆

记忆对于倾听过程尤其是理解性倾听尤为关键，如果不使用记忆，随听随忘，那就根本无法处理信息，更无法获得相关信息的整体状况。从内容的角度看，通常我们容易对那些意义丰富的、有用的、自身比较感兴趣的、促使我们产生强烈情感的以及能够和熟悉信息有联系的内容记忆深刻。而从方法的角度看，我们可以试图掌握一些有用的记忆方法以便提高倾听的效率。

3. 注意力

注意力是影响倾听的重要因素之一，因为当我们不能够集中精力、三心二意时是无法对接收到的信息赋予正确意义的，甚至也无法接收到有用的信息。有时，无法集中注意力会闹出许多误会和笑话。当一个心不在焉的人听到别人告诉他的悲痛消息时，可能会随口敷衍应付道："很好，不错。"这样尴尬局面的产生往往是由于心思没有花在认真倾听上。这种情况多见于课堂教学中，当老师在讲台上侃侃而谈时，下面做小动作、做无关事情的学生，注意力都不在教师身上，倾听效果自然大打折扣，学习效率降低。

注意力不集中的原因很多，从外在因素来看，主要是其他外在刺激干扰、精力不足以及对刺激形成习惯三种。就其他外在刺激干扰而言，在倾听的同时，其他外在刺激依旧存在，比如嘈杂的噪声就使得我们无法集中注意力倾听；同学间的吵闹声也使得我们很难集中注意力听讲。就精力不足而言，在单位时间内我们需要花费精力处理的事情很多，因此注意力不能够完全分配到倾听上。比如边开车边打电话时的倾听效果不佳。就刺激形成习惯而言，当一些刺激重复多次听众已经习惯，就会自动部分屏蔽掉相同的刺激，避免了信息超载。从内在因素来看，注意力不集中大多是因为缺乏好奇心和动力、过于关注自我。对听到的主题缺乏好奇心和动力，就很难将注意力集中在这上面。过于关注自己的诸如冷暖、饥饱、衣着、言谈举止等而无法将精力集中到所倾听的内容上。当然，责任感、自律等内在精神因素也是影响注意力的因素。

（二）提高方法

1. 识别中心思想

所谓中心思想，就是贯穿于整个交流过程中的基本思想。它通常由一些加强中心思想的主要观点和材料组成。在听演讲或听课时，识别中心思想非常重要，因为它能够帮助我们把那些主要观点乃至材料记住。如果在倾听时，我们没有识别出中心思想，则记住的东西可能是杂乱无章，非常容易忘掉的。

2. 倾听主要观点

在所有的倾听中，试图把全部内容、全部细节都准确地听到是不可能的，因此，倾听主要观点是一项非常重要的技巧。很多时候，陈述者会通过一些过渡语的变化来表明自己的观点。比如，某人会说："现在，我们即将讨论的是……""总的来说……""简单地说，我刚才所表达的是……""由此我们可以看出……""我一直试图让大家了解的是……""总而言之,我们的宗旨是……""首先""其次""另一方面""最重要的是""接下来是""除此以外"等,类似的过渡语预示着一些重要观点即将呈现。除此以外,陈述者的语速、音调、音量、手势、目光、身体动作乃至一些非言语行为的变化也往往伴随着观点的阐述。所以,一个较好的倾听者可以从这些方面的变化来大体预测主要观点并集中注意力去倾听。

3. 识别支持性材料

当我们头脑中已经对中心思想和主要观点有所了解时,我们还要对那些支撑主要观点的例子、数据、事实、故事、来源等支持性的材料格外注意。这些支持性材料的出现往往是跟在一些过渡语之后的,比如"换句话说……""那就是说……""为了更清楚地表达这个观点……""比如说……""准确地说……"。

4. 做出一定推断

推断是理解性倾听的重要一步,甚至可以说,判断我们是否真正理解了对方话语的一个标志就是能否做出正确恰当的推断。当我们能够充分理解对方陈述的主要观点,识别那些支持性材料是否真的能够支持观点,确定所暗含的意义是否合理或者公正,同时摒弃掉我们自己个人的情感、偏见等,我们大体上就能够做出一定的推理。

【课堂练习】

成对倾听训练①

训练目的:提高倾听的准确性,识别中心思想和主要观点。

训练形式:把学生成对编排,每个人轮流充当言说者和倾听者。言说者讲述自己的观点一般不超过5分钟。倾听者应该尽力把握言说者的每一句话,并且表现出认真倾听的神态,听完之后,对言说者的观点进行转述。

二、批判性倾听

周末赵同学独自在家,忽然传来"砰砰砰"的敲门声。打开一看,原来是一名穿着西装的小伙子。他开口就说:"你好,我是×××游泳健身公司的业务员。我们游泳馆重新装修,定于本周末盛大开张。现在有各种优惠活动。有年卡、月卡、次卡,现在购买一百可以在活动当日抵五百使用,特别划算。您来办一张吧……"此时,赵同学该怎么办?

上述这种情境在我们日常工作生活中比比皆是。比如侃侃而谈的演讲者宣传某种

---

① Stephen D. Brookfield, Stephen Preskill. 讨论式教学法:实现民主课堂的方法与技巧[M]. 罗静,褚保堂,译. 北京:中国轻工业出版社,2002:106-107.

观点，超市的销售人员极力推荐所售产品，孩子央求妈妈周末带他去游乐园玩耍，老板建议你假期留在公司继续加班完成任务……对这些表达的倾听都属于批判性倾听。

批判性倾听实质就是当听到那些试图劝说我们做某事或者改变我们态度的信息时，我们必须通过分析他人表达的完全性、准确性和缜密性等做出一定的判断，这是对倾听到的信息进行理解之后做出接受抑或拒绝信息的判断。如果我们对批判性倾听了解得不够，不知道如何去倾听，如何去处理，那么就极有可能迷失在劝服性信息的语流之中。

在批判性倾听情境中，我们作为倾听者，往往面对的是言说者的劝服：劝倾听者接受他们的建议，购买他们的产品，听从他们的主张，服从他们的安排。因此，了解言说者劝说的过程对于倾听者比较有帮助。通常来说，劝说的过程是由吸引倾听者的注意力、说明问题或者对建议的需求、提出建议以满足需求、展示接受建议或不接受建议的不同结果、向倾听者发出呼吁说明应采取的行动这样五个步骤构成。当然，这五个步骤的发生顺序有时有变换、有省略。比如孩子可能直接向你提出请求："妈妈，我要玩五分钟手机！"当你明确表示否定时，他可能会央求："我作业已经做完了，做得很好，你就让我玩一会儿吧！"在这个情景中，五个步骤就并没有全部展示出来。而且有时候也并不是一个劝服性信息就使接受者发生行为的改变，它需要一系列的信息。

从倾听者角度来看，批判性倾听属于批判性思考的一种，也就是通过观察、体验、反应、推理等进行信息评价，最终得出判断。这不是一种盲目的听从，而是理性分析他人话语的态度，非常值得提倡。那么，批判性倾听如何才能高效地进行呢？一般来说，可以从以下三个方面加以注意。

一是对劝说者可信度的考量。可信度的考量首先包括劝说者的信誉如何，其是否诚实、可靠、真实。从这点来考虑，我们就很容易相信大商场中售货员的推销，因为有大商场的信誉做保证且"跑得了和尚跑不了庙"，整个退换货制度比较完备。买街头流动小摊贩的商品可能就要仔细斟酌，因为没有雄厚的信誉做保障，质量极有可能不过关。其次，可信度的考量还包括对劝说者专业性的了解。劝说者是否从事过这个专业？资历如何？是否有经验？这样的考虑在某种程度上有助于避免被"外行"欺骗指挥的弊端。这也就是为什么人们非常愿意相信一位从教多年的老教师对孩子的指导而不愿意相信年轻教师对孩子的指导。

二是观点和论证的考量。劝说者的观点是什么？动机是什么？劝说者的建议是为了谁的利益，他自己的还是你的？他的信息渠道是什么？对信息的解读正确吗？有没有误读或者只选择对自己有利的资料？这时要注意区分劝说者的观点和事实，把事实从观点中区分出来。事实是客观存在的，观点是主观判断得出的。"今天零下二度"，这是事实。"今天很冷"，这是观点。事实对每个人来说都是相同的，观点却因人而异。分辨出事实和观点有利于发挥理性的作用，减少他人主观看法的影响。

三是评价信息。就是在接受听到的信息之前，根据自身的实际情况，反复地推敲做出判断。

有效写作与沟通

【课堂练习】

批判性倾听的训练①

试着用批判性倾听方式去听一次演讲,按照提纲回答下列问题

1. 演讲者的中心思想是什么?他阐述清楚了吗?
2. 演讲者这次演讲的动机是什么?
3. 用哪些支持性观点来支持演讲者的观点?这些观点是以你注重的依据为基础的吗?
4. 你想问演讲者什么问题?它们是澄清演讲者所说的内容还是询问更多的信息?
5. 你如何评价这次演讲?演讲者哪些方面表现得比较好?

三、治疗性倾听

夜深了,小梅的手机屏幕突然亮了一下,微信中某好朋友发送了一段长长的文字,诉说心中的苦闷:他和我提分手了,我简直不敢相信怎么会这样。我一直对他那么关心,照顾着他,甚至为了他来到这个陌生的城市,他凭什么提分手!!!他怎么好意思提分手呢!!!我们在一起已经好几年了,他就这样无缘无故突然离开我,微信拉黑,电话不接,彻底失联,就好像世界上根本没有这个人一样。我到底做错了什么,到底是为什么啊!你说我应该怎么办啊?

那些我们的好朋友、我们最亲近的人或者我们周围的同学、同事、打进心灵热线的听众、走进心理咨询室的学生,当他们遇到麻烦时,非常希望能够找人去倾诉,在倾诉中释放自己的情绪,调整自己的状态。有些时候,倾诉者会说:"把这件糟心的事讲给你听后,我感觉好多了。"这实际上就属于典型的治疗性倾听,听者是以治疗性倾听者的角色出现的。

治疗性倾听是指倾听那些遇到麻烦或者与我们关系密切的人,他们说出自己的问题,使自己的负面情绪在一定程度上得到缓解,或者分享彼此的情感。人们在日常生活中对于治疗性倾听常有这样的误解:只有专业人士才能进行治疗性倾听,普通人不行。其实不然。治疗性倾听与理解性倾听、批判性倾听以及欣赏性倾听不同,很多时候,它的价值并非为陈述者提供一些意见建议或者作出什么判断,而是倾听这种行为本身就是一种非常好的治疗和分享情感的手段。所以,几乎所有人都需要倾听者,也应该成为

---

① 桑德拉·黑贝尔斯,理查德·威沃尔二世.有效沟通:第7版[M].李业昆,译.北京:华夏出版社,2005:109.

倾听者。在这样的倾听中,我们从他人那里获得和给予他人一定的社会支持和情感支持。做一个良好的治疗性倾听者,要求我们在以下三个方面多加注意。

一是要全神贯注。全神贯注几乎是所有倾听情境中必需的要求,但是在治疗性倾听中全神贯注更为重要。首先要为全神贯注营造一种安静的、能够保护隐私的外在倾听环境。嘈杂的市场、人来人往的街市、随时响起的电话铃声、他人可以任意进入的空间、正在播放的电视节目、不隔音的房间……这些都使得倾诉者无法敞开心扉去放心地、真实地言说,也使得倾听者无法把精力集中到倾诉者和需要处理的问题上。所以,安静的、能够保护隐私的外在倾听环境的创设对于倾听非常必要和重要。其次,要全方位地表现出全神贯注。这既包括言语方面的全神贯注,也包括身体语言方面的全神贯注:比如说会心的一笑、舒服的眼神交流、关切的语音语调、接纳性的身体姿势,还包括适时递过去的面巾纸、柔和的灯光、一杯饮料、舒适的椅子甚至是触摸、沉默等,这些全神贯注的行为代表了倾听者的关注、关心、关爱的态度,对于倾听的进行有重要的影响。

二是要营造良好的倾听氛围。倾听氛围是一种内在的心理环境,良好的氛围能够向言说者传递出"我愿意倾听,我对你说的感兴趣,我愿意接受你"等类似的信息,使得言说者放下心理包袱,能够自由、安全、舒服地倾诉与表达。而不良的沟通氛围会导致言说者产生抵触情绪,少说甚至保持沉默。支持性的倾听氛围和防御性的倾听氛围是两种比较典型的、位于两个极端的倾听氛围。

一位大三学生 C 向老师倾诉困惑:"老师,我真的很困惑,我不知道我应该去找工作,还是应该考研,这实在是一个难以抉择的选择。"面对这样的倾诉,A 老师是这样说的:

A 老师:我觉得你对未来的发展很困惑。

A 老师:我如何能够帮助你进行选择呢?

A 老师:你的这两种选择展示了不同的发展之路。

A 老师:我能够理解你在人生关键时候做出选择的艰难和困惑。

A 老师:不管你最终是考研还是工作,我们都很尊重你根据自身情况所做出的选择。

A 老师:你对考研持什么样的态度? 你是如何看待就业的?

同样的情境同样的问题,B 老师是这样说的:

B 老师:你就是个纠结的人,总是选择艰难。

B 老师:咱们学校对一次就业率有很多要求。为求稳妥,你应该放弃考研去找工作。

B 老师:咱们学校有几个实习基地,现在那里正缺少老师,你去试试。

B 老师:你做什么都可以,你自己好好想想。

B 老师:其实你还年轻,不知道未来会如何,我告诉你,你就应该去工作。

B 老师:你就应该去工作,这没什么可犹豫的。以后我们不要再讨论这样的话题了。

从上面的具体个案中,我们可以明显看出来,A、B两位老师的形象和营造的倾听氛围是截然不同的。A老师成功塑造了一个关心、认可、理解、支持倾诉者的倾听者的形象。这给C同学一种"老师一直都在""老师在支持着、鼓励着、关心着我"的感觉。这个时候,C同学能够慢慢地将内心深处的真实想法呈现出来,自己发现自己的问题,此时沟通效果最佳。而反观B老师,他塑造的就是一个批评者、控制者、中立者、权威者的糟糕的倾听者形象。这给C同学一种"我做得不好""老师对我很不耐烦""我应该听老师的"的感觉,就不敢再做更多的解释和努力,人生的选择权和选择能力原地踏步甚至后退。总之,A老师营造的是一种支持性氛围,B老师营造的是一种防御性氛围。那么A、B两位老师所营造的倾听氛围区别到底在哪里呢?从对照的角度来看,仔细分析他们所说的话语,其差别如表6-1所示,具体体现在描述—评价、问题取向—控制、诚实—不诚实、移情—中立、平等—优越、协商—确定等方面。

表6-1 倾听氛围的差别

A老师	B老师
描述 我觉得你对未来的发展很困惑。	评价 你就是个纠结的人,总是选择艰难。
问题取向 我如何能够帮助你进行选择呢?	控制 咱们学校对一次就业率有很多要求。为求稳妥,你应该放弃考研去找工作。
诚实 你这两种选择展示了不同的发展之路。	不诚实 咱们学校有几个实习基地,现在那里正缺少老师,你去试试。
移情 我能够理解你在人生关键时候做出选择的艰难和困惑。	中立 你做什么都可以,你自己好好想想。
平等 不管你最终是考研还是工作,我们都很尊重你根据自身情况所做出的选择。	优越 其实你还年轻,不知道未来会如何,我告诉你,你就应该去工作。
协商 你对考研持什么样的态度?你是如何看待就业的?	确定 你就应该去工作,这没什么可犹豫的。以后我们不要再讨论这样的话题了。

三是要在心理上做到移情。移情的字面含义是"感情移入",它表示的是一种"进入",进入他人的心灵世界中。在倾听中,如果不了解倾诉者的世界,对其遭遇漠不关心,那么帮助又从何谈起呢?而移情就"好像我就是他,好像用他的眼看他的世界及他自己一样与他同在他的世界里,并进入他的世界,从内部去体认他的生活方式,及他的目标与方向"。此时,倾听者才能够设身处地地、感同身受地帮助他人。

第六篇　倾听素养：此时无声　胜似有声

【课堂练习】

尝试治疗性倾听

同桌之间相互谈论一下有关彼此的朋友、校内生活、家庭等方面的话题，不提供解决的建议，让对方自己进行解决。感受治疗性倾听者角色，描述整个过程，询问对方的感受，下次可以在哪些方面进行改进？

四、欣赏性倾听

周末是小婷的生日。同城的几个闺蜜决定好好庆祝开心玩耍一下。她们上午去电影院看了《哪吒之魔童降世》。中午在网红饭店大吃了一顿，席间叽叽喳喳纷纷讲述最近单位发生的有趣见闻。晚上，在音乐厅中欣赏了一出音乐剧。结束后伴着朦胧的夜色，一边散步一边欣赏着城市的夜景，度过了愉快的一天。

欣赏性倾听强调倾听过程获得感官刺激愉悦和享受，这种刺激愉悦和享受可能是欣赏音乐带来的，可能是看电影、电视获得的，也可能是从他人讲述的工作和经历中获得，也可能单纯是某人说话的风格、方言甚至是周围环境音响带来的。小婷生日这一天，涉及的欣赏性倾听就有看电影、听音乐、听见闻等，这些都使她感到高兴和难忘。由此可见，欣赏性倾听在我们日常生活中是比较常见的一种类型，它与批判性倾听、治疗性倾听、理解性倾听不同，没有那么多的任务和负担，其感官体验较为轻松，所带来的情感体验也大多是快乐的，是感受生活美好的一个不可或缺的方式。当然，如果有人欣赏的内容不是轻松愉快而是阴森恐怖的，那么相应的情感反应就是紧张害怕。总之，欣赏性倾听在日常生活中频繁使用，它是获得感官享受的一种倾听过程。

因为欣赏性倾听是纯粹的个人基本情感反应和体验，带有"彼之砒霜，吾之蜜糖"的个人化差异，所以，无法形成适用于所有人的欣赏模式。但是考夫曼认为，欣赏性倾听的过程始于被刺激物吸引，持续于和刺激物的不断接触，终于评估判断刺激物能否给自己带来要欣赏的效果这样三个阶段。也就是说，欣赏性倾听三个阶段分别是吸引、接触与评估。试想我们去看电影《哪吒之魔童降世》。你是什么情况下被吸引的：看到广告？听到朋友的介绍？还是无意间的发现？不管什么途径，总之，你首先是被这些信息吸引了，产生了好奇心，想去欣赏或了解。于是，你到影院购票，花费了一个多小时的时间去了解故事情节，去感受哪吒难比常人的命运。而当你看完之后，你被哪吒的那种"我命由我不由天，是魔是仙，我自己说了才算"的不认命的精神所感动，联想到你自己最近经历的挫折和不公平的待遇，你会生发出"不认输，不服输，继续努力"的念头。所以你极有可能评价《哪吒之魔童降世》是一部好电影，认为自己看得非常值，有帮助，并且大力推荐给周围的朋友们。实质上，这就是欣赏性倾听的一个完整的过程。

欣赏性倾听进行得如何，和倾听者原有的背景、知识积累、人生阅历、精神状态、动机、兴趣、理解能力和被欣赏作品的质量有关。我们可以从获得倾听体验、培养倾听意愿、集中注意力三方面入手提高倾听效率。获得倾听体验是指倾听者自己也参加到所欣赏的诸如音乐、表演等各种艺术活动中去，这时所获得的是全面的而不是有限的、部分的倾听，它能够更好地促进倾听者对艺术的理解，提升艺术欣赏的品位。培养倾听意愿是指我们在欣赏性倾听时要注意感受艺术魔法般的作用，进入心灵的深处，而不是限于用理性分析倾听到的内容或者用他人的标准来指导自己的倾听。要以享受的态度进行欣赏性倾听，培养自己乐意去倾听的态度。集中注意力也能提高为了欣赏的倾听能力。当我们全神贯注于作品时，极有可能获得全面的情感冲击，缓解紧张的情绪，带来更为愉快的体验。

专题三 学会倾听的方法之途

学会倾听是美好生活的开端。倾听不仅要根据不同的倾听目的选择不同的倾听方式，还必须知晓一些倾听方法和技巧。

刚入职的小王因为业务较为生疏，经常需要向主管和同事们请教事情。每当主管和同事交代布置任务、指导工作时，小王都想要认真倾听，甚至还带着纸笔做记录。可是主管和同事却对他颇有微词："听时不认真，做事净出错！"小王觉得自己非常冤枉："明明已经在认真倾听了，为什么他们还是觉得我没有在听呢？""他们说得那么快，我记录都跟不上！""为什么我如此认真听，效果还是不好呢？到底是哪里做得不对？"

上文小王的经历展示了倾听者的部分困惑。有时，我们的确在认真倾听，可是对方却没有感受到。实质上，无论倾听时使用了多少技巧，采取了什么方法，只有讲话者觉察到你的倾听时，才会产生良好的倾听效果。也就是说，实际倾听与感知倾听不能等同。实际倾听虽然是个内部的精神层面的过程，很难去准确观察，却可以通过看得见的、外部的一些动作行为态度等显现出来，为讲话者所察觉到并对讲话者产生一定的影响，这就是感知倾听。而让对方感知到倾听就要注意一些非言语信息的传递、适宜的态度情感和恰当的回应等，它们是一些能够让对方实际感知我们在认真倾听的重要指标。按照发生的时间顺序，倾听大体上主要包括倾听意识的生成、非言语信息的注意、弦外之音的理解、学会记笔记、恰当的回应等。总而言之，高效的倾听需要掌握一些倾听的技巧和方法，这也是本专题要讲解的主要内容。

一、倾听意识的生成

很多时候，我们在"听"，却什么都听不到。这种听不到并非是耳朵的生理机能有问题造成的，也并非是外在环境的噪声造成的，而是由于倾听者主观上对他人的声音进行了屏蔽、选择,这涉及的就是倾听过程中的意识问题。

倾听意识是指倾听时的敞开心扉、随时准备接纳各种不同的甚至是对立的人或观点的一种开放心态。倾听意识之于倾听行为的发生非常重要,它以一种前置的形式决定倾听行为是否能够真正地发生。如果缺失了这种倾听意识,即便做出认真倾听的样子,即便能够流利回应倾听到的内容,那也只是敞开了耳朵却封闭了心灵。其结果往往表现为他者的声音、观点很难真正进入心灵之中,倾听到的仅仅是自己的或者自己想听到的声音。在中国传统文化中有一则与之相关的小故事:一名饱读诗书的学者因对禅师心生嫉妒与不服,特意拜会试图问禅辩论。禅师借倒茶时杯满溢出的现象一语双关提醒道:"你心中的杯子如此杯一样自满,我的禅法如何能装得进去呢?"杯子中装满了水,自然无法再添加水进去。心扉如果没有敞开,自然也无法倾听到他者的声音,这就是倾听意识的作用。

日常沟通中,倾听意识首先表现为愿意去倾听各种类型的人、各种观点、各种思路的发言。哪怕是自己最为厌烦的人,与自己针锋相对的观点,听起来匪夷所思、脑洞大开的思路,都能够静下心来去倾听。唐太宗李世民乐于听取魏征劝谏就是如此。这对于君君臣臣父父子子、皇权至上的古代社会,非常难得。倾听意识的萌生需要努力克服自我中心。关注自我、以自我为中心思考问题、解决问题是很多人的习惯。这反映在倾听中,就是会不自觉地从"我"的想法出发去分析对方可能要说什么,他说的观点和"我"以往的相同吗?他的观点能超过"我"吗?他说的实在是引不起"我"的兴趣……甚至发展到不愿意去倾听那些与自己想法不一致的言语。这样的自我中心是倾听意识产生的最大障碍,必须努力克服。

其次,倾听意识表现为对他者声音无偏见的接纳。偏见是人在社会知觉的过程中形成的一种根据以前的经验和思维方式解决问题的认知结构。当我们倾听到与原有认知结构不同的新信息时,往往会通过忽略那些引起冲突的信息来降低认同,造成倾听的低效。比如,一位无神论者听到虔诚的宗教信徒讲述宗教故事时,面对两种相互对立的观点,他会感到非常矛盾,会带着抗拒去听,倾听效果可想而知。克里希那穆提说:"我们的内心屏幕上闪烁的是宗教或精神的、心理或学术的种种偏见,或者生活中的担忧、欲望以及畏惧。我们听的时候,心中充斥着这些东西。"[1]带着偏见和抗拒去倾听的结果就是只能听懂自己发出的噪声、自己的话,而不是别人想要说的。为此,需要平常的心态,摒弃自己对问题的偏见,对他者的声音进行客观公正的对待和思考,不能因为与自己的观点不一致而影响倾听。因为自己的观点也不一定正确,即使正确,倾听不同人对问题的不同看法,也会得到有益的启示。

影响倾听意识产生的因素很多,从内在看,我们已有的意见、观点、成见、偏好、背景、品质等都在其中。而与之相抗衡的只能是"心灵上的安静",聚精会神地去听。但是"这并不是说,当我们倾听某人讲话或阅读某个著作时,我们必须忘掉所有关于内容的

---

[1] 琳达·埃利诺,格伦娜·杰勒德. 对话:变革之道[M]. 郭少文,译. 北京:教育科学出版社,2006:83.

前见解和所有我们自己的见解。我们只是要求对他人的和文本的见解保持开放的态度"①。这种开放的态度需要把他人的见解放入整体见解中，或者把个体见解放到他人整个见解的关系中。此时，外在的声音才有可能进入我们的耳朵和心灵之中。

二、非言语信息的注意

俗语说"听话听声，锣鼓听音"。对于含蓄的中国人来说，用迂回策略暗示而不是直接告知，是常有的事。此时，理解说话者的"弦外之音""言外之意"就显得非常重要，因为它们往往是真实意图的表示。这告诉我们，在倾听过程中要对这些格外重视，争取能够听出来。倾听弦外之音，要尤其注意以下几个方面。

一是要了解对方的意图，尽力去理解说话者的观点、期望、价值观。二是要揣摩对方的语言。相同的话语从不同的人嘴里说出来具有不同的含义。三是要倾听非言语所表露出来的暗示。四是要注意声音的语调。语调具有一定的表达情感的功能，相同的内容如果用不同的语调说出来，表达的意思会大相径庭。

【课堂练习】

请用不同的语调说出"这是你的?"这句话，注意要表达出不同的情感。

> 高兴的语调——"这是你的?"(不错嘛)
> 激动的语调——"这是你的?"(太好了)
> 惊讶的语调——"这是你的?"(真没想到!)
> 新奇的语调——"这是你的?"(太有趣了!)
> 怀疑的语调——"这是你的?"(可能吗?)
> 惋惜的语调——"这是你的?"(真可惜)
> 悔恨的语调——"这是你的?"(糟透了!)
> 遗憾的语调——"这是你的?"(怎么不是我的!)
> 恐惧的语调——"这是你的?"(太可怕了!)
> 愤怒的语调——"这是你的?"(真不像话!)
> 悲哀的语调——"这是你的?"(多可怜啊!)
> 冷漠的语调——"这是你的?"(多可怜啊!)
> 轻蔑的语调——"这是你的?"(算个啥?)
> 平静的语调——"这是你的?"(没什么。)

---

① 洪汉鼎.《真理与方法》解读[M].北京:商务印书馆,2018:237.

三、学会记笔记

日常工作生活中我们经常会听到"好记性不如烂笔头""记笔记的人听进去的东西最多"等类似的说法,这些话语表达的是在倾听过程中记笔记的重要价值和作用。一般来说,对于那些比较短的陈述,往往不需要在倾听中通过记笔记保证效果。而对于比较长或者复杂的陈述,比如公司会议、网络课程尤其是学生课堂听讲等情境,有效地记笔记则成为保证倾听效果的一个非常重要的手段。可是有的人只倾听不动手记笔记,结果听到的内容在头脑中很快就所剩无几,课下或者复习时更是无从查找;有的人则试图将听到的每一句话都记下来,结果由于写的速度不如说的速度快,往往顾此失彼甚至记下了细节遗漏了重点;还有的人过分追求笔记的美观,讲究笔记的形式和风格而对倾听到的内容不太关注。这些错误的做法都使记笔记失去了应有的作用。那么,如何才能科学、高效地记笔记呢? 以学生听讲为例,可以在以下几个方面加以注意。

首先,在记笔记之前要明确认知四点。一是不可能把所听到的每一句话都记下来,没有这个必要,而且也没有这个能力,因为毕竟不是专业的速记员。写之前要稍稍考虑一下,抓住他人言说的要点,利用言说的停顿或间隙,在有利的时机记下主要观点、次要观点以及关键点和要点等有用的信息。二是如果有录音笔或者手机上的录音软件的辅助,整个效果会好很多。因为保持长时间的注意高度集中且不停地记,难度很大。有了录音笔或录音软件,可以在课后进行重新记录。三是记笔记过程中要有思考和判断。缺失了思考和判断就会沦为"为记而记""为听而听",丢失了记笔记和倾听的初心。四是要保证字迹清楚并尽可能用缩写。这样可以避免草草书写过后无法辨认出来的尴尬,也能够节省时间。

其次,要坐在能够轻易看到老师、黑板或者PPT的地方。倾听不仅是听觉刺激的输入,还有视觉刺激的输入。能够清楚地听到、准确地看到,对于我们的理解有着非常重要的帮助。

再次,记笔记时可以采用图画式、图表式、纲要式等形式进行记录,也可以在重要的地方用下划线、标亮、特殊符号、注释等做出特别的标注。因为记笔记属于一种对听到的内容进行精细加工和再记忆的过程,它是一种创造性劳动,不仅是言说内容从外向内的输入,还是自己原有认知结构中储存的观点与所倾听到的言说内容的勾连、比较、冲突、认同的过程。此时,多样的形式、特殊的标注能够帮助学生将转瞬而逝的声音符号以更加稳定的形式从感觉记忆转换为短时记忆甚至是长时记忆。

最后,下课后及时整理笔记。可以对照录音材料或者他人笔记,也可以从整体的角度比较、讨论你的笔记和理解的学习内容。此时进行的属于精细加工和组织加工的工作。精细加工能够将心理表象与所记内容联系起来,组织加工则是在求同与辨异的基础上的归纳总结,将所记录的上课内容集合和联系起来。二者通过提高记忆能力进而提高倾听能力。

【课堂练习】

请就某节课的内容做笔记,并与其他同学的笔记进行对比,讨论分析对有关重点及主要内容记录的准确性和全面性如何。

四、恰当的回应

沟通时倾听者的言语或非言语的回应非常重要。如果言说者没有得到丝毫的回应,那无异于石沉大海,失去了继续言说的兴趣和动力。一般来说,从言语方面来看,常见的倾听用语主要有:

"嗯"(表示"我在听呢,请您继续说吧");"对""是""是啊"(表示"您说得对,请继续说吧");"哦""真的啊,还有这事"(表示"原来是这样啊,我以前不知道,请继续说吧")。

而有些回应是拒绝性的,应该尽量避免。托马斯·戈登将其归纳为以下几种:

命令、指挥式(你必须……);威胁、警告式(你最好……);训斥、争论、教育、劝说式(经验证明……);判断、批评、指责式(你是愚蠢的……);辱骂、嘲笑、羞辱式(你不要太幼稚……);探讨、质疑、询问式(你为什么……);分心、欺骗、迎合式(嘿,我告诉过你吗……);解释、分析、诊断式(你的问题是);表扬、同意、奉承式(你是如此优秀);说教、劝诫、规劝、恳求式(这是你的责任)。①

从非言语方面来看,当倾听到和自己观点一致的意见,或者觉得对方言之有理时,通常应该投以肯定的点头、赞同的微笑或者竖起的拇指;当倾听到与自己观点不一致或者有疑义的观点时,也可以以皱眉、凝神沉思等方式表现出来。这样,对方就能够从这些肢体语言中了解态度与反应,进而对言说的内容进行补充、调整或者调换等。这些体态语言能够传递有关信息,在一定程度上弥补有声语言的不足,提升倾听的效果。

另外,在倾听过程中,还要处理好插话的问题。插话是很多倾听情境中一个必不可少的环节,适当的插话可以在一定程度上调动起言说者的情绪,是沟通交流中的融合剂。插话并非如我们日常所理解的越少越好,也不是随时都可以进行,更不是什么内容都适合。如果过早地插话,可能会因为没有听完整而误会对方的观点,也可能错过了言说者要表达的观点,给对方留下不愿意倾听或者强势表达的印象。而如果在该表态时一直不言语,则对方会觉得你没有认真听或者一点都不感兴趣。因此,插话的时机很重要,插话的频率要适度,内容要有所选择。总体而言,倾听过程中的插话要把握住三个

---

① 安德鲁·D.沃尔文,卡罗琳·格温·科克利,吴红雨.倾听的艺术:第5版[M].上海:复旦大学出版社,2010:174.

原则。首先是不要随随便便、没有缘由地、非常突兀地打断对方的言说。其次,要尽量以欣赏和商量的语气进行,而非强势的、不容商量的、非常霸气的语气进行。再次,插话的形式要灵活。

本篇小结

本篇《倾听素养:此时无声　胜似有声》从对人际沟通中的倾听内涵、价值入手,介绍了理解性倾听、批判性倾听、治疗性倾听和欣赏性倾听等四种不同目的的倾听方式,并探讨了倾听意识的生成、非言语信息的注意、弦外之音的理解、学会记笔记、恰当的回应等提高倾听效果的方法。从个人的角度来看,倾听素养的提高有助于帮助我们养成尊重、关怀、同理、耐心等优秀品质;从人际的角度来看,它有助于人际关系的和谐共生共融;从沟通的角度来看,它有助于营造良好的沟通氛围,促进沟通效率的提高。

【拓展阅读】

1. 安德鲁·D.沃尔文,卡罗琳·格温·科克利,吴红雨.倾听的艺术:第5版[M].上海:复旦大学出版社,2010.

2. 托马斯·戈登.领导效能训练:领导者最应掌握的沟通能力及人际技巧[M].李洁,译.北京:北京理工大学出版社,2018.

3. 麦克·P.尼克斯.好好说话第一步:学会倾听[M].邱珍琬,李喜,译.北京:文化发展出版社,2018.

> ◆ 能控制好自己情绪的人,比能拿下一座城池的将军更伟大。(拿破仑·波拿巴)
> ◆ 人们只有在愚蠢的时候才是真诚的,在安全的时候才是勇敢的,在免费的时候才是慷慨的,在浅薄的时候才是动情的。(米兰·昆德拉)
>
> ——题记

第七篇　情绪素养:觉浅知深　知言养气

本篇要点

- 情绪的觉察与表达深刻地影响着沟通的效果。
- 情绪冲突是沟通最大的羁绊。
- 个性特征影响情绪调节方式与沟通方式。
- 良好的沟通离不开情绪劳动。

核心概念

情绪觉察;情绪表达;情绪冲突;情绪调节;情绪劳动

内容导图

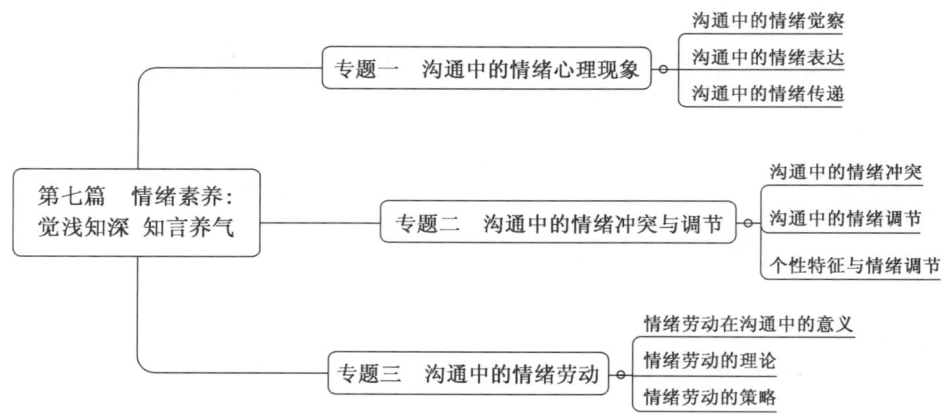

第七篇　情绪素养：觉浅知深　知言养气

【引导案例】

沟通中的妥协

张亮是一个不善于拒绝别人的人，只要别人开口求帮忙，就一定有求必应，从来都不敢拒绝，害怕让对方难堪、害怕伤了和气；明明想拒绝，但表达方式让人听起来似乎是答应要帮忙、可以帮忙的意思。张亮报了一个考研辅导班，有一次王宇来找他向他借听课卡，张亮说："听课卡我也要用呢！"王宇说："你的英语都那么好了，还有什么好听的，再说了，你有时候忙着班务的一些事情也用不上啊，就让我用一下吧。"张亮不好再回绝了，就把听课卡给了王宇。一个星期后，他感觉自己想去听课的时候，要么找不到王宇，要么王宇说在听课呢。就这样来回折腾几个星期后，王宇终于不情愿地把听课卡还给了张亮，还认为张亮小气，张亮想还不如当初就直截了当地拒绝王宇更好些。

【案例分析】

很多人回应对方常常会害怕表露自己的真实想法，担心会令对方不高兴，或者害怕因此妨碍彼此间的关系。这种对自己情绪的压抑和忍让是一种心理障碍，既不利于自己的身心健康，也会给对方造成虚伪和不诚实的印象。

很多人在面对对方的要求时不是直言不讳，而是支支吾吾地绕圈子，如"让我试试""我再想想办法"等。这样不仅使对方无法弄清你的真实态度，而且也容易让对方在试探中感到有机可乘，从而使你承担了不愿承受的负担，有时甚至给自己带来巨大的麻烦。

沟通中的拒绝与妥协可以折射出一个人的情绪性，妥协未必会带来良好的沟通结果，妥协暴露出人性的弱点——不善于表达自己，掩饰自己的情绪，胆怯、退缩、唯唯诺诺，这样更会让人感觉到不真诚。有时婉言拒绝，彰显的是善于表达的人格，表现的是人际沟通的技巧，折射出的是情绪调节与情绪劳动的能力。

专题一　沟通中的情绪心理现象

人际沟通中有很多心理现象，人际沟通中伴随着情绪觉察。情绪觉察只是沟通中最基本的能力，情绪评价、情绪表达均要建立在情绪觉察的基础之上，也都考验着一个人的情绪性。与其说人际沟通是一个言语交流的过程，不如说是一个情绪互动的过程，因为言语也包含了大量的情绪信息，沟通的成败不在于言语，而在于言语中传递出的情绪。

有效写作与沟通

一、沟通中的情绪觉察

（一）什么是情绪觉察

很多学者认为情绪觉察(emotional awareness)是一种能力。杨静平认为,情绪觉察有两种能力,一是对情绪状态和原因的了解,二是对情绪状态的分类能力。情绪觉察包括外在客观信息和个体对客观信息的解释能力,情绪觉察的深度因个人认知的不同而有所差异。[①] 情绪觉察能力与情绪识别能力有关,情绪识别能力是指个体对情绪状态和情绪变化的认知,可以识别自己和他人的情绪状态和情绪变化,并理解其原因,包括情绪自我觉察力、情景知觉和移情;情绪觉知能力,是指个体通过对自己、他人和群体的反应来识别、判断情绪情感状态的能力。

因此,情绪觉察作为情绪智力的一种,是指有机体能够对自我情绪状态或者他人情绪状态有所了解与认知,包含两个部分,当个体产生情绪时,能够了解自己的情绪状态如何,能够体验自己的情绪,监视自己的情绪;另一方面,也可以觉察和认知到对方的情绪状态。情绪觉察被认为是人际沟通中的先决性和基础性成分,会影响其他成分的发挥和发展,在人际沟通中具有特别重要的意义。

（二）情绪觉察有哪些分类

1. 自我觉察与觉察他人

情绪觉察按照沟通中的主体划分,可分为自我觉察和觉察他人。自我觉察指个体在人际沟通中将注意力集中于自身时的一种心理状态,包括对沟通环境中个体自身以及对自身与周围世界关系两大部分的觉察。适度的自我觉察有利于心理健康,能够提高自我控制、观点选择等能力。觉察他人是个体由真实或想象中的他人情绪情感状态诱发并产生与他人相同的情绪体验,是一种替代性反应的能力,它包括两个关键点:一是识别和接受他人的情绪情感;二是进一步接受他人的情绪情感,将自己置于他人的角色体验中,感受他人角色下的内部情感状态。

2. 外显情绪觉察、内隐情绪觉察与微表情觉察

情绪觉察按照敏锐程度划分,可以分为外显情绪觉察、内隐情绪觉察与微表情觉察。外显情绪觉察就是沟通中表现出来的、大家有目共睹的情绪。我们和其他人聊天的时候,会因为对方的眉飞色舞而觉得这次的谈话内容非常有意思,也会因为对方皱紧的眉头,而思索自己是不是说错了什么话让对方不满意或者不高兴了。内隐情绪觉察与此相反,是指一些例如肢体、眼神等不容易被人察觉的情绪,甚至要通过他人的语言

---

① 杨静平.觉察情绪,学会心理减负[J].中小学心理健康教育,2009(22):42-44.

表达来推测他人的情绪状态。① 如有人说谎时会盯着别人看,尴尬时会抓后脑勺。微表情是指那些不容易察觉的表情,包括面部表情、肢体语言、语气和语调等,持续的时间短,基本是当事人一些无意识的动作,但是微表情却是最真实的意思表达。

3. 言语情绪觉察与非言语情绪觉察

情绪觉察按照方式划分,可以分为言语情绪觉察和非言语情绪觉察。言语情绪觉察,主要通过言语进行沟通比如面对面的谈话、发信息、聊天等,这种方式可以直接地觉察到沟通双方的情绪状态。非言语情绪觉察主要通过人的姿势、面部表情、肢体动作等进行,它需要沟通双方细心观察才可以觉察。

(三) 情绪觉察的影响因素

在人际沟通过程中,个体的情绪觉察往往会受到性别、人格特质、需要和动机等因素的影响。

1. 性别

研究发现,男女生在情绪觉察方面存在一定的差异,且差异显著。女性在沟通中更容易觉察自身和他人的情绪,无论是儿童、高中生还是大学生,无论是运动员还是搬运工,女性觉察能力均显著高于男性,这一结果不受动机因素的影响。究其原因,一方面,相对于男生来说,女生在情绪情感方面天生比较敏感,能敏锐地体会到自己的情绪以及在交往中捕获他人的情绪变化,这是先天性差异导致的;另一方面,社会对男女生的角色期待也是导致这一差异的原因,因为社会大众一般认为,女生比较多愁善感,心思细腻,男生则不拘小节,这种社会期待内化到女性的认知结构中,对于提高女性的情绪觉察能力是有裨益的。

2. 人格特质

在沟通中非常自恋、自大、不关心他人,缺乏同情心,不善于交际的人极易忽视别人的情绪,情绪觉察能力偏低。研究发现,高神经质的人通常具有易紧张、好激动、多愁善感、敏感多疑和容易沮丧等特点,在沟通中可能容易焦虑、担心、常常闷闷不乐,有强烈的情绪反应,以致出现不够理智的行为,不容易觉察到他人的情绪。低神经质的个体能够及时地了解自己和他人的情绪状况,并做出相应的调节,使情绪恢复。气质类型对情绪觉察也有很大的影响,抑郁质和胆汁质气质的人更喜欢觉察他人的情绪,而不善于觉察自己的情绪,但是抑郁质的人对他人的情绪觉察大多是一些错误的推断,而多血质和黏液质的人在沟通中更容易忽略他人的情绪,尤其是他人的内隐情绪表达。

情绪觉察不等于事件归因

王华由于没有很好地完成暑期社会实践报告而被团委老师批评了,回到宿舍,王华想:我是交了暑期社会实践报告的,凭什么老师就批评我一个人?我做错了什

---

① 李君.自我觉察与统整在情绪调节中的应用[J].决策探索(下半月),2017(8):33-34.

么啦？不认真的同学有的是！他凭什么批评我而不批评其他同学？老师怎么可以不讲理呢？王华越想越生气，认为团委老师是在故意刁难他。

以上这些想法是很容易产生的想法，很多人以为这些判断、分析都是自我觉察，但其实大错特错。

当自己生气、愤怒时，很多人能坐下来进行思考，回想整个事件，然后分析事情的原因，这个过程叫作归因，但绝对不是情绪觉察。现代人都习惯于作利益分析、得失判断，却往往不会也不能觉察他人或自己的情绪状态。

每一种思维都伴随着情绪，但是如果你不愿意去发现你的身体在当下的感觉，你就会将自己一次又一次带入更多的思维、想法、计划、计算和评判里，再加上错误的归因，思维不但没有帮你消除消极的情绪，反而会成为消极情绪的"帮凶"。

比如一个人去问他的老师，这件事情要怎么处理，老师说"你自己看着办"，这时这个人一般会有如下两种反应：一种是感觉受到信任，很喜悦，然后真的可以放心去办；另一种是感觉受到严重的威胁，然后会开始抱怨："好意请教他，他就这样对自己不礼貌，要我看着办，到时候没有做好怎么办？"

前一种理性归因可以帮助你减轻消极情绪，而后一种归因则会增加消极情绪。但是不管是哪一种理性思维，都不等于是情绪觉察。

【课堂练习】

举例说明事件归因会影响个人的情绪状态。说一说个人的情绪体验是不是等于情绪觉察，也就是说，你体验到了自己的情绪状态，是不是等于你觉察到了自己的情绪。

3. 情境因素

在上下级交往中，下属更容易觉察领导的情绪，而领导更容易忽视下属的情绪，正如 Elfenbein 所言，"下属之所以更关注领导的情绪，是因为下属认为领导的情绪表达是一种重要的信息"。同样在师生交往中，学生通常更专注教师的情绪，尤其是低年级的学生，这种情境与上下级的关系是一样的。群体的性质也会影响人们的情绪觉察水平。人们通常会有这样的生活经验，在一个信任水平和凝聚力高的群体中，群体成员之间的情绪相互影响的可能性就大，相反在一个涣散的群体中，情绪的相互影响力就小，甚至会出现幸灾乐祸的情绪状态，更不用说觉察和体验他人的情绪了。在团结的群体中，人们之间的情绪觉察水平就高，反之人们之间的情绪觉察水平就低。

4. 需要和动机

需要是有机体感到生理或心理上的某种缺乏而力求获得满足的心理倾向性，它是有机体自身生理与心理的要求在头脑中的反映，是人们与生俱来的基本要求。动机是激发和维持有机体的行动，并将行动指向于某一目标的心理倾向或内部驱动力。需要与动机会直接支配我们的沟通行为,个体的需要及对需要的加工都能影响到个体的情绪觉察能力。个体在沟通中的需要和动机水平越强,就越容易觉察对方的情绪。比如,当我们想要从对方那里获得一些利益时,就会产生强烈的动机去关注对方的情绪表达,也就更加容易觉察对方的情绪,所以增强交往动机也可以提高自己的情绪觉察能力。

(四)情绪觉察在沟通中的作用

首先,情绪觉察能够通过协调人格各成分之间的内在冲突,治疗和调节情绪,最终实现情绪平衡。一般认为,人的认知包括两种观念:一种是人内在的各种本能欲望,如"想不劳而获""追求感官刺激";一种是在成长过程中受家庭、学校和社会影响而形成的道德规范与法律观念,如"我应该及时行乐""我遵纪守法"等。正是这两种观念相互制约、相互冲突,才形成了人的思想斗争与精神痛苦,同时也导致人格各成分之间产生内在冲突,产生各种心理障碍,影响人际沟通交往。而在这种情况下,如果能对情绪进行较好的觉察,便能够重新进行自我分析,觉察到自己的问题所在,消除内在的人格冲突,实现自我的完善和成长,同时也调节了愤怒和焦虑的情绪,达到身心的和谐统一。沟通中善于运用自身的情绪觉察,觉察自己和他人的情绪,适时适度地调整自己的情绪,对沟通有百利而无一害。

其次,情绪觉察通过使用语言等方式,主动调节负性情绪,达到情绪平衡。沟通中,大多数人面对悔恨、厌恶、憎恨、焦虑、愤怒、悲伤、恐惧、被遗弃感等负性情绪,多采用逃避的方法。比如,讨厌一个人会不愿意看到他,也不想理睬他;如果恐惧狗,当发现狗出现时,就想逃离有狗的环境,这导致心理问题始终得不到有效解决。负性情绪大多来自一些负性事件,当触发负性情绪时,要求人们练习使用"我"来表达自己的情绪状态,直接、诚恳地面对自己的心理感受,但很多人面对情绪问题时,往往只是针对情绪问题本身,这样就变成了"情绪中心",带着情绪来调节自己的情绪,或者只局限于情绪本身,调节效果是非常有限的。情绪调节应该以问题为中心,通过自我觉察,细心体验感受负性事件所造成的情绪状态,分析负性事件的主观因素,从而做出自我调整。学会察觉和接纳自己的负性情绪,而不是排斥它,慢慢地就会对负性事件有新的认知。通过情绪觉察,最终实现的是人格的健全和完善,而具有健全人格的人能够实现内心的平衡与平和,尤其是具备良好的情绪和情感的平衡能力,不受情绪左右,不做情绪的顺民,这样才有利于人际沟通。

二、沟通中的情绪表达

(一)什么是情绪表达

情绪表达是指个体将内在情绪体验通过外显行为表现出来的过程,如情绪反应发生时的微笑、难过、哭泣、皱眉和愤怒等,一颦一笑都是情绪的表现,在虚拟的网络世界里,人们同样会用各种各样的"表情"来表达各种心情,那些代表情绪的"表情符号"能让他人更好地理解我们的情绪。[①] 情绪表达是情绪信息的传递交流过程,是人类生存、相互沟通和社会生活的基础,情绪表达本质上就是一个对传递与交流的信息进行思考、整理和展现的过程。

(二) 情绪表达有哪些类型

(1) 按照情绪的属性可以将情绪表达划分为正性情绪表达和负性情绪表达。所谓正性情绪指积极情绪,是能使人感到欢欣喜悦的情绪,例如兴奋、愉快和欢乐等。负性情绪指消极情绪,让人感到厌恶的情绪体验如抑郁、悲伤、恐惧等。有人善于表达正性情绪而不善于表达消极情绪,而有人则相反,这与人的个性有关。

(2) 按照方式划分,情绪表达可分为面部情绪表达、言语情绪表达和行为情绪表达。面部情绪表达即表情,人的表情千变万化,沟通中的每一个眼神、每一次皱眉,或是轻抚鼻头,或是翘起嘴角,都传达了个体的情绪变化;言语情绪表达即将自己的情绪体验通过语言的方式直接告知对方,如"我现在很高兴",或者可以通过说话的语音、语调和语速来表达情绪的变化;行为情绪表达即在情绪表达过程中相伴出现的肢体动作行为,如点头、鼓掌等表示赞同,也可以通过靠近对方、拉近双方的距离来表达好感。

(3) 按照效果划分,情绪表达可以划分为一致性情绪表达和矛盾性情绪表达。一致性表达即个体的情绪体验与其所表达出来的情绪是一致的,如喜形于色、愁眉不展等;矛盾性表达则是与内在情感体验不一致的表达,即出于某种需要,个体不愿意、不能让他人了解自己的真实想法时就会用截然相反的表情来掩饰内心的情感,尽管内心很紧张却可以做到面不改色。矛盾情绪表达又可分为情智型与怯懦型矛盾情绪表达。情智型矛盾性表达的本质是一种情绪劳动,它与个体的情绪智力有着非常密切的联系,情绪劳动涉及个体调节控制自己情绪的能力和依据社会规范或利益性原则而合理地展示自己情绪的能力。怯懦型矛盾情绪表达本质上是一种怯懦型性格的展现,例如"沟通中的妥协"中提到的张亮就是一个怯懦型性格的人,他的情绪表达就属于怯懦型的,那么如何提高自己情绪表达的能力呢?

【课堂练习】

试着总结一下你在生活中是不是善于情绪表达,你通常是如何表达自己的情绪的?

(三) 情绪表达的影响因素

在人际交往的沟通过程中,人们的情绪体验与情绪表达并不总是一致的,因为情绪表达的过程是个体与他人或环境互动的动态过程,所以往往会受到来自个体、情境、他

[①] 谢普. 微情绪心理学[M]. 北京:中国商务出版社,2018:109.

人与社会文化等多方面因素的共同影响,同时情绪的表达与否、表达方式与强度往往会因时而移、因人而异。

1. 个体差异

情绪表达的个体差异首先是性别差异,一般来说女性比男性具有更丰富的情绪体验并表达得更充分,但是男性更倾向于表达积极情绪,更少地表达消极情绪,多数男性表达出来的情绪强度比实际体验到的情绪更低,而大多数女性正好相反。在情绪表达的方式上,也同样存在着性别上的差异。在沟通中,女性有夸大情绪表达的倾向,无论是在言辞上还是在表情上都是如此,而男性正好相反;女性更倾向于选择分享、友善等符合女性特征的表达方式,而男性则倾向于采用较为内敛、压抑的,符合男性特征的情绪表达方式。

2. 人格因素

大五人格模型将人格划分为五个特质维度,包括开放性(Openness)、外倾性(Extraversion)、宜人性(Agreeableness)、尽责性(Conscientiousness)和神经质(Neuroticism)。研究发现,高开放性人格会更少表达消极的情绪;高外倾性、高宜人性人格则会表达更多的积极情绪,表达也更加情绪化;高宜人性人格会表达更少的消极情绪;高神经质人格与高尽责性人格会表达更多的消极情绪,表达也会更加情绪化。此外,高开放性人格会表达更少愤怒情绪;高外倾性、高宜人性人格会表达更多快乐、喜爱和期待情绪,表达更少愤怒、焦虑和厌恶情绪;高尽责性人格与高神经质人格会表达更多愤怒、焦虑、厌恶和悲伤情绪。①

3. 沟通情境因素

情绪表达不可避免受到情境的影响,例如有无他人在场、是否公开、人际情境等。人们通常会对在所处情境下被期望表达出什么样的情绪做出主观的评估与判断,所以情绪表达具有一定的情境性和动态性。公开的社会性非冲突情境,会使个体增加表达面部积极情绪的可能性,同时抑制面部表达消极情绪。研究发现,他人在场的情境下,人们在谈论积极的过去经历时表现出更多的面部微笑情绪,而在谈论消极经历时则表现出较少的消极表情。

4. 情绪表达双方的互动

情绪表达往往发生在交往双方的交往动态互动中,人在与对方交流沟通的时候,会因沟通对象的不同而产生不同的行为反应,包括情绪表达。例如当沟通的对象与个体

---

① 刘真亦. 不同人格倾向微博用户的情绪表达分析[D/OL]. 杭州:浙江大学,2019:29 - 31[2022 - 07 - 11]. https://kreader. cnki. net/Kreader/CatalogViewPage. aspx? dbCode＝CMFD&filename＝1019073806. nh&tablename＝CMFD201902&compose＝&first＝1&uid＝WEEvREcwSlJHSldSdmVqMDh6cEJpdHpQQWl2YndaMlBxVVhITzQ0elJhST0＝ $9A4hF_YAuvQ5obgVAqNKPCYcEjKensW4IQMovwHtwkF4VYPoHbKxJw!!.

关系较亲密时,个体情绪的面部表达形式与程度都会增强,如果是与陌生人交往,表达就会减少,程度也会减弱。无论是积极情绪表达还是消极情绪表达都会因熟悉的人在场而变得更为容易、更为自然,而消极情绪的表达则会因为不熟悉的人在场而受到限制。

5. 情绪社会化

情绪社会化是指人在长期与他人的关系中所体验到和表达情绪的过程,人在成长过程中一直有意无意地学习、理解和模仿他人的情绪体验和表情,渐渐地形成情绪表达的社会规则,这是情绪社会规则内化的过程,即个体在社会化过程中,习得的用以指导个体在社会情境下合理表达情绪的社会规则,它规定了个体在何种情境下和对谁应该表现出何种情绪,以及如何表现,所以人们是按照生活所在的社会环境和文化规范的要求去表达自己的情绪的,而不是随心所欲地表达自己的情绪的,由此可见,情绪社会化是个人社会化的一部分。

(四)情绪表达的误区

人们每天都需要和人沟通,情绪表达就需要以不伤害别人、不伤害自己等符合社会规范的方式表现,然而在沟通的过程中会遇到各种各样的问题,我们常常不知道如何正确表达自己的情绪,因而总会因此产生彼此之间的矛盾和怀疑。

第一,用空泛的形容词描述自身的感触,变成了给别人贴标签。回想一下,你有没有对别人说过"你老是这个样子""你永远都搞不懂我"这类话,也许说出口的时候觉得很过瘾,实际上是过度放大了你情绪,同时当对方用放大的字眼讲自己时,人们很容易用放大的字眼回敬对方,这样一来一往,本来可以沟通的情绪,只能以失败告终。所以,要避开情绪表达的第一个误区:避免用放大的字眼。

第二,把情绪的责任推卸给其他人。人们很喜欢把自己的"情绪的责任"推卸给别人。把责任推卸给别人,会减少罪恶感。想象一下如果老板批评说"报告又没做完,你这是故意让我难堪、惹我生气吗!"你是不是因为他将生气的责任推卸到你的身上而不禁产生抵抗情绪。因为他将生气的责任,推卸到你的身上。又比如家人心情不好时看到你房间乱七八糟,都没收拾房间,妈妈就会很生气地说"你老是不收拾房间,你整天只会惹我生气",这时候你就会想说"我有要惹你吗?是你自己要生气吧!"当想要表达情绪的时候,这个句子的主语是我们自己,而不是推给对方。

第三,合理表达自己的情绪。表达情绪的时候我们有时不好意思说,怕说了会得罪人,有时候又会不知轻重,变化无常,常常会导致更加混乱的后果。比如电视剧《欢乐颂》里备受争议的曲筱绡,她有话不会好好说,总是莫名其妙给身边的人添堵,所以,友情的小船说翻就翻,爱情的巨轮说沉就沉。合理地表达需求需要自己了解自我、能用语言准确地表达自我和关心他人。在沟通中首先你能理解他人的情绪,你也明白你所说的话会对他人造成的影响,并且你了解他人给你的反馈会紧接着影响到你。在沟通中,若一方不关心另一方,或者不理解对对方可能造成什么影响,那么沟通是无法顺利进行的。

三、沟通中的情绪传递

(一) 什么是沟通中的情绪传递

情绪传递是指在人际沟通过程中一方传递的情绪信号引发了其他人的相同的情绪反应,包括喜怒哀乐在内的所有情绪都可以在较短的时间内从一个人身上传递给另一个人,即个体体验到的情绪和产生的情绪反应会影响处于相同环境中其他个体的情绪状态,比如看到同伴伤心难过,自己也会感到悲伤,这种情绪的传递无时无刻不在人际中发生,人们的每一次接触都在不断地传递出情绪信息,并以此信息影响对方,所以沟通中的情绪传递是在感情上的反响和共鸣,相互受到感染,产生同感和移情的过程。

(二) 情绪传递有哪些类型

1. 正性情绪传递和负性情绪传递

情绪传递按照情绪信息的属性可分为正性情绪传递和负性情绪传递。正性情绪或者积极情绪经过传递功能后传播的是人际交往的正向互动;负性情绪或者消极情绪传播的是人际的负能量。情绪信息一旦进入人际传递,会产生不同的影响与作用。积极情绪信息促使人积极向上、乐观进取,而负性情绪则使人消极被动,身心俱疲甚至身心受损。

2. 无意识和有意识情绪传递

情绪传递按照情绪传递者的意识水平在情绪传递中的参与程度划分,可分为无意识和有意识情绪传递。无意识情绪传递是个体在受外界环境刺激下产生个体情绪并不自觉地将个体情绪延续传递给他人的过程,也称情绪感染;有意识情绪传递是个体在受到外界刺激后产生个体情绪,通过对自身情绪加以认识、调控,甚至为了一定的目的表演出某种情绪,再将这种情绪传递给他人的心理过程,整个过程是有意识的,有意识情绪传递其实反映了一个人操纵自己情绪的能力和水平。

3. 移情和共情

情绪传递按照情绪传递的指向和侧重点不同可分为移情和共情。移情(empathy)即个体将自己"移"入他人的情境中,从中体验与他人一致的情感状态,通过运用观点采择等认知联结机制对情绪中情绪信息的加工,实现对他人情绪的体验与理解。① 移情是一种社会性情绪反应,即移情源于理解他人的情境和情绪状态而产生的与他人相一致的情绪反应。并且,Eisenberg 和 Strayer 认为这是一种替代性的情绪反应,它可以由代表他人情绪状态的明显的知觉线索引发,也可以通过间接情绪线索推理,如通过他

---

① 张奇勇,卢家楣. 情绪感染的概念与发生机制[J]. 心理科学进展,2013,21(9):1599 - 1600.

人所处的情境推理出他人的情绪状态。共情则是个体在与他人沟通的过程中,理解并且共享他人的情绪状态的过程,是一种能深入他人主观世界,了解其感受的能力。"共情"主要应用于心理咨询与治疗领域,"移情"主要作为精神分析理论术语。

(三)情绪传递的影响因素

人际沟通中的情绪传递会受到外部和内部等多种因素的影响,外部因素包括沟通情境以及群体人际关系等,内部因素如情绪易感性、认知水平、情绪状态、人格因素等。

1. 情绪易感性

情绪易感性是指在人际情绪传递过程中,个体表现出的容易受他人情绪影响的气质特点。易感性越高的人越容易受他人的情绪影响,情绪易感性高的人,其注意力越容易被他人吸引,受别人的暗示性也强,比较容易被他人的情绪所影响,移情与共情能力都很高。如看到煽情的影片动辄落泪,和愉快的人交谈片刻心情便会愉快起来。个体情绪易感性越高那么情绪传递的影响效果就越强,一项用于测量情绪易感性的量表显示,情绪性、敏感性、反应性、自尊与情绪易感性呈正相关,而陌生感、自我决断、情绪稳定性与易感性呈负相关。情绪易感的人的优点是更容易产生亲社会行为,缺点是更容易被他人利用,容易上当受骗。情绪易感性高的人还容易喜怒形于色,在沟通中容易暴露自己的真实意图或想法,情绪的表达水平高,而情绪的劳动水平低,情绪过于易感是情绪不稳定的一种表现。

2. 认知加工因素

认知加工是指在人际沟通中为了能够准确把握他人传递的情绪信号对情绪信息进行感知、编码、存储和识别的加工过程,具体表现为一方面个体对情绪传递者的情绪进行观察或语境的综合分析后做出的主观性判断,如果个体主观上认为对方的情绪是假的,即使这判断是错误的,个体仍然拒绝接受情绪传递。比如当面对美妆博主夸赞其推销的某样产品时,尽管其面部语言表情很丰富也并不比身边朋友的一句这东西不行更有感染力,一场拙劣的表演尽管运用了丰富的情绪信息却并不能引起观众的共鸣,一场生动的演讲也并不能赢得所有观众的好评,这是因为每个人都有自己独特的认知结构,对情绪信息的诠释评估不同,自然也就造成不一样的情绪传递。

3. 前情绪状态

前情绪是指个体在无意识层面上自动地提取了与情绪传递者的情感关系从而唤醒了相应的情绪体验,个体的情绪体验决定了对方的情绪传递的水平和方向。心境一致性理论认为,人们倾向于接受与个体当前情绪状态相一致的情绪倾向,然而其调节作用既有正向助长也会起到反向调节,若个体在情绪体验上与对方的情绪极性相反,则易产生反向情绪传递。研究发现个体在体验消极情绪,极想摆脱当前的情绪体验时更容易接受积极的情绪传递。所以积极前情绪可以促进有效沟通,而消极的前情绪可能破坏有效沟通,例如,明知别人情绪不好时,如果你还不停地絮絮叨叨,可能收获不到任何效果,甚至适得其反。

4. 人际关系

情绪传递的人际关系理论表明情绪传递受人际关系因素的影响,包括团结性、人际信任水平和人际态度几方面的影响。研究发现,人际关系越紧密,情绪传递效果越强,在与家人或者情侣沟通过程中,你能够轻易地觉察到对方情绪的变化,接收到对方传递的情绪信号,对于他人受到疼痛的刺激,"他人"是自己的恋人是要比"他人"是陌生人时有更为强烈的疼痛共情反应的;在管理关系中,上级的情绪很容易影响下属,领导若是以积极乐观的态度与成员沟通便会传递给员工积极的工作态度。和谐的人际关系或者相互吸引的人际关系,更容易产生有效沟通,这就是为什么同样的一句话,由不同的人说出来会起到不同的效果。

(四) 情绪传递的应用

一位专家做过一个简单的实验,请两个实验参与者分别写出自己当时的心情,然后请他们相对静坐等候研究人员的到来。两分钟后研究人员来了,专家再次请他们写下此刻的心情,这两个实验者是经过特别挑选的,一个极善于表达情感,一个则是喜怒不形于色。实验结果显示,后者的情绪总会受到前者的感染,每一次都是如此。这种神奇的传递是如何发生的呢?

人们会在不自觉中模仿他人的表情、手势、语调等,从而在心中重塑对方的情绪。比如导演要演员回忆产生某种强烈情感时的表情动作,以便重新唤起相同的情感。情绪的传递通常是由表情丰富的一方传递给较不丰富的一方,比如高明的演说家极擅长带动观众的情绪,他们可以熟练地调控对方的情绪,这正是情绪传递的力量。

回想一下有没有这样的情景,当你回到宿舍或者家里时,有没有不自觉地感受到宿舍或家里的氛围有点低沉,本来心情不错的你一下子就平静下来,原来是室友或者家人遇到了烦心事正闷闷不乐,你看即使不知道发生什么依然能准确地感受到情绪的传递,在进一步询问情况后你会理解室友情绪转变的原因,学习方面的或感情方面的,你会设身处地地理解其情绪状态,甚至会勾起你以前同样的回忆,从而产生共情。

沟通时的说话方式和情绪完全可以影响到对方,因此一个人越能给其他人带来舒服、愉悦和幸福的正性情绪传递,他提供的情绪价值就越高;一个人总让其他人产生别扭、生气和难堪的负性情绪,他提供的情绪价值就越低。人们都喜欢跟积极向上、充满正能量且能让自己感到愉悦的人沟通,相反,那些天天抱怨、动不动就"抓狂"的满满负能量的人总是让人试图远离。

回忆一下你的身边有没有发生一点小事就整天抱怨的朋友呢? 一会儿说这样不好,一会儿又嫌那个没有意思,一个"烦"字时刻挂在嘴上,和这样的人相处,让人有一种烦躁和压抑感,连空气都觉得有些沉闷,负能量的人很容易把自己的情绪传递给周围的人,对他们来说把负能量传递给别人是一种宣泄方式,可对对方来说却是一种灾难。负能量的传递就像一道暗光,瞬间遮挡了所有的美好,又像一颗烟幕弹,把阳光明媚的心情搅得乌云密布。事实上更大的破坏就是有的人带着负能量到处走,影响他人的情绪和价值观。所以当身边的朋友经常抱怨时,你可以从积极的方面引导他,跟他谈谈心,一起研究他负能量的源头。在平时的人际交往中,要注意不把负面情绪传递给他人,顾全他人的感受,是一种美德,也是一种修养。同时有了负面情绪要善于转化,凡事朝好的方面想,学会自我减压和调节。

抱怨的危害

我是一名程序员,我的同事 UI 设计师小倩,经常喜欢不厌其烦地一遍又一遍地告诉我她家里最近发生的事,工作怎么繁杂,各种抱怨,每次我本来心情很好,听她抱怨完,我的情绪很低沉,我就像一个情感垃圾站,所以我真的很讨厌负能量的人。

最近,国外的神经科学家与心理学家对一些长时间抱怨的人进行大脑活动分析后发现,大脑的工作方式就如同人体肌肉一样,如果让大脑听到了太多的负面信息,那么大脑极有可能指挥当事者按照同样消极的方式行事,这就是经常抱怨的人,其行为也是消极的或过激的原因。更糟糕的是,长时间暴露在抱怨环境中,无论是抱怨者还是听众,负性信息都会使人变得愚蠢和麻木,甚至让人无法分辨是非。①

因为情绪有一定的感染性,在听到抱怨与牢骚时,大脑就会受其感染,产生相同的情绪状态,这叫作情绪共鸣,即便不同意对方的观点,但是消极情绪会被他人带入,从而产生一些不良的情绪,负性情绪会影响大脑的认知判断,让我们习惯性地从消极的方面去认识事物。即使是幸灾乐祸的人,把别人的抱怨作为自己的兴奋点,似乎情绪没有被别人的消极情绪带入,但是认知判断同样会变得消极,当自己遇到相同情境时,也会产生抱怨情绪。

因为抱怨者消除危机感的方法就是"抱怨",所以为了降低内心的危机感,抱怨者自然会加剧抱怨。最初内心的危机感,或者担心与恐惧,如同大堤内小小的"蚁穴",而后来的抱怨就会不停地侵蚀"蚁穴",这样"蚁穴"就会变得越来越大,最后"千里之堤,溃于蚁穴"。同样,只要持续不断地抱怨,内心最初小小的危机感就会越来越大,最终发展到无以容忍的地步。同时抱怨者会自以为"抱怨"是解决问题的方法,从而减小了采取真正有效方法的动力。

而对于受众(听你抱怨的人或者被你抱怨的人)来说,最初可能根本没有想到去做你抱怨的事情。但是,你一再地抱怨,强化了他对待你的行为模式,或者干脆出于一种报复心理,他会下意识地选择"你抱怨别人的行为"来回应你喋喋不休的抱怨。他或许不是故意的,或许就是故意的,是因为你的抱怨给了他一个"行为的方式"参照,抱怨者认为别人就是"这个样子的"(抱怨的内容),结果受众就真的成为"你抱怨的样子"了,这既是你对他的行为暗示,也是你给他人强化的一种行为模式。所以,在很多情况下,抱

---

① 张奇勇.亚人格心理分析、测量与诊断[M].镇江:江苏大学出版社,2019:108-109.

怨不但不能阻止他人做我们担心的事情,反而会使得他人"不得不做"我们所担心的事情。①

【课堂练习】
　　回忆一下,你有没有抱怨过?通常会为了什么事情而抱怨?你知道抱怨产生的原因吗?请你举例说明。

专题二　沟通中的情绪冲突与调节

　　日常生活中,人们不可避免地与人交流沟通,每天都在接触大量的信息,其中有些信息是相互矛盾的,这就会带来冲突。迄今为止,研究者们对认知冲突进行了大量的研究,取得了丰硕的成果。由于生活中还存在很多情绪性的信息,且情绪的产生基本上不可能是单一的,情绪是行为的组织者与发动者,套用奥特勒的一句话:"情绪通常是在重要事件的作用下,有意识或无意识地被激活,情绪是对行为提供紧迫感的先前心理状态,它可以干扰或促进完成选择性的思维或行动",因此除了"纯认知"的冲突之外,还有一种类型的冲突——情绪冲突。

一、沟通中的情绪冲突

(一)什么是情绪冲突

　　情绪冲突是指无关的情绪性刺激对当前认知任务的干扰,在人际沟通中表现为当事人在沟通中的消极情绪体验,并由此而产生的过激行为。情绪冲突的原因来自沟通内容和沟通的方式方法,其根源来自沟通者自身的认知与解读,如果沟通的愿望无法达成,认知冲突就会转化为情绪冲突。

　　广义的情绪冲突包括情感冲突。情感冲突是指人际关系双方在情感上相互排斥,丧失相互吸引,阻碍良好的人际关系建立的状况。排斥性情感使两个人之间互无交往的意愿,难以彼此吸引和建立良好的人际关系。已建立了良好人际关系的双方若在以后的交往中产生情感冲突,就会给双方关系带来影响,导致关系淡化、中断甚至反目成仇。情感冲突可理解为情绪冲突的内隐模式或者潜伏模式,情感冲突会在沟通中以情绪冲突的方式表现出来。狭义的情绪冲突不包括情感冲突,情绪冲突是情境性的、即时的、与事件相关的;而情感冲突是人际关系的情感状态,是非情境性的、内隐的、与以往

---

① 张奇勇.亚人格心理分析、测量与诊断[M].镇江:江苏大学出版社,2019:109.

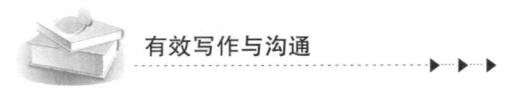

的事件相关,情感冲突会在具体的事件中以情绪冲突的方式表现出来,可以简单地认为情感冲突是积淀下来的情绪冲突。本章中的情绪冲突是指广义的情绪冲突。

（二）情绪冲突有哪些类型

1. 内部情绪冲突与外部情绪冲突

根据冲突刺激源的不同,可以把冲突分为内部情绪冲突和外部情绪冲突。内部情绪冲突表明引起冲突的刺激源来自内部,并同时存在,且呈现两极分化的特征,同时让个体产生积极和消极两种不同属性的情绪体验。例如,内部情绪冲突表现之一是由于生活的压力或困难产生了一些消极情绪,而工作中的挑战或沟通要求个体具备乐观的积极情绪,在这种情况下个体就会产生内部情绪冲突。

外部情绪冲突则是个体已经具备了某种属性情绪的情况下,另一种来自外部的异质属性的情绪施加于个体身上而产生的情绪冲突状态。例如,在沟通中表现为本来积极的情绪遭遇外部消极的情绪刺激,或者相反,比如你因为喜事而去告知别人,却遭到他人的冷遇,由此你会产生情绪冲突。

2. 家庭情绪冲突、学校情绪冲突、社会情绪冲突

根据引起冲突的场景来划分,可以把情绪冲突分为家庭冲突、学校冲突和社会冲突。

（1）家庭情绪冲突。

根据人际关系的不同,可以把家庭情绪冲突分为夫妻情绪冲突和亲子情绪冲突。与大学生关系比较密切的家庭情绪冲突是亲子情绪冲突。亲子冲突是指父母与子女之间由于生活习惯、学业期望、个性差异和文化认同等方面存在差异性,而在日常的生活中表现出来的外显语言与行为上的对抗,同时伴随着双方不愉快的情绪体验。

家庭的情感冲突——从双方克制到"互害"模式

2019年,《小欢喜》热播,成为妥妥的爆款剧。

它讲述了三个高考生和父母之间的故事。

其中的一个姑娘乔英子,成绩优秀,是我在高中时代很羡慕的那种学霸。

但她出自单亲家庭,从小跟着妈妈一起生活。

她的妈妈宋倩是金牌物理老师,把"严师出高徒"的理念也落实到了女儿身上,有着要求高,控制欲强的特点。

乔英子在爸爸乔卫东和小梦阿姨的帮助下逃了学,三个人在爸爸家里相处得很愉快。没想到宋倩找了过来,然后母女俩大吵一架。

如果我还在念高三,估计会对乔英子那句"我喜欢小梦阿姨,至少她不会逼我干我自己不喜欢干的事"非常有共鸣吧。

那时候的我,和她一样,会大声跟父母喊出"我讨厌你"。

可是现在看到这样的片段,我觉得很难过,孩子苦,妈妈也苦啊。

这个情节太真实了,真实得像一把刀,戳中了很多子女和父母的内心。

子女渴望被理解,父母也希望被体谅,谁都不想吵架,但是很多家庭的情绪冲突往往是因为沟通问题无法克制,最终演变为互害模式。

(2) 学校情绪冲突。

学校情绪冲突是指学校成员之间、内部各群体之间、成员与群体之间由于目标、需要、利益和价值观等方面的不一致,而在互动过程中产生的情绪对立现象及其行为。① 这里主要介绍师生间情绪冲突和生生间情绪冲突。

① 师生间情绪冲突。在课堂教学活动中,教师与学生的情绪、情感相互交织,形成一个生态性的情绪场,但是由于双方价值观、目标、地位和资源等方面的差异性,可能会产生的直接的、公开的、旨在遏制对方并实现自己愿望的情绪冲突。②

② 生生间情绪冲突。学生冲突是学生之间在性格、观念、生活习惯或利益上的对立或对抗,是一种在满足各自需要的过程中遇到挫折、阻力或力图超越现状时的心理紧张和压力及其外部表现。在生生间情绪冲突方面,主要因为不信任、生气、厌恶、害怕和怀恨等情感而产生沟通困难甚至反目成仇的现象。

(3) 社会情绪冲突。

社会情绪冲突是社会主体之间由于利益、需要、价值观念、期望、行为方式等的差别和对立而引起的相互对抗的社会互动行为,是社会运行中的普遍现象。利益与文化习俗对社会冲突起着重要的制约作用,社会冲突大多表现在利益与文化习俗上,它不仅影响冲突主体的目标和手段的选择,而且影响着社会情绪冲突的具体形态。

(三) 情绪冲突的影响因素

1. 家庭中情绪冲突的影响因素

(1) 个性特征。

影响亲子冲突的因素主要有父母的个性特征和青少年本身的个性特征。个性特征是一个人综合素质的反映,每个人所处环境、经历不同而形成自己独特的个性特征。个性特征越消极、看待问题越偏激,亲子冲突发生的概率就越大,父母的心理投射效应也越严重,总是想把思想或看法强加给孩子,亲子冲突的可能性越大。当然,亲子冲突也与孩子的个性有关,由于青少年情绪性冲动的调节能力差,亲子冲突有时很难避免。

(2) 家庭因素。

家庭是人类活动的主要微观系统,在这个系统中的家长和子女相互依存又相互制约,形成各不相同的亲子互动模式,以下三方面的因素会影响亲子冲突。

---

① 董凌波.学校冲突管理及其实施策略[J].当代教育论坛(上半月刊),2009(2):105.
② 梁顺意.从师生冲突看师生关系重建[D/OL].桂林:广西师范大学,2011:5[2022-07-11]. https://kreader.cnki.net/Kreader/CatalogViewPage.aspx?dbCode=CMFD&filename=1011246748. nh&tablename=CMFD2012&compose=&first=1&uid=WEEvREcwSlJHSldSdmVqMDh6cEJpdH pQQWl2YndaMlBxVVhITzQ0elJhST0=$9A4hF_YAuvQ5obgVAqNKPCYcEjKensW4IQMovwHtw kF4VYPoHbKxJw!!.

① 父母的教养方式。父母的教养方式对青年成长有着极其重要的影响,也会对亲子关系有重要的影响。若父母的教养方式不合适,不但不能掌握子女的心理变化状况,容易引发亲子冲突,而且反过来又会进一步加剧父母不适当的教养方式。专制型教养方式的父母经常采用禁止、惩罚等教养方式,不但容易引发亲子冲突,反过来也会让父母的教养方式更加专断;而民主教养方式的父母则较少产生亲子冲突,反过来会让亲子之间更加信任,进一步强化民主的教养方式。

② 父母的情感和婚姻质量会影响亲子冲突。有研究发现,父母抑郁会导致子女抑郁,亲子冲突增多。父母的吵架会使孩子产生较多的消极情感,从而易导致孩子模仿父母去攻击同伴或与父母产生情绪冲突。

③ 家庭气氛会影响亲子冲突。温暖、支持的家庭气氛下存在较少的亲子情绪冲突,而敌意、强制、专断的家庭中,由于亲子之间各自的愿望无法达成,情绪冲突也会较多。

(3) 情绪因素。

家庭冲突大多是没有实质性的问题和矛盾的,而仅仅是因为当时双方都处于负性情绪状态下,都选择用对抗的方式来表达自己的愿望,即使知道自己的愿望是不合理的,也会用这样的方式来表达,这就是情绪冲突的非理智性。负性情绪还会让双方产生言语或肢体上的对抗,造成亲人间互害。在冲突发生时,大多数人没有意识到自己的负性情绪,或者即使是意识到了,负性情绪会改变人的认知判断,导致认知狭隘,无法改变自己不合理的认知状态,即使知道自己是"错的"也要坚持,无法保持平和的心态去面对亲人,引发亲子沟通冲突。

【课堂练习】

列举一至两个你经历过的家庭情绪冲突,并试着想一想你当时的愿望是什么,是否合理,如何才能避免。

2. 师生之间情绪冲突的影响因素

(1) 人格差异。

心理学家伯恩(Eric Berne)将人格分成三种基本类型:权威型、民主型和儿童型。权威型人格的人在人际互动中经常表现为主动出击、控制互动关系、行为表现强势,这种类型的教师和学生在一起交往时容易出现冲突。儿童型人格的人在人际互动中通常表现为自我中心、随意、任性,情绪容易出现两极化且波动幅度很大。这种类型的教师和学生在一起互动时,相互争夺话语权、师生身份角色缺失或者模糊,呈现儿童式的互动关系。民主型人格的人在人际互动中通常表现为民主、平等、协商的互动良性关系,容易与他人建立良好互动关系。但是权威型、民主型和儿童型三种人格具有一定的互补性,如权威型的人与儿童型的人在一起互动就不容易产生情绪冲突。

(2) 信息隔阂。

在师生互动中,教师掌握更多信息交流的主动权,师生角色与沟通方式的差异性,可能会导致信息沟通不畅,如教师的责罚可能是为了学生改正错误,但学生可能会认为教师是在有意刁难自己;或者教师只看到学生犯了错误,而并不知道学生犯错误的深层原因是什么,教师未能充分理解学生身上发生的行为和行为背后的原因,学生也不愿意向教师真诚地袒露自己,导致双方在沟通中的信息隔阂,教师无法走进学生,学生也不接受教师的处理方式,教师与学生都在按自己的行为方式推进,如同平面上的两条平行线没有交叉,出现无效沟通、无法沟通,甚至产生反功能效果。

(3) 文化背景差异。

教师作为社会主流文化的典型代表,社会需要什么样规格的人才,教师就要培养相应的学生,遵守社会中权威的价值规范和行为模式来改造学生,而学生群体生活的年代与教师是不同的,其思维模式往往表现为求新求异,同伴间求同,更容易通过团队或小群体模式形成年轻人的亚文化形态。教师与学生的情绪冲突因此表现为代际差异,双方经常不在同一个频道上思考问题,如教师考虑的是升学,而学生考虑的是快乐。代际冲突的核心是不同的"代"之间的需要体系、愿望和价值观的冲突。

3. 学生之间情绪冲突的影响因素

(1) 个性特征。

个性特征或人格特质上的差异引发的生生冲突非常广泛,尤其是独生子女的学生,往往在思维上存在个人中心,彼此间感到难以合作。有研究表明,A 型血的人总是具有更强的竞争性、脾气急、更易激怒的性格特点,也就自然会比 B 型血的人更容易卷入冲突。大学校园里汇聚了不同个性特征的学生,当两种不同个性特征的人碰撞在一起时,如果没有合理的沟通技巧,情绪冲突就很难避免。

(2) 沟通因素。

情绪冲突的沟通因素指冲突双方沟通渠道不畅,或者不愿意沟通导致信息交流不够、信息被曲解,造成双方的误会引发情绪冲突。沟通不畅在人际交往中随处可见,可能是表达上的问题或者对方理解上的问题,信息并没有有效地传递给对方并被对方正确理解,误会由此产生,一次小小的沟通不畅可能蕴含着一次更大的误会。例如班干部可能是考虑班级团结,而同学可能认为是"偏袒",人们很容易通过行为来观察对方,或者把行为作为重要的信息来源,一旦给对方下了结论,言语沟通就会变得更加困难。一旦双方产生情绪冲突,就更不愿意去沟通,信息交流就更不畅,进一步加剧了情感隔阂。

(3) 利益因素。

利益因素指冲突双方在有形利益或无形利益的争取上也容易引发情绪冲突。在大学里,利益争夺无处不在,对有限的利益资源进行分配、各种荣誉的评比等都可能引发大学生的情绪冲突。如从自习室的占座、学生干部的岗位、荣誉评选到奖学金的评比无处不存在竞争,一旦双方成为竞争者,又没有足够的理性认知,情绪冲突极易产生。

4. 社会上情绪冲突的影响因素

（1）社会误解。

社会误解是指人们在互动中因认识、情感、态度、利益上的差异而产生的双方或多方关系中的相互理解偏差，不能准确地理解对方的意图。社会误解在本质上也属于社会理解，只是一种没有真正理解的"理解"。社会误解广泛地存在于人际沟通中，一次小小的服务都有可能产生极大的社会误解，如顾客认为价格高了或者服务不到位，而服务者认为这是合理的。社会误解是一种具有危害性的认识偏差，其存在往往是引起社会情感冲突的重要原因，很多社会误解表现为双方利益诉求存在差异，但折射出的是双方认知、情感、价值观上的差异。

（2）社会不平等。

社会学家伊恩·罗伯逊(Ian Robertson)认为自有社会以来社会不平等就存在了，社会不平等与人类社会如影随形，一直是造成紧张、冲突、暴力、压迫的根源。社会不平等会导致社会成员产生相对剥夺感，进而引发沟通不畅或人际情感冲突行为。社会不平等很容易引发群体冲突，或者阶级冲突，当然也会引发个人仇视某些群体，或将某些群体的人刻板化。当人们通过付出想要得到某种东西而实际上得不到时，就会在主观上产生"自己的劳动成果被别人剥夺"的心理，激发怨怒情绪。

（四）应对情绪冲突的方法

1. 有效的沟通是解决冲突的关键

沟通是需要技巧的，否则很容易陷入沟通障碍之中，导致情绪冲突更为严重。教师和家长可以通过有效的沟通引导和教育孩子，敢于表达自己的想法，要注意以理服人，学会及时有效地与人沟通。沟通不等于"说话"，有效沟通的前提是双方都愿意沟通，如果一方在滔滔不绝地"说话"，另一方并不想搭理，或者表现出抵触情绪，这都不是有效的沟通。用恰当的教育方法，来帮助学生对问题逐渐形成正确的认知，耐心倾听孩子的心声，实现心与心的交流，这样才有利于冲突的解决。父母在孩子成长过程中，没有给予及时的陪伴，缺少沟通，导致亲子冲突日益加重。最好的方式就是尽力找到一种合适的交流方式。

2. 觉察并调节情绪

情绪冲突会使人产生一系列消极的情绪反应，当面对情绪冲突时，要及时觉察自己的情绪状态。通过自己给自己叫"停"，引导自己说出内心的感受，处理好情绪再做理性的思辨，最后重新进行沟通。当处于负性情绪状态时，如果继续沟通，会造成双方的对抗，进而使关系走向对立。人们应当学会觉察自己的情绪，发现情绪不对时及时叫"停"，如果没有更好的解决方法，这时中止沟通要比继续沟通更好，否则会进入沟通中的相互伤害模式，让沟通更糟糕，也让以后的人际关系修复难度更大。叫"停"可以让情绪及时进入调节时段，如果你不知道更好的调节方式，"冷静"应该算是比较好的调节方式。

3. 正确认识情绪冲突

转变对情绪冲突的认识,认识到常规化、普遍化的冲突,有助于各群体及人们之间的妥协、协调和团结。情绪冲突不仅有破坏性的一面,也有建设性的一面,情绪冲突可以让我们重新审视我们的人际关系与处理方式,它像一面镜子,让人们在沟通中反思与克制自己的行为方式,让人们在学会处理情绪冲突中提高自己的情绪智力水平。在沟通中,要客观地分析情绪冲突中包含的不合理的绝对化观念,如"我是对的,错误一定在你","任何事件都是可以完美地解决的","我没有缺点"等。人际沟通中要创设具体的情境,积极转变消极看法与绝对化信念,进而形成建设性的冲突观。只有看到情绪冲突建设性的方面,才能树立积极的沟通信心,以积极的心态去面对情绪冲突,找出最好的解决途径。

4. 提高情绪冲突中的沟通能力

在冲突过程中,除了人与人之间的观念差异之外,情感表露也对谈判产生重要影响。竞争对手的感情表露有助于沟通的顺利进行。例如,你的竞争对手刚刚摸彩中了头奖,或者谈成了一笔大订单,那么这种喜悦的情绪会使他不禁喜形于色,可能平日里斤斤计较的个性也会有短暂的改变,使得沟通非常顺利,共识很快达成。

处理情感冲突,不能采取硬碰硬的方法。采取硬碰硬的解决方法往往会使冲突升级,过激的负性情绪问题,不妨从以下两个方面着手解决:

(1) 首先学会觉察自己与对方的情绪。如果你的对手非常生气,甚至冲你大发雷霆,那么你可以不断地提醒自己冷静,你可以尝试微笑,微笑可能会改变对方的态度,更重要的是微笑能够抵御对方的情绪对你的消极影响。保持冷静的心情,才能进一步弄清对方生气的原因。在对方情绪不稳定的情况下,不宜急于作出解释和澄清,更不宜去对抗,这时缓解气氛或心平气和可能是最好的方法。

(2) 利用对方的危机心理。在沟通中,要善于找到对方合作或不合作的利害关系,巧妙地利用对方的危机心理,让对方产生压力感甚至恐慌情绪,这时事件就会有好的转机。因为任何博弈,无非就是"做"与"不做"的利害关系,如果你能呈现出对方最不愿意看到的结局,刺痛对方的危机心理,对方的情绪就会立刻发生转变,沟通也就能顺利进行。

【课堂练习】

列举一至两个你经历过的成功解决情绪冲突的例子,分享给大家。

二、沟通中的情绪调节

(一) 什么是情绪调节

情绪从极性上来划分，可以分为积极情绪和消极情绪。情绪本身没有好坏之分，由情绪引发的行为和行为后果是有好坏之分的。情绪调节并不是要消灭情绪，而是疏导情绪、通过转变自己的信念与行为，对事件后果进行"合理化"，可以改变自己的情绪体验，这就是情绪调节的基本理念。

情绪调节，就是用正确的方式方法，探索自己的情绪，然后调整自己的情绪，理解自己的情绪，改变自己的行为方式。情绪调节是每个人管理和改变自己或他人情绪的过程。在这个过程中，通过一定的策略和机制，使情绪在生理活动、主观体验、表情行为等方面发生一定的变化。成功的情绪调节，主要是要管理情绪体验和行为，使之处在适度的水平，其中包括"削弱或去除正在进行的情绪，激活需要的情绪，掩盖或伪装一种情绪"等。可见，情绪调节既包括抑制、削弱和掩盖等过程，也包括维持和增强的过程。

(二) 有哪些情绪调节理论

1. 艾利斯情绪调节 ABC

合理情绪疗法（Rational-Emotive Therapy，简称 RET）也称"理性情绪疗法"，是由美国心理学家阿尔伯特·艾利斯（Ellis, A.）于 20 世纪 50 年代创立的，其核心理念是帮助来访者解决因不合理信念而产生的情绪困扰。合理情绪疗法属于认知心理治疗方法，这一理论又是建立在艾利斯对人的基本看法之上的。艾利斯对人的本性的看法可归纳为以下几点：

第一，人既是理性的，也是非理性的。人对于外部客观世界的分析可能是理性的，但对于主观世界的分析往往又是非理性的，当人们按照理性的思维去行动时，他们就会很愉快、富有竞争精神和行动成效，会更理性地看待行为结果，更容易快乐；当人们用非理性思维去分析问题时，更容易产生过高的预期和消极的解释结果。第二，情绪受非理性认知的影响很大，情绪上或心理上的困扰是由非理性、非合逻辑思维造成的，非理性思维在每个人认知体系中都存在，任何人都不可避免地或多或少地存在不合理思维与信念，它们会以一种无意识的方式启动，并影响你的情绪和行为方式。第三，人的思维是通过语言完成的，如果不断地重复某种不合理的信念，它将会让你深信不疑，并主导你的行为方式、主宰和控制你的情绪，让你很难排解情绪困扰。第四，持续的情绪困扰，本质上就是那些内化信念持续作用的结果，你很难摆脱消极情绪，就是你很难摆脱非理性认知的结果。正如艾利斯所说："那些我们持续不断地对自己所说的话经常就变成了我们的思想和情绪。"

为此，艾利斯宣称：人的情绪不是由某一诱发性事件的本身引起的，而是由经历了这一事件的人对这一事件的解释与信念引起的,这就成了 ABC 理论的基本观点。在 ABC 理论中,A 是指诱发事件(Activating event);B 是指个体对事件的解释,即信念(Belief),因为信念是你解释事件的认知向导;C 是指个体由于对事件的解释而产生的情绪和行为的结果(Consequence)。

人们会认为"是发生的事件直接影响了我的情绪",即人的情绪反应是由事件 A 直接影响的结果,A 引起了 C 的变化。ABC 理论认为,事件 A 只是引起情绪反应的间接原因,人们对事件所持的信念、看法 B 才是引起情绪反应的直接原因。

2. 认知重评与表达抑制

认知重评包括两种调节方式:评价重视与评价忽视。评价重视属于增强型调节方式,具体方法是个体通过提高对可能引起情绪的情境的评价,从而增强个人与情境之间的关联性。而评价忽视属于减弱型调节方式,具体方法是个体以忽视、减弱和回避等方式,对情境中可能诱发情绪的刺激进行认知重评,尽可能跳出当事人的视角,不去感受情境可能引发的情绪。表达抑制是反应调整的一种,反应调节是指当情绪发生之后,个体通过改变对情绪的反应倾向来调节情绪,主要是对表情行为和生理反应的控制。表达抑制是指个体抑制将要发生或正在发生的情绪表达的行为。其基本调节方式包括表情宣泄(增强型)和表情抑制(减弱型),表达抑制调动了个体的自我控制能力,通过表达抑制可以启动自我控制过程,以行为改变或生理反应变化来抑制自己的情绪。

情绪调节的主要目标是改变情绪,认知重评与表达抑制是两种截然不同的情绪调节策略,这两种方法对后继的情绪本身会产生不同的影响。有研究表明,认知重评会降低情绪的生理反应、心理体验和行为表达。而表达抑制虽然会降低情绪的行为表达,但会导致生理反应增强,有可能不会改善人际关系及提高个人的主观幸福感。相对于表达抑制,认知重评的习惯性使用会使个人的人际关系变得更好,并伴有更高水平的幸福感。很多负性情绪具有较高的认知成分参与,如愤怒,因此并不能通过表达抑制获得很好的治疗效果,可以认为表达抑制从"治标"入手,并不能"治本"。如果个体能在认知上重构负性事件的意义,则更有可能从根源上消除消极情绪,并在类似的负性事件中得到同样的调节效果。

(三)情绪调节的方法

1. 心理暗示法

心理暗示法是指个人通过语言、仪式、行为和想象等方式对自身施加心理影响的过程。心理暗示最初是由法国医师库埃于 1920 年提出的,库埃的名言是"我每天在各方面都变得越来越好",他通过这种方式促使自己每天保持积极向上的心志。心理暗示的方法很多,这里介绍两种:

第一种是语言暗示。语言是人类所特有的高级心理活动现象,语言暗示是最直接有效的暗示方法,它对人的心理具有奇妙的作用。例如,当你感到心中十分压抑的时候,可以使用语言的暗示作用来调整和放松压抑感,你可以暗示自己"放松、放松、再放松",并配以舒缓的动作,这样语言暗示的效果更好。当你感觉要发怒时,同样可以用语言来暗示自己:"别做蠢事,发怒于事无补,既伤自己,又伤别人。"或者对自己不断地喊"停",语言暗示会使你的心情很快平静下来。当你情绪激动时,默念或轻声警告"冷静些""不要发怒,发怒会把事弄糟""制怒""镇定""三思而后行";当你忧愁时,提醒自己"忧愁无济于事""高兴起来""开心笑";当你因遇到困难或挫折而心情郁闷时,可以暗示自己"事情原本更糟呢";进考场后暗示自己"先别忙,看清题""我一定能考好"等来保持自己的情绪平衡。据说,清代禁烟功臣林则徐很易怒,为了控制易怒的情绪,他在中堂挂了"制怒"两字的大条幅,天天看几遍,以此警示自己克制怒气。

第二种是自我激励。自我激励是人们精神活动的动力之一,也是保持心理健康的一种方法。在遇到困难、打击、逆境和不幸而痛苦时,善于用坚定的信念、伟人的言行、生活的哲理和榜样来安慰自己,使自己产生同痛苦作斗争的勇气和力量。自我激励本质上也是一种自我暗示,不同的是它是通过积极的事例来鞭策自己,它可以激发个人的斗志。适当赞美自己可以增强自信,增添快乐。如国外流行的"60秒PR法"(PR为Pride的缩写),就是每天用1分钟大声讲述自己的优点,对着镜子表扬自己,以增强生活的信心和勇气。如果自我激励成功的话,它会促进个体产生积极的自我认知与自我评价,起到更为长久的心理效果。

2. 适度宣泄法

所谓宣泄是指情绪宣泄,就是把积存在心里的负性情绪打扫干净,使神经通道畅通无阻。宣泄法通过发泄疏导的方式,把长期积聚、压抑在心中的不良情绪宣泄出去,达到因势利导、复原心情、心理平衡的目的。著名心理学家弗洛伊德把宣泄疗法称为"心理净化疗法",这一比喻是很恰当的。宣泄的方法很多,这里介绍两种:

第一种是倾诉苦衷法。此法是通过言语或文字来倾吐和发泄情绪的方法。培根的名言:"把快乐告诉一个朋友,将得到两个快乐;把忧愁向一个朋友述说,则只剩下半个忧愁。"美国有的医生让患者单独坐在空荡荡的屋子里,面壁自语,或者跟医生促膝而谈,倾诉衷肠,直到病人以为无话可说为止。也有的医生让许多情绪压抑者围坐在一起,让他们海阔天空地大谈特谈,或狂呼乱叫,或高歌乱舞,经过这种宣泄疗法后,情绪就变得豁达开朗了。

第二种是"模拟"发泄法。此法是制作一个引起不良情绪的"模拟品",对其发泄情绪,消除内心郁怒情绪的方法,国外运用较多。在日本,有些工厂的门口立有用橡胶塑造的"经理"的半身像,怒气冲冲的工人可对其拳打脚踢,破口大骂,发泄情绪,达到情绪稳定。有条件的企业或单位可以在职工俱乐部设置心理宣泄室,在宣泄室里设置一个橡胶人或者沙袋,当职工们在生活中或在工作上遇到不顺心的事而产生负性情绪的时候,可以供他们在这儿发泄消极情绪。

总之,心烦时找朋友倾诉;不满时适当发发牢骚;情绪低落时适当参加运动;心理矛盾不可调节时,求助心理医生,都可以起到宣泄情绪的作用。

3. 增加积极体验法

首先是自得其乐。生活中不缺少快乐,只是缺少发现。因此,对各种事物保持兴趣,像孩子一样对环境中的色彩、声音、光线、美景等持有一种欣赏、赞美的态度;不论是欣赏每一次日出,还是参加郊游,都倾注热情,享受其乐趣;多和孩子们一块玩,他们的童真也会给你带来快乐,消除烦恼;照一照镜子,看看自己愁眉苦脸的样子有多丑,不如笑笑,我笑,镜中人也笑,苦中作乐,怨恨、愁苦、恼怒也就没有了;每天早晨起来的时候,使自己脸上露出很开心的笑容来,挺起胸膛,深吸一口气,然后唱一段小曲,或吹一曲口哨,或哼哼歌,记住自己快乐的表情。

其次是不自寻烦恼。美国心理治疗专家比尔·利特尔这样告诫人们,增加愉快的体验首先要减少不必要的烦恼。要注意:① 不要滚雪球似的扩大事态,当问题第一次出现时就正视它;② 不要把别人的问题揽到自己身上自怨自艾;③ 不要总盯着事物的消极面;④ 不要总料想会出什么坏事;⑤ 不要把目标定得高不可攀;⑥ 不要贬低自己的价值;⑦ 不要小题大做,鸡蛋里挑骨头;⑧ 不要总觉得自己受苦受难。

三、个性特征与情绪调节

(一)什么是个性特征

个性特征即个性心理特征,是指个人在先天素质的基础上,一定的社会环境中,通过参与一定的社会实践活动,形成和发展起来的具有一定倾向的、比较稳定的心理特征的综合。它集中地反映了个体心理面貌的个别性、独特性。① 具体包括了性格、气质、能力等方面。人的个性特征既受先天遗传因素影响,也受环境和社会实践因素影响,个性特征会影响情绪调节的方式,有些个性特征不易于情绪调节,如抑郁气质特征的人不容易自我调节,多血质的人更易于自我调节情绪。

个性特征可做如下分类:

(1)根据人的心理活动倾向于外部的还是内部的,可以把人们的个性特征分为外向型与内向型。外向型的人的兴奋点在外部世界,这种人乐观、热心、开朗,容易与人相处、合作,外向型的人乐于沟通,善于表达自己,在沟通中更关注别人的外部表现。内向型的人兴奋点在于内部心理的自我体验,在沟通中更注重细节,有敏锐的洞察力,不善于沟通和表达自己。

(2)根据个体独立性程度,可以把人们的个性特征划分为独立型和顺从型。独立型的人在沟通中善于独立思考,不易受外来因素的干扰,不容易受人暗示,能够独立地发现沟通中存在的问题。顺从型的人在沟通中易受他人的干扰,容易受人暗示,常常会不加分析地接受他人的意见,应变能力较差。

(3)根据知、情、意三者在性格中何者占优势,可以把人们的个性特征划分为理智型、情绪型和意志型。理智型的人在沟通中以理智来评价、支配和控制自己的行动;情绪型的人在沟通中往往不善于思考,其言行举止易受情绪左右,而且情绪不容易控制;

---

① 焦洋.论学生个性心理特征及其教育[J].当代教育论坛(综合研究),2010(8):25.

意志型的人在沟通中一般表现为行动目标明确,主动积极,不容易改变自己的观点,非常专注执着。

(4)根据人的社会角色类型的不同,可将个性特征分为领导型、理智型、亲和型、社会型。领导型是最富有竞争性的一种个性,他们对精神的追求很高,因而不断进取,在沟通中易处于支配地位。理智型的人在沟通中很讲原则,对待事情一丝不苟,为人诚信可靠、分析问题深入,不容易受情绪左右。亲和型个性特征的人通常容易让人喜欢,尤其在某些特定场合,他们能恰当使用沟通中的一些技巧,给人一种亲和力。社会型的人给人留下最深的印象就是有热情、热衷于公共事务,很喜欢出谋划策,很乐于与人沟通,主动积极性高。

(二)个性特征与情绪调节的关系

1. 气质类型

气质(Temperament)是人与生俱来的心理特征,受神经系统活动过程特点的制约,是表现在心理活动的强度、速度、指向性与灵活性等方面的一种稳定的心理特征。[①] 上述特征的不同组合,便构成了个性化的气质类型。气质使人的全部心理活动具备了个性化的色彩,气质属于人的性格特征之一。人的气质类型通常分为多血质、胆汁质、黏液质、抑郁质四种。

不同气质类型的人,在情绪调节方式上也各有不同。多血质的人神经过程特征是强、平衡而且灵活,感受性低而耐受性高,活泼好交流,遇到不愉快的事时能够灵活调节,或者自己进行注意转移;胆汁质的人神经过程强而不平衡,感受性低而耐受性高,精力旺盛,行为外向,直爽热情,但心境变化剧烈,脾气暴躁,易被激怒,这两种气质类型均属于活动性较强的类型。活动性强的个体在与人交流时,能有效地吸收精细的信息并做出适当的反应,进而促进其情绪能力的提高,在与人或者周围环境交流互动的过程中,会主动选择对自己更有利的情绪调节策略,即认知重评策略。黏液质的人神经过程特点是强、平衡但是不灵活,对情绪体验比较深刻,情绪兴奋性低但很平稳,情绪的转换相对较慢,注意力容易集中,稳定性强,因此黏液质的人能很好地进行表达抑制。抑郁质的人神经过程特征是弱,感受性高而耐受性低,内心体验极为深刻,多疑多虑,思维极端,性格内向、胆小、孤僻,情绪兴奋性弱,郁郁寡欢,不爱交往,事事认真细致,动作迟缓,对同一事物,他们的压抑感可能比其他气质的人更明显。所以,这种气质类型的人不能很好地使用认知重评,也较难使用表达抑制。

2. 性格

性格是一个人在对现实生活的稳定的态度和与这种态度相应的、习惯化了的行为方式中表现出来的人格特征。性格不同于气质,性格是后天形成的,受历史文化的影

---

① 蒋彦妮,张菊兰. 大一新生手机依赖与气质类型的关系[J]. 吉林广播电视大学学报,2019(10):99.

响,有明显的社会道德评价的意义,可以反映出一个人的道德风貌。如果说气质更多地体现了人格中的生物属性,那么性格则更多地体现了人格中的社会属性。在心理学界,性格已被解析为神经性(Neuroticism)、外向性(Extroversion)、尽责性(Conscientiousness)、亲和性(Agreebleness)与开放性(Openness)等五向度。不同性格的人在情绪调节的方式上是有差异的,例如内向型性格的人倾向于对情绪进行自我控制,而外向型性格的人则倾向于积极表达。相对于外向型性格的人,内向型性格的人在情绪调节方面显得消极些,也更加压抑自己的情绪,负性情绪周期长,发生频繁,而外向型性格的人更容易使用认知重评的调节策略,负性情绪周期短,发生不频繁。此外,亲和性、开放性高的性格特征更易于情绪调节,相反神经性、尽责性高的性格特征不易于情绪调节。

3. 自我意识

自我意识是指一个人对自己以及自己和他人之间关系的意识,即个人对自身的自觉观念系统。自我意识使人们能够对自己的所作所为进行自我分析、自我评价、自我调节和控制,对个体的自我发展有重要意义。① 自我意识从形式上可分为自我认知、自我体验和自我调节。大学生自我意识迅速增强,注重自我探索和自我体验,且自我明显分化,自我矛盾加剧,表现为认知与情感上的冲突加剧,容易出现自我同一忄混乱。自我意识发展不良者常以个人为中心看问题,很少客观全面地认识自己、评价自己,容易出现两极化的人格特征,容易导致情绪低落,在人际沟通中要么表现得孤傲、要么表现得自卑。

自我意识不良者在情绪调节上要注意以下两方面:① 树立正确的自我认知。全面而正确的自我认知是建立健康的自我意识的基础,自我认知既有自己对自己的认识与评价,也有来自重要他人的评价,尤其是对于青少年来说,重要他人的评价是形成青少年自我认知的基础。当然,也要客观地看待他人的评价,学会理性地评价自己,不要妄自尊大,也不要妄自菲薄。② 积极的自我接纳。自我接纳是对自我积极肯定的心理倾向。自我接纳是以积极的态度正确对待自己的优点和缺点,既能接受自己的优点,也能接受自己的缺点;能根据自己的能力和条件,确定自己的理想目标。另外也可通过补偿、宣泄、疏导、升华、积极的自我暗示法、自我激励法等情绪调节方法,有效调节由自我意识不良引起的消极情绪,不因一时自卑而否定自我,维持心理平衡,增强适应社会的能力,使自我意识朝着健康的方向发展。

【课堂练习】

为什么有时候我们明明知道自己的情绪于人于事都不好,却很难调节过来?请列出这样的例子,并说明为什么,谈一谈如何才能克服这种心理。

---

① 沈德立.基础心理学[M].上海:华东师范大学出版社,2003:3.

专题三　沟通中的情绪劳动

情绪本来是一种自然反应，但当你进行有意识的控制时，情绪成了一种需要努力的心理过程，成为一种付出，称为情绪劳动。情绪劳动横跨不同的行业、阶级及职务，不论任何职务角色，只要在人际互动的过程中，都有可能需要进行情绪劳动。于是我们就有了这样的体验感受：自己每天无所事事，下班到家依然身心俱疲。为别人而忧伤，为别人而焦虑。

一、情绪劳动在沟通中的意义

（一）什么是情绪劳动

情绪劳动的概念是从服务行业发展而来的，由社会学家 Hochschild 首先提出。情绪劳动是指在人际交往过程中，个体通过努力、计划和控制使自己表现出达到组织要求的情绪行为。[①] 就此定义来说，第一，隐含了情绪的互动模式——社会环境决定个人如何表达或感受情绪，而个人也会根据对社会环境的了解，来理解情绪。第二，情绪劳动需要付出某种程度的努力，即使内在感受与组织期望表达的情绪一致，仍需要付出努力，因为要将内在感受转化为面部表情、动作和语言。第三，情绪劳动有一套表达规则，指引情绪应该在何时表达，如何表达。

情绪劳动的概念意味着原本只是在私人生活中的表达，变成了相对于体力与脑力劳动之外的第三种劳动形式。它代表着情绪的支出与使用，具有交换价值，同时享有金钱或其他形式的回报，如得到晋升机会或关系建立。个体在人际互动过程中，一直有意地控制着自己的情绪输出，在不同场合、面对不同的人输出不同强度和持续时间的情绪。例如，希尔顿的微笑服务是旅店管理者制定的规则，在与旅客面对面接触中恰当给予旅客最愉快的感受，既为旅店创造了口碑，又为服务者自身带来回报。一个人管理个人情绪、感知他人情绪并根据规则做出适当反应就是情绪劳动的表现。

情绪劳动是一个多维度、多成分的概念。Zapf 等人提出情绪劳动的七个维度，分别是：① 正向情绪表达，即对他人表达正向情绪的频率；② 情绪表达的多样性，指沟通中需要根据要求表现出多种不同的情绪；③ 敏感度要求，即沟通中需要注意沟通对象的感受；④ 同理心展现，指沟通中要表现出与沟通对象相同的情绪；⑤ 情绪失调，指真正感受到的情绪状态与组织需要表现的情绪状态之间的不一致性；⑥ 规则性，主要指在人际交往中，表达适当的组织期望和要求的情绪；⑦ 互动控制，指由沟通主体掌握与

[①] 郭德俊.动机与情绪[M].北京:首都师范大学出版社,2017:448-449.

沟通对象互动时的控制权。①

（二）情绪劳动对沟通的影响

情绪在人际沟通中扮演着重要的角色，情绪劳动对于沟通的影响是直接和显著的。合理的情绪劳动有助于良好沟通，建立良好的人际关系。情绪劳动从以下三个方面塑造了个人的沟通形态，保证沟通目标的达成，使沟通正常有效地进行。

1. 对规则的熟知影响与他人沟通的方式

对情绪表达规则的准确感知和有力执行将有助于更好地完成组织要求，达成沟通的预期目标。表达规则根据表现性维度和自主性维度进行划分，有四种类型：① 显性表现规则，即组织内部明文规定与他人的沟通中期待表现的情绪；② 隐性表现规则，指组织期待但没有明文规定要表现的情绪；③ 自主性表现规则，指自己依据情境的需要选择适宜性的表现规则。不同的情绪表达规则决定着情绪劳动的质量，规则越清晰，付出的情绪劳动的频率、质量就越高，个体的自主性就越受限。比如，医患沟通遵循着一套特定的沟通流程。尽管对自主性的限制较大，但沟通效果显著，较少发生沟通不良引起的投诉或医患纠纷，提高了患者满意度。

【课堂练习】

社会规则或组织规则在情绪劳动中起什么作用？为什么有些人在组织中是一个合格的情绪劳动者，而在社会中却往往又是另一种模样？

2. 情绪表达的多样性影响个人在沟通中扮演的角色

情绪表达的多样性指个体依不同场合、不同对象、不同阶层的人表现出不同的情绪反应，或是在沟通中表现出一种以上的情绪状态的必要性。情绪表达的多样性可以缩短沟通的距离，情绪多样性有利于人际沟通中信息交换的准确性和可靠性，有利于彼此观点的接受与融合。如高校辅导员与学生的沟通中，辅导员选择放低姿态，转换身份，以朋友的角色与学生沟通，将不对等的师生关系转为对等的朋友关系，将使学生更放松，更"愿意"讲。而敏感度要求和同理心展现涉及对他人情绪的觉察。敏感度要求，即沟通中是否需要注意对方的感受。同理心展现，是指沟通中是否必须照顾对方的各种情绪，将心比心。观察他人，获得情绪线索，并理解他人，有利于人际沟通中给予他人安慰、支持和忠告，促进关系的建立和发展。沟通是一种双向的互动，不仅要自我觉知，更要觉知他人。某剧中有一段这样的对话：

西蒙妮：为什么旺达没来我的宴会？纳奥米：很简单，她不喜欢你。西蒙妮：你

---

① 郭德俊. 动机与情绪[M]. 北京：首都师范大学出版社，2017：454.

说谎。纳奥米：还记得我们去酒庄那次吗，她老公刚搬走，旺达都崩溃了。西蒙妮：然后我讲了些趣事逗她笑。纳奥米：那都是关于你在意大利的旅游的趣事，还有你热闹的画廊，以及你女儿奢华的婚礼。

一起比惨，痛苦减半，西蒙妮本应该告诉旺达，她的人生也并非那么完美。但由于她错误的情绪劳动，不关注他人的感受，没有设身处地地为他人着想，真实内心感受与情绪表现完全一致，却没有扮演沟通中该扮演的一个倾听者，一个接纳者或一个安慰者的角色，而她讲的"趣事"让旺达认为是在取笑自己，那么沟通必将寸步难行。

3. 情绪劳动的表现策略会影响沟通效果

情绪劳动策略通常分为表层扮演、深层扮演和自动调节三个维度。深层扮演主要是指员工不仅要在行为上符合组织对情绪表达的要求，还要"发自内心"地去体验这种组织要求表达的情绪。例如，当服务员遇到有困难的顾客时，会通过换位思考，即站在顾客的角度来感受顾客的心情，移情性地体验顾客的心情，对顾客表现出同情。习惯采用深层扮演策略的人，有效地调节了内心的真实感受，从而使情绪表达更加接近自然，更容易唤起对方的信任与认同。依据情绪感染理论，使用深层扮演策略的人也更容易唤起他人情感上的共鸣。反之，习惯于采用表层扮演策略的人，其唤起的情绪表达效果将不具有上述优势，与深层扮演策略之间有较为明显的效果差异，因为表层扮演策略仅仅是在行为上表现出符合组织要求的特点，并不会改变自己的真实内心感受。

尽管有诸多积极影响，但依然要警惕长期保持高强度的情绪劳动，持续的意志努力和较多身心能量的耗损带来的情绪耗竭、倦怠和生活满意度与幸福感的降低。① 情绪劳动还具有溢出效应，即情绪劳动不仅会影响工作情境中的态度与行为，还会对非工作情境中的情绪产生影响。

"海底捞"让顾玲同学的怒气烟消云散

中国人对火锅的热爱是出了名的，一顿火锅，一场热闹，交友美食两不误，火锅不仅是美食，也代表着文化。以海底捞为例，让我们细心观察那些在服务中的情绪劳动，从中学习并得到启发。

顾玲和张亮在海底捞用餐时因一些小事在交流中发生了争执，本来顾玲想好好吃顿饭的计划就这么泡汤了，结账后转头就走，绝不给张亮好脸色看。结果，在结账后他们收到了一张由海底捞员工为他们精心制作的贺卡，上面写着"帅哥美女你们好，刚刚给你们服务的过程中感觉你们好像不怎么开心，不知是否因为我的服务不周，但我本人希望你们开开心心的。人生看似漫长，其实也很短暂，你们何不开心度过每一天呢"，海底捞员工面带微笑，微笑中流露出歉意，恭恭敬敬地双手递上贺卡。接过贺卡看后，两人顿时觉得非常温暖，怒气尽消，开始反思自己在争执中的偏执与傲慢。

---

① 詹延尊，凌文辁. 情绪劳动的影响效果及评估[J]. 商业时代，2006(33)：53.

二、情绪劳动的理论

（一）情绪劳动的类型有哪些

情绪劳动是一个十分复杂的主观动力过程。情绪劳动的表现形式也是多样的。它既包括意识介入的深度，也包括与外在情境的相互影响。因此可以从不同的角度分列情绪劳动的类型：

1. 自发情绪劳动、表层情绪劳动和深层情绪劳动

情绪劳动由情绪体验（felt emotions）与情绪表达（displayed emotions）组成。依据情绪体验、情绪表达与组织的情绪表现规则三者是否一致对情绪劳动进行分类。当情绪体验、情绪表达、组织的情绪表现三者一致时就是自发的情绪劳动。

第二种情绪劳动注重调节情绪的外在表现，个人为了特定的目标而展现出符合要求的情绪表现，故称为"表层劳动"。"表层劳动"以调整外在行为表现为主，偏重调整行为，而不注重自己的实际感受是否改变。当员工表达出的表情与真实的情绪不一致时，即情绪表达与情绪体验不一致时，就会出现情绪失调，但是为了遵守组织的情绪表现规则，员工通常会选择压制自己的真实情绪体验，表现出与组织要求一致的表情。如果仅仅是调整情绪表达，那就是表层情绪劳动，就是我们平时说的"假装"。

第三种是调节主观体验（regulating the feeling），这种调节着重处理个人内在的焦虑、紧张、冲突、不安及其他感受，使心情变好。个体一般无法直接改变主观体验，故此类调节一般通过调整和改变诱发主观体验的认知而实现。所以，这种调节实际上属于针对认知评价而进行的认知调节，通过"认可"组织规则而改变自己的情绪体验，故称为"深层劳动"。但是深层劳动并不仅仅是改变认知，深层劳动也需要一定程度的表情调节或行为调节。通过转变认知来调节情绪体验，实现情绪表达与组织的情绪表现规则一致，这属于"真演"。深层情绪劳动的沟通效果要好于表层情绪劳动，无论是表层情绪劳动还是深层情绪劳动在沟通中都是非常有必要的，它可以折射出一个人驾驭和操纵情绪的能力。

2. 聚焦自我的情绪劳动和聚焦他人的情绪劳动

以上几种分类忽略了互动的"他人"，事实上，Hochschild 在《组织中的情绪》的序言中曾提出情绪劳动包括了解、评估和管理他人，以及自己的情绪。因此，根据情绪劳动接受者的不同，Seery 和 Corrigall 则将情绪劳动划分为聚焦自我的情绪劳动（即表层扮演）和聚焦他人的情绪劳动（即情绪增强）。聚焦自我的情绪劳动指的是当一个人并不真正感到快乐或高兴时，做出适当的或必要的情绪表现（如微笑）。简而言之，它需要假装一种情绪的表达，因此与情绪失调相类似。例如，"我"向他人表达的感觉与"我"内心的感觉不同。聚焦他人的情绪劳动是指努力使他人感到快乐和满足，增强他们的自尊，因此又称为情感增强工作，这类情绪劳动与"关心"或"培养"工作特别相关，如护理工作、幼儿园老师。如在"我"的工作中,"我"让他人对自己感觉良好,并建立他们的自尊,其目的是服务于他人。

【课堂练习】

举例说明你在什么情境下,容易出现自己的真实情绪体验与自己的情绪表达不一致,并说说这些情境具有什么特点,你为什么要这样做,对人际沟通有什么影响。

(二)情绪劳动的内在机制

1. 资源保护视角

关于情绪劳动内在机制的解释比较有说服力的是资源保护理论。该理论认为,人具有建立、保护及保存生存资源的基本动机,包括心理资源。当个体面对工作负荷时,如果面临资源丧失的威胁,或者在投入资源后无法获得相应回报时,个体就会感到心理不适。心理资源损耗主要来自角色需求和为了合乎这些角色需求而花费的精力和努力,个人把自己的心理资源投入工作需求的实现上,期望获得积极的工作成效作为回报,当工作没有成效时,个人就感到压力。所以人们通常会按照组织的规则去表现自己,也只有按组织的规则表现自己时,工作才可能有成效,这就是组织规则被内化的原因,人们将自己的表现与组织规则相比较,并调节自己的行为,情绪劳动就此产生。

资源保护理论认为,与深度行为相比,表面行为由于需要进行伪装/虚假的情绪表达,减弱了自我真实感。而深度行为着重要求个体调整内心体验,改善自己的真实情感体验,为此需要个体完全认同组织的规则,实现组织对个体情绪表达的要求。深度行为在情感体验和外显表情之间具有更多的一致性,其实属于资源获得的过程。与容易获得更多资源的深度行为相比,表面行为内心体验与外部表达之间的不一致导致心理资源更多地被消耗①,也就是说表面行为其实更损耗个体的心理资源,并且外部资源的获得也更少,工作成效更低。

2. 自我调控视角

迪芬达夫等人提出从自我调整的控制理论的视角来理解情绪劳动。② 其机制与调温器的工作原理一样,包括四个环节,分别是"输入""标准""比较器""输出"。"输入"作用是感知系统外的信息,并将其带入反馈环,输入相当于个人对当前状态或行为的感知;"标准"代表个体努力的行为标准;"比较器"起到一个匹配的作用,它对"输入"与"标准"进行匹配,看两者是否有差异,如果检测到"输入"与"标准"之间存在差异,匹配的

---

① 吴宗佑.由不当督导到情绪耗竭:部属正义知觉与情绪劳动的中介效果[J].中华心理学刊,2008,50(2):205.
② 郭德俊.动机与情绪[M].北京:首都师范大学出版社,2017:457.

"输出"功能就被激活,反过来又消除"输入"与"标准"之间的差异,使之相符;"输出"的变化可以改变对"输入"的感知,直到个体感觉不到"标准"与"输入"、"输入"与"输出"之间的差异。如果没有检测到差异,"输出"就保持当前水平。

情绪劳动包含了一个对情绪行为和展示规则之间的差异进行自我监控,并减少其差异程度的心理过程。当个体觉察到情绪表现与组织要求的情绪规则之间存在差异时,个体就会有意识地使用情绪调控策略进行调整,使用表层扮演策略更是如此,以减少情绪表现与组织规则之间的差异,如果使用深层扮演策略,就不存在情绪表现与组织规则之间的差异。因此,个人对当前情绪状态或行为的感知相当于"输入",组织的情绪规则相当于"标准",通过对当前情绪感知与表达规则的比较,"输出"一个适当的情绪表现,这就是情绪劳动的发生过程。

(三) 情绪劳动的影响因素

情绪劳动的影响因素主要体现在以下三个方面:一是个体因素,如性别、情绪智力、情绪表达和情绪性倾向;二是情境因素,如交往期望(频率、持久性等)、情绪事件(积极的和消极的);三是组织因素,如工作自主性、组织支持和同伴支持。

1. 个体因素

(1) 个体的人格特征对情绪劳动的影响。当个体从事与自己特质相一致的行为时,行为体验能得到更多的积极情感。比如,相比于访谈工作,内倾性人格的人更适合文书工作,不仅不用消耗更多的心理资源去强迫自己,而且会在文书工作方面呈现出自己最好的状态。因此,外倾性和表现积极情绪呈正相关,神经质和表现积极情绪呈负相关。在策略使用上,具有外倾性、宜人性和责任心特质或高自我监控的个体会选择深层扮演策略,神经质人格的个体则会采用表层扮演策略。此外,高自我监控者能更好地适应情绪劳动,因而报告了更低的压力。

(2) 情绪性倾向对情绪劳动的影响。正性情绪和负性情绪这两种成正交关系的情感特质会影响情绪劳动。大量研究表明,正性情绪性的个体乐观、向上,对社会情境常常进行正面评价,而负性情绪性的个体,常常悲观、痛苦,对社会情境更多地使用负性评价。个体的情绪特质会直接影响个体对情绪劳动要求的知觉。例如,更多感受到正性情绪的个体不会觉得沟通中有太多的需要展示积极情绪的要求,在沟通中也没有太大的压力,反而心理资源的消耗更小;相反负性情绪性的个体,在人际沟通中面临更多的心理压力,时刻担心自己的表达与社会期望不一致,需要付出更多的心理资源。对于正性情绪性的人来说,展示积极情绪不是互动要求,而是自然而然的真实情感表现,而负性情绪性的人,由于他们经常感受到负性情绪并且体验深刻,展示积极情绪就变成了情绪劳动,需要付出更多的心理资源,沟通的效果也更差。

(3) 情绪智力对情绪劳动的影响。情绪智力是指觉察、监控、调节自己与他人情绪的能力。拥有情绪智力,才能够分辨目前感受到的情绪和利用心理调控的结果来引导思考和行动。例如,与朋友争吵是否毁了你一天的行程?约会取消时,是否有好几个小

时闷闷不乐？你需要多久才能从失望的情绪中恢复？一旦体验到这些真实感受，就可以学习理解他人，善用情绪智力来追求期望的目标。高情绪智力的人情绪劳动的水平也高，且更容易认同组织的表现规则，实现深层扮演策略，相反，低情绪智力的人情绪劳动的水平更差，调控自己和他人情绪的能力更差，沟通的效果也更差。

班长王宇的情绪劳动能力

又到了一年一度的研究生奖学金评选活动。班长王宇开始遵从学院下达的通知收集各个专业学生的电子版及纸质资料。收集之后还要依据奖学金量化评定细则一一校对，是一项精细且艰辛的劳动。一份一份地整理资料，却发现有一位Y君没交，致电对方，对方说马上填写，但表示不知道怎么填。王宇发了量化细则及样板表格，但Y君没有要看的意思，直接问王宇样板表格里的分数来源，边打电话边截图给王宇问这5分是指什么分数，会议报告分是多少，我的论文刊物是省级多少分等。细则上写得清楚明白，况且王宇还有其他同学的资料要比对，但这场通话还是进行了一个多小时。

这样的同学有些任性妄为，但班长的做法值得大加赞赏。班级同学之间，总会有一些摩擦。中国传统文化要求克己复礼，忍让谦逊，特别是承担着服务班级同学的使命，为了双方的利益，需要理智而拒绝任性。

情绪劳动有两个维度，一个叫作情绪感受，指的是真实的心情如何。另一个叫作情绪表达，指的是实际的情绪表现。二者的差别越大，付出的情绪劳动的"工作量"也越大。情绪劳动是具有交换价值的，除了有形的金钱回报还有诸如荣誉和人气。想一想自己在评奖评优的投票中，除了把选票投给好友外，你的选票是否大都会投给那个常有互动、耐心解答你的问询的班长呢？

2. 情境因素

交往期望（频率、持久性等）、情绪事件（积极的和消极的）对情绪劳动有影响。例如，沟通双方互动的频次越高，其要付出的情绪劳动也越多，进而情绪负担也越大。这种情绪劳动的溢出效应会压缩私人时间，导致很少或没有机会卸下情绪面具，释放情绪压力。情绪事件本身也会对情绪劳动造成影响，不论是正面或负面，都有可能对情绪劳动策略造成影响，例如负面互动事件容易驱动表层扮演策略，而积极事件容易诱发深层扮演策略，人们更容易全身心地投入积极事件中。当人们遭遇沟通对象的言语侵犯或不公平行为时，更会采取表层动作去应对。如果负面事件是由沟通主体即"我"引发的时候，个体为了弥补损失，则会激发深层扮演策略，或流露真实的情绪，如表达歉意。由此可见，情绪劳动并不是一成不变的，在不同的情境中，个体的情绪劳动方式是不一样的。

3. 组织因素

工作自主性、组织支持和同伴支持对情绪劳动的影响。根据社会认同理论，个体把组织角色看作他们自我的核心部分，当遵循包括表达规则在内的角色期望时，他们的情绪感受更加趋于真实。这种源于对组织的认同可以预测个人深层扮演策略的使用。工

作自主性,是指在组织中员工能否按照自己的意志来决定如何工作。Rafaeli和Sutton的研究表明自主性越受限,越有可能导致情绪失调。组织支持是员工感知到的组织对自身付出的努力、贡献和体验到的幸福感的关注和重视。组织支持是一种重要的社会化资源,它能够弥补资源耗损,可以缓解员工的心理压力。当员工感知到较高的组织支持时,会采取积极态度对待工作,更容易从内心接受组织要求的展现规则并表达恰当的情绪,即进行深层劳动;而当员工感知到组织对其贡献、努力、幸福感不够重视时,心理会产生一种失落感,长此以往会导致员工产生工作倦怠,员工只会采用表层策略去适应组织的要求,即做出表层情绪劳动。

海底捞的情绪劳动水平

海底捞服务最大的优势是服务员的同理心和深层劳动。情绪劳动分为表层劳动和深层劳动。前者是指伪装的面部表情、语言和姿态,不触及内心感受;后者则需要员工调整内心,表达出真实的情绪。服务员标志性的微笑服务已经成为一种半自动化的表层劳动形式,是为了迎合服务规则的要求。但在海底捞,每一个服务员,从始至终表现出的都是发自内心的笑容。最重要的是,这不是仅依靠培训就能做到的,这体现的正是深层情绪劳动的魅力,完美诠释了什么是付出情绪劳动,让沟通更有温度。员工之所以能够进行深层情绪劳动,离不开组织的情绪劳动规则和员工对组织的认可这两个重要条件,很多服务业都有组织要求的情绪劳动规则,但是如果员工对组织不认可,这些规则也不会得到真正的执行,如何让员工认可组织,这是管理心理学研究的问题。

【课堂练习】

试着想一想,如何让员工认可组织规则,一个人认可组织规则是否等于他也很容易认可社会规则?为什么?

三、情绪劳动的策略

表层扮演和深层扮演是情绪劳动者进行情绪调节的两种常见方式,因而被称为情绪劳动的两种策略。大多数情绪理论学者都承认情绪成分包括主观感受、生理反应和外显表现三种成分。外显表现是指面部表情、身体姿态、手势动作等。而表层扮演就是对表情行为的调控达到情绪表达规则的要求,而真实的内心感受不会受到影响。深层扮演是为了改变内心感受以符合角色的期望。①

---

① 马淑蕾,黄敏儿. 情绪劳动:表层动作与深层动作,哪一种效果更好?[J]. 心理学报,2006,38(2):262.

（一）表层扮演策略

表层扮演是指个体为了展现符合组织规则的情绪，对情绪的外部表现（如表情、姿势、语调）进行调整，比如微笑和礼貌。表层扮演代表着外在表情行为与内心情感的分离独立，但作为一种情绪劳动策略被人们应用。我们不会时刻遵从内心对自己情绪做出改变，表层扮演作为一种策略可以让员工适应当前的任务。根据扮演理论，一个情感调控能力强的人，这种"掩饰"是一种轻而易举的事。一般员工的情绪劳动涉及压抑消极情绪与扮演积极情绪两个过程，当然领导的情绪劳动不仅包括压抑消极情绪与扮演积极情绪，也有可能是相反的，即扮演消极情绪。压抑消极情绪是指抑制将要发生或正在发生的情绪表达行为，是反应关注的情绪调节策略，压抑消极情绪调动了自我控制能力，启动自我控制过程以抑制自己的消极情绪表达。表达积极情绪使用了情绪劳动策略，初级水平的情绪劳动从表层策略开始，表层扮演水平可以提高个体的情绪调节水平，反映了个体的情绪智力水平。

（二）深层扮演策略

深层扮演是指为了按要求进入角色，尽量去体验必须产生的情绪，使情绪体验与情绪表达相一致，这种情况下的表情行为是发自内心的。此时，对表情行为和内心感受都要进行管理。积极的深层扮演就是要求个体做出努力，精心调整和控制情绪，做到表里如一。例如，一个人刚好在电话里与丈夫吵了一架，心情忧郁中透着愤懑，但在面对面与另一个人交流时，她就必须努力排除这种负面情绪，将内心的体验转换为真心的愉悦，面带微笑。深层扮演是一个积极主动的过程，要求个体尽可能努力激活能够引起特定情绪的思想、想象和记忆等心理活动。注意力转移和认知调整这两种调节策略确实符合深层伪装的含义，这两种调节策略可以提高个体深层扮演水平。

1. 注意力转移

注意力转移是指通过转移注意或有选择地分配注意来调节情绪。可以通过想象某件事情或期望获得某种成果，从而唤起工作中所需的情绪，在戏剧表演理论里又被称为"方法表演"（Method Acting）。注意力转移强调的是改变个体思维的聚焦点，通过认知转移来调节情绪，Hochschild 提出的深层伪装其含义与注意力转移非常相似。通常积极情绪性的人容易转移注意力，而消极情绪性的人不容易转移注意力，这也是前者更容易采用深层情绪劳动策略的原因之一。

2. 认知重评

认知重评即认知改变，是 Gross 提出的情绪调节策略中的一种。每个情境元素都有很多种意义，存在多种可能的解释，对不同意义的确定和选择可以改变情绪产生的过程。认知重评是指个体对情绪事件进行再解释、再评价，通过改变对情绪事件的理解，改变情绪事件对个体产生的意义的认识，将其合理化，从而改变个体的情绪。认知重评是"深层"的，为了工作目标调整内在过程，包括思想和情感。认知调整强调的是改变自身对外在情境的评价。例如,空姐被训练进行认知重评,碰到故意刁难的顾客时,就把这些乘客当作小孩子来看待。

除了情绪调节的训练,为了胜任高质量的情绪劳动需具备的能力包括人际交往、情绪觉察、情绪管理与表达和冲突管理等方面。还可以使用情景模拟和角色扮演提高情绪劳动技能。通过模拟来还原情绪劳动者的真实工作情景,在特设的环境中切身感受自己的情绪和调节自己的情绪。

职场中的情绪劳动

《某餐厅》节目,晚餐结束,M君开会,当着大家的面指责餐厅厨师长L大厨,一个国宴大师做的菜不好吃!

L大厨是顶级厨师,厨房就是他的主场,专业性方面毋庸置疑。但是M君作为店长不仅不懂厨房运作,还不听取L大厨的意见,这是明显的外行领导内行。他心里肯定有不满以及委屈。

有时候面对这样的独裁型领导,尽管不认可其做法,但在沟通无效之后很多人会选择忍耐,国宴大师也是如此,为此还必须付出极高的情绪劳动成本。

作为未来职场后备军的大学生,将来在职场可能会面临许多不可预知的事,比如——你的客户提出的要求不可理喻,但你仍需要微笑面对,耐着性子去沟通,了解并满足他们的需求;又或者你夹在两位上司之间,两边不讨好,依然要拖着疲劳的身心继续工作。那么你可以使用两种策略:

第一采用表层扮演策略,目的是控制情绪表达。

表层扮演策略可以分离外在表情与内在感受。当你需要表演某种情绪的时候,可以只做表层扮演,也就是让你的面部表情和肢体行为与表现的表情一致,内心不一定非要强迫自己。

表层扮演需要压抑自己,并不要求完全压抑自己,准许表露一些真实情绪,因为这些负性情绪,可能会让他人出于共情而反过来安慰你,有时候想象来自他人的评价非常苛刻,而忽视了来自他人的共情。

第二采用深层扮演策略,目的是改变情绪感受。

积极心理学认为,情绪表面上是不可控的。但实际上它是我们的主观选择。比如说:失恋很痛苦的时候,回忆的是那些美好的日子,因为"那些美好的日子"是对你现在痛苦情绪的合理化解释。也就是说,失恋的痛苦一开始是自然的。但到后来,却成为你的主动选择。很多人会选择向前看,将那段美好当作宝贵的财富,调整自己,重新出发。深层扮演策略就是调整内心体验,选择那些对事实更积极的看法。

比如被上司痛批了一顿,你的心情自然感到各种委屈不堪,你可以选择一直委屈,变得畏缩不前,也可以潇洒地将其抛掷脑后。

比如:你可能会想"我哪里做得不好? 是不是故意针对我",那么这种心情会伴随你好几天;你也可以选择自我说服"他可能是从上司那里受了气而已,我大度不跟他计较,山水轮流转",用这样的精神胜利法来让自己平和地度过这件事。改变世界很难,改变自己是一件相对容易的事。

综上所述,表层扮演和深层扮演的区别体现在以下三个方面:① 指向的对象不同,表层扮演调节的对象是情绪的外部表现,深层扮演调节的对象是情绪的内在体验;② 个体干预发生的时间不同,在表层扮演中调节发生在情绪体验之后,在深层扮演中调节发生在情绪体验之前;③ 结果状态不同,在表层扮演中情绪表现是违背情绪体验的,而在深层扮演中两者是一致的。①

由此可见,表层扮演策略的使用也是存在风险的,该策略使情绪表现与真实感受产生了分离,意味着更多的认知努力和未来可能的情绪耗竭。而且拙劣的扮演会面临被识破带来的困境,比如尴尬,失去他人信任,给人不真诚的印象。采用深层扮演时,员工向顾客展现出的热情、关爱、同情等积极情绪是源自内心的真实体验,因此,深层扮演者更有可能与顾客建立良好的关系、得到顾客的赞赏、获得成就感。积极的社会关系、他人的积极评价、自我肯定均是个体获得心理资源的重要途径。② 由此,在深层扮演中个体的资源消耗能够通过这些途径得到有效的补偿,当补偿大于消耗时,积极效应便应运而生。

本篇小结

本篇《情绪素养:觉浅知深　知言养气》从人际沟通中的情绪心理现象入手,系统介绍了人际沟通中的情绪觉察、情绪表达、情绪传递的心理现象及其在人际沟通中的作用,探讨了沟通中的情绪冲突类型、影响因素与解决策略,以及情绪劳动在沟通中的重要意义、情绪劳动的策略。从个人角度来说,情绪素养对于培养个人坚毅、隐忍、尊重等优秀品质具有重要意义;从人际角度来说,情绪素养有助于创建和谐、合作、愉快的人际关系;从沟通角度来说,情绪素养可以极大地提高人际沟通的效率、改善人际沟通氛围。

【拓展阅读】

1. 孟昭兰.情绪心理学[M].北京:北京大学出版社,2005.
2. 张奇勇.亚人格心理分析、测量与诊断[M].镇江:江苏大学出版社,2019.
3. 詹姆斯·格罗斯.情绪调节手册[M].桑标,等译.上海:上海人民出版社,2011.
4. 张婷.情绪调节术:如何把握自己的情绪[M].北京:北京航空航天大学出版社,2010.

---

① 廖化化,颜爱民.情绪劳动的内涵[J].管理学报,2015,12(2):306-312.
② 吕晓俊,徐向茹,孙亦沁.基层公务员的情绪劳动、组织公正和工作压力的关系研究——以上海市若干行政区为例[J].管理学报,2012,9(10):1464-1469.

> ◆ 不管一个人多么有才能,集体常常比他更聪明和更有力。(奥斯特洛夫斯基)
> ◆ 我们知道个人是微弱的,但是我们也知道整体就是力量。(马克思)
>
> ——题记

第八篇　团队素养:和合而立　求同存异

本篇要点

- 团体游戏有助于增进沟通。
- 团队建设中要善用沟通。
- 领导者是团队沟通的组织者。
- 合作是面向未来的生存方式。
- 通过沟通与激励提高群体效率。

核心概念

团体游戏;团队沟通;领导力;合作;命运共同体;团体凝聚力

内容导图

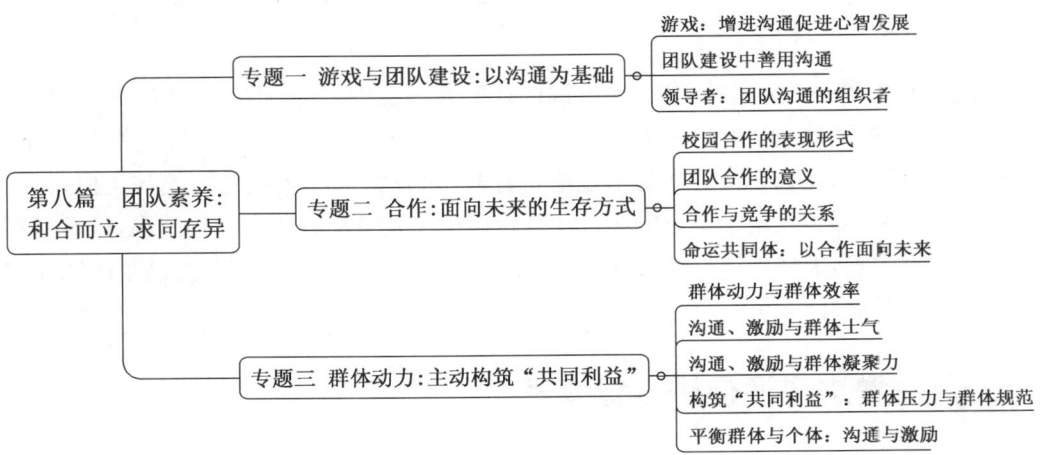

有效写作与沟通

【引导案例】

社团中的沟通偏差

最近几个月学生会的主要社团都在积极筹备学校的元旦晚会。文娱部长小贺连续几天都看到干事小刘同学在学生会忙碌到很晚,于是就询问小刘:"安排给你的工作量是不是太大了,需不需要安排其他人和你一起分担?"小贺是因为担心小刘每天忙碌到很晚,才想给她减轻工作量。但小刘却以为部长在委婉地批评她工作效率不高或能力不强,于是拼命解释说:"没有,没有,这些工作我完全能做好。"其实,小刘是因为不想太早回宿舍,喜欢学生会的工作环境才待到很晚的。说完后,小刘不太高兴地走开了。小贺也觉察到了小刘的情绪变化,她也没有再去解释什么。到最后估计两人都没有完全明白各自的本意。

【案例分析】

这个案例中发生的情况在大学生的生活中比较常见,案例中的两个人有沟通,但是由于沟通不充分,沟通效果并不好,甚至产生一点误会。沟通不到位,是因为人类在沟通中普遍存在认知偏差。要克服这种沟通偏差就需要在沟通中把意思明确地表达清楚,将客观事件、情绪和具体需求三要素都表达出来。比如小贺可以说"我因为看到你每天忙碌到很晚(客观事件),而感到有点担心(情绪),希望能给你减轻点工作压力(具体需求)",这样的表达就能使小刘理解小贺的本意。因此,团队活动与建设中要克服沟通偏差。

专题一 游戏与团队建设:以沟通为基础

铁门上挂着一把坚实的大锁,一根铁杆费了九牛二虎之力,仍然无法撬开大锁,但是,一把小小的钥匙,竟然轻松地钻进锁孔,只微微一转,啪的一声,大锁就被打开了。铁杆不解地问:为什么你能轻而易举地把它打开,而我费了那么大的力气却是白费呢?钥匙自信地说:因为我最了解它的心。团队建设中需要解决各种各样的问题,这些问题就像一把把大锁,需要沟通这颗心才能更好地解决。因此,本专题围绕有助于团队建设的游戏和沟通展开。

一、游戏:增进沟通促进心智发展

众所周知,游戏是连接儿童外部行为和内心世界的纽带。在游戏中,儿童可以充分发挥想象力,尽情地感受快乐,无限地主动创造。游戏是一种轻松的活动,是一种沟通的活动,更是促进儿童获得体验和成长的活动。对成人而言,游戏的这些价值依旧存在,尤其是活动性游戏能增进大学生之间的沟通,促进其心智发展。

(一) 什么是游戏

游戏迄今尚未形成一致的定义,但这并不影响人们对游戏的理解和应用。整合游戏内涵的发展,有如下几种见解。游戏是一种没有目的与生俱来的倾向,比如游戏是儿童的自由选择,游戏需要玩游戏者积极参与;游戏是一种行为过程,比如游戏是一种培养解决问题的能力技巧的机制,游戏是儿童学习适应他(她)周遭环境的情绪实验室;游戏是一种情境,比如游戏中熟悉的人或物可以引起儿童的兴趣,儿童感觉游戏中的情境互动是安全可靠的;游戏是儿童的一种自主活动,比如游戏是内在动机引发的活动,幼儿在游戏中可以从事自己喜爱的活动,获得愉悦体验。《教育大辞典》认为游戏是对周围现实生活的反映并且是幼儿有目的、有意识进行模仿与想象符合其年龄特点的社会性活动。①

本专题是在团队建设中讨论游戏的作用,因此,侧重于活动性游戏,指为了实现一定的目的,大学生开展的以沟通为目的的互动性游戏,这类游戏有助于锻炼思维和反应能力、培养规则意识和合作意识、促进心智发展。

(二) 游戏的功能

1. 游戏通过互动分享促进沟通

活动性游戏的一大特点是有助于参与者在互动中分享,在互动中沟通,这类游戏特别适合大学生的团队建设,因为任何一个团队建设都离不开团队成员的相互协作与共同努力,而实现这一目的就需要团队成员通过沟通相互了解和理解。大学生团队的建设要有目的性和有针对性地组织有助于增进沟通的互动分享类游戏。游戏中的沟通体现在两方面,一是言语沟通,比如热身活动中的自我介绍,有助于大学生间的相互了解;感恩活动中分享成长感悟,有助于大学生间的共情;团队建设中通过交流喊出各自的团队口号,有助于大学生的相互认同。另一类是非言语沟通,主要是借助面部表情和肢体语言来体现。团队活动中,一个友好的微笑,一个大大的拥抱就可能给团队成员带来勇气和自信,微笑和拥抱这种非言语沟通方式在某种情境下传递的信息可能远远大于言语的作用。比如"信任背摔"游戏中,团队成员紧紧牵起的手构筑的牢固垫背和坚定的眼神都在传达深深的鼓励和安全感。

2. 游戏促进认知和心智发展

游戏可以促进认知发展,瑞士心理学家皮亚杰的认知发展理论告诉我们,游戏可以促进感知觉、想象力和思维能力的发展。这些认知活动是游戏发生的基础,反过来游戏又强化了认知活动。对于成年人,游戏同样显示出重要的认知价值。科学家的工作是

---

① 教育大辞典编撰委员会.教育大辞典:第 2 卷[M].上海:上海教育出版社,1990:218.

神圣而伟大的,他们在探索大自然奥秘的过程中付出了辛勤的汗水,同时也收获了快乐,因为伟大的科学家会把探索真理的认知活动看作高级的游戏过程,激发更大的创造力。哥白尼在天文学上的贡献离不开他童年时期对神秘星球的兴趣,离不开他对天体的观察;牛顿将对科学世界的探索看成一种愉快的游戏,一生都在不断探索与创造,追求着自我实现;弗莱明是在做游戏的时候发现了青霉素。游戏把认知融合进娱乐,科学又把娱乐融合进认知。

游戏可以促进心智发展,形成健康人格。游戏具有独特的心理保健功能,在游戏中人们有机会观察他人的情绪,识别和控制自己的情绪,一些不良情绪也会在游戏中得到表现和宣泄,有助于缓解现实生活中遭受的焦虑和压力,有助于形成健康的人格。现实生活中,大学生需要处理各种人际关系,平衡学业与兴趣的关系,做好继续深造与找工作的选择等等,因此会面临来自多方面的压力和困扰。游戏是一种从容自在的自主性活动,大学生借助游戏可以从另一个视角看待自己目前所处的困境,找到破解之路。游戏还可以帮助大学生缓解压力,宣泄情绪,放松身心。比如在玩"老师与学生"的游戏活动中,大学生(自己扮演老师)通过训斥"学生"(自己的枕头),来宣泄自己在班级中被老师批评的不满情绪。这种方法不是最积极的,但在当时的情境下有助于缓解即刻的不满情绪,之后平静下来可以更冷静地解决问题,比如和老师继续沟通。

(三)团体游戏:团队沟通协作的有效形式

团体游戏是团队沟通协作的有效形式,在沟通与协作的团体氛围中,通过游戏达到既定的目标,比如增进团队成员的相互了解,增强团队的凝聚力,提高团队的合作精神,激发团队成员的创造力等。团队中的个体通过游戏中的观察与体验,沟通与协作,探索与发现,不断认识自我,改善与他人的关系,更好地适应团队。每次的团队游戏通常都有一个主题,通过角色扮演游戏或组队模拟完成工作任务。比如班级建设中,可以通过团队游戏,增强大学生的集体责任感;社团建设中,可以通过团队游戏,增强大学生社团的凝聚力。

华沙和赛雷组织了一次班级活动,通过团队游戏增强同学们之间的配合,其中一个团队游戏如下:

游戏名称:齐眉棍

游戏简介:全体同学组成两队,相向站立,共同用手指将一根棍子放到地上,一旦手离开棍子即失败,该体验游戏的目的是考察团队是否能同心协力。所有同学将按照组织者华沙和赛雷的要求,完成这个看上去简单却容易出现失误的项目。

游戏人数:每组10—15人

场地要求:开阔的场地一块或活动室一间

需要器材:3米长的轻棍

游戏时间:30分钟左右

活动目的:认识团队内部协调配合的重要性。团队若出现问题或遇到困难,大家会很自然地找到别人的错误或不足,却不太容易看见自己的问题。团队成员之间的互相指责、埋怨,甚至对抗对团队的危害不言而喻,这个游戏的目的就是让大家明白"照顾好自己就是对团队最大的贡献"。

由上述团体游戏可以看出,不论是大学班级、社团还是宿舍,同学们之间的相互配合、相互协作都很重要。团队的成功离不开统一的指挥和成员的共同努力,班级、社团和宿舍都可以通过开展团队游戏帮助大学生意识到这一点。团体游戏通常主题清晰,目的明确,有利于激发团队合作与团队建设。有以提高大学生自我意识为主题的,有以情绪调节为主题的,有以人际交往为主题的。团体游戏的显著特点之一是深度组织,包括明确的活动方案、具体的实施步骤、组队的口号、队旗、主持人、游戏后的深度总结与平等分享。大学生班级团队、社团和宿舍团队都可以参与,在游戏中实现平等交往,深度互动。此外,团体游戏还能激发大学生团队的合作与思考,通常团体游戏内容丰富、形式多样、思路开阔,更加具有启发价值;团体游戏在任务设计上更具有智力性和哲理性,更有助于激发人的潜能。

【课堂练习】

尝试从不同的角度对游戏进行分类,并思考游戏是如何促进沟通的。

二、团队建设中善用沟通

团队建设的过程中,沟通是永无止境的。团队领导者要将沟通视为最重要的工作,职位越高,沟通工作越重要。团队成员要有强烈的沟通意识,这是一种基本的态度。一个好的团队需要经常沟通,从目标到具体的工作细节,甚至到人际关系等,都在沟通的内容之列。团队建设中做到善用沟通,要重点关注以下几点。

(一)克服沟通的透明度错觉

社会心理学告诉我们人类的自我认知存在偏差,其中之一是透明度错觉,即我们会高估自己对别人心理状态的了解程度,同时也会高估别人对我们状态的了解程度。比如恋爱的大学男女之间的一幕:女生生病了在医院挂水,对旁边的男朋友说感觉嘴里淡淡的,男生"心领神会"地去楼下的小卖部买了瓶酸奶,女生接过酸奶后说了句"其实我想吃话梅",后来两人还因为这事争吵了几句。通过这个情景想告诉大家,现实生活中常常会发生沟通中的透明度错觉现象。女生以为自己说出"嘴里淡淡的",男生就可以理解,而男生也以为他对女友"嘴里淡淡的"理解是没有错误的。其实我们没有想象中那么了解他人,或者没有想象中那么被他人了解。所以这种透明度错觉是沟通中造成误会的主要原因之一。由这个情景推广到团队建设,可知团队建设中也会存在不少透明度错觉造成的误会。团队建设中要克服沟通的透明度错觉,需要考虑两点。第一,作

为表达者,说完之后要询问对方"我说清楚了吗",而不要问"你明白了吗"。这两种预设立场是不同的,前者强调的是信息发出者发出的信息是否明确清晰,后者则更在意接收者是否了解,显然前者才是真正想增加沟通的透明度。第二,作为信息接收者,如果希望能更加清楚地了解对方的立场或想确认自己是否真的理解了,可以用自己的语言重复一下对方的意思看对方是否认可,看双方的理解是否一致,这就是接收者提升沟通透明度的方法。

【课堂练习】

通过训练克服沟通偏差,由本篇的引导案例可知,要克服沟通偏差就需要在沟通中把意思明确地表达清楚,将客观事件、情绪和具体需求三要素都表达出来。比如我因为(客观事件),而感受到(情绪),我希望你可以(具体需求)。同学们可以两两一组,对某个客观事件开展情绪和具体需求的训练,加强对沟通偏差的克服。

(二)以协商式沟通解决团队冲突

尽管大学里的社团、班级都拥有各自共同的目标,但是任何一个团体都离不开竞争与冲突。比如因为班级的评奖评优,同学们之间不可避免地存在竞争和冲突。实际上团队冲突产生的原因除了矛盾和利益,还有对他人行为的错误归因,不良的沟通方式等。面对冲突除了对峙、逃避、妥协外,最佳的处理模式是合作,即团队成员通过协商来解决人际冲突。通过协商解决人际冲突必然包含着让步,因为如果没有让步,协商就不可能进行下去,因此以协商式沟通解决团队冲突需要从做出小的让步开始。同时让步需要讲究一定的策略才能更好地解决团队冲突。比如团队中协商的一方首先声明,自己愿意缓和紧张,并明确说明自己为了减少紧张所做出的单方面的让步措施,同时希望对方也做出相应的行为。还要向对方表明自己的态度即让步是建立在"信任和真诚"基础上的。最后如果对方也做出让步的话,这样你让一点,我让一点,冲突最终会得到解决。如果团队冲突太大,面对面的协商无法解决的时候,往往求助于中间人来调解,比如社团中无法协商解决的冲突可以请学生会主席或辅导员来调解。

(三)培养沟通与解决问题的技巧

洛克菲勒曾说:"假如人际沟通能力也是同糖或咖啡一样的商品的话,我愿意付出比太阳底下任何东西都珍贵的价格购买这种能力。"可见沟通在人们的生活、工作、团队建设中的重要性。大学生如何在团队中培养沟通和解决问题的技巧呢?首先,学会倾听,理解对方。沟通是一个双向的行为,在互动的过程中,表达和倾听同样重要。通过双方沟通、倾听、反馈、再沟通、倾听、反馈的循环交流过程,才能明确沟通的主题,找到解决问题的办法。在沟通的过程中,非言语信息也起着重要作用,比如眼神交流和恰当的肢体语言,在对方讲述的时候适时地点点头,适当的面部表情等都在向对方传递着积极倾听的信息。通过沟通双方的密切配合,沟通的有效目的才能实现。其次,态度真诚,表达尊重。社会心理学告诉我们自尊是人的自我概念中与情绪有关的内容,它指一个人如何肯定与赞扬自己,是自我评价的重要维度。而提升自尊的途径之一是让他人对自己有积极的评价,所以在团队建设中我们可以通过态度真诚的赞美提升他人的积极自我评价,从而提升他人的自尊。通过真诚的赞美向他人表达尊重是良好人际沟通的前提,因为平等态度会鼓励对方进入轻松自由的无障碍交流,使沟通容易取得成功。最后,有效提问,及时反馈。在团队建设中,大学生会遇到各种各样的问题,如果单纯从事物的表面现象来解决问题,不深入了解情况,通过有效提问接触问题的本质,只会增加团队的困惑,降低团队的工作效率。因此,一方面要通过积极、公开的沟通,从多角度看问题,另一方面要提出简洁突出中心的问题,使对方在最短的时间内了解你的意图。这样在解决团队问题时才能做到统筹兼顾,未雨绸缪。另外在沟通中还要做到积极回应、及时回应,这样才能营造良好的沟通氛围,提高沟通效率。

【课堂练习】

体现沟通重要性的游戏:请每位同学拿出一张正方形的纸,之后全部闭上眼睛,全过程中不许问问题。请大家把纸对折,再对折,再对折,把右上角撕下来,之后,将纸转180度,把左上角也撕下来。睁开眼睛,把纸打开,大家会看到怎样的图案?为什么会有这么多不同的结果呢?请同学们尽情交流。

三、领导者:团队沟通的组织者

有一种说法:领导者50%的时间用在沟通上,而团队管理中绝大部分的问题是由沟通障碍造成的。只有实现了有效沟通,领导者的思想才能为他人所理解,同时领导者才能得到必要的信任,并获得他人的鼎力相助。因此,作为团队的领导者,要重视沟通工作,做团队沟通的组织者。

(一)领导力概述

大学生团队建设离不开领导者,领导者作为团队沟通的组织者必须具有良好的领导力。什么是领导能力?拿破仑·希尔说:"领导才能就是把理想转化为现实的能力。"如何将理想转化为现实?不需要追随者只凭自己个人的力量能实现吗?显然那样的人仅仅是一个优秀的人才却不是领导者。因为合格的领导者不仅拥有优秀的才能,更需要一呼百应的影响力和有吸引力的人格魅力。"领导力就是某一个体影响带动一组个体实现某一目标的过程。""领导力是领导者和追随者之间的一种关系,当你理解了追随者愿意追随什么样的领导者,一个更完整的领导力画像就涌现出来了。""你无法独自成事"是卓越领导者的秘诀,也是他们实施领导行为的动机。领导力的场景已经发生了变化。曾经,领导力只是政治军事领袖们的专利;而如今,领导力每天都触及我们生活的方方面面,它已日趋平民化。随着领导力得到欣赏和付诸实践的范围逐渐扩大,领导力涉及的范畴也随之扩大。如今,领导力具有多方面的含义,并非能简单地用"指挥"和"控制"这种令人心生畏惧的词来总结。领导力关乎感觉(feelings),领导力关乎情绪(emotions),领导力关乎那些追随者,领导力关乎那些受到领导者行为感召的人。

领导力通过作用于追随者得以体现,即拥有追随者是拥有领导力的前提。

第一,领导者的个人品质很重要。有研究调查了追随者对领导者的期望,即"你愿意追随的领导者应具备什么样的特质或品质"?结果发现排名前四的领导者品质是诚实、有前瞻性、有胜任力、能激发人。这四种领导者品质在不同的文化、种族、组织功能以及等级、性别、教育水平和年龄组,排名并没有明显的变化。可见,追随者更愿意追随具有上述四种品质的领导者,这些是每位领导者性格的关键部分。

第二,领导者要发挥榜样和表率作用。做一个值得信任的领导者,必须要做他人可以学习的榜样,践行团队的价值观。作为领导者要用团队的价值观教育他人,让他们明白为什么那些东西重要,他们如何才能真正为团队做出贡献。比如,提出强有力的问题,让人们持续聚焦于核心价值观和关键优先的工作;通过生动的、难忘的故事,宣传那些人们如何做和应该怎样做的优秀事迹;善于征求追随者对团队决策和行为的反馈意见等。

(二)培养大学生团队领导的沟通能力

管理学家巴纳德认为:"沟通是一个把组织的成员联系在一起,以实现共同目标的手段。"有研究表明,管理中70%的错误是由不善于沟通造成的,由此可见沟通能力非常重要。作为大学生团队的领导者,要带领团队完成团队活动,达成团队目标就要运用自己的影响力去指导团队成员工作,所以团队领导者需要具备较强的沟通能力。

大学生团队领导者怎样增强沟通能力呢?沟通通常包含两个层面的意思,即传达与理解。如果团队领导者想传达的信息没有被很好地理解,沟通就没有意义,所以大学生团队领导者需要培养理解他人的能力,增强自己的表达能力。

第一,大学生团队领导者和团队成员沟通时,应该站在平等、一视同仁的角度进行沟通。不能随意贬低对方,不能因为个人偏见随意批评他人,应给予对方尊重,将心比心。在各项团队活动尤其是评比中,不能因为私下交情好就偏袒某位成员,这样会让团队中其他成员产生各种猜忌、对抗的情绪,不利于团队凝聚力的提升。认知神经科学的研究发现,当人们感到被冷落或被遗忘时,大脑就会承受很大的痛苦。那些批评和贬低的话语比鼓励的话语让人更加印象深刻。当负面评价占主导地位时,成员的大脑效率就会下降,这是团队领导者需要保持积极和正面形象的一个原因。

第二,沟通时注意双向互动,深度倾听,及时做出反馈。高效的沟通离不开沟通双方积极的交流。大学生团队中的沟通不仅仅是领导者布置任务,团队领导者要注意倾听成员的建议、尊重成员的表达。如果团队成员做得好,要及时给予工作上能力上的认可,及时进行奖励或激励;如果发现团队成员出现错误或问题,切忌公开批评和指责,要

委婉地提醒,必要的时候少些责备,多点鼓励,才能更好地提高团队成员参与团队活动的积极性。作为领导者尤其要深度倾听那些对他人重要的和赋予他们生命意义以及目的的东西。

第三,团队领导者要善用肢体语言。说话的时候有意识地运用肢体语言能够让人更好地理解,从而促进沟通。肢体语言在不同的情境下,不同性格的人做出的意义表达是完全不一样的。大学生团队领导者要培养自己的观察能力,从对方的表情、姿态中观察到他人的真实想法和情感作为辅助判断,同时也需要注意自己的肢体语言与自己的角色是否相称,借助恰当的肢体语言,促进良好沟通。

总之,要做一个好的团队领导者,要具备良好的沟通能力,懂得尊重大家的想法。沟通是桥梁,沟通能力并不是外在的东西,而是个人素质的重要体现,沟通能力跟个人的知识、能力和品德都有很大的关系。作为大学生团队的领导者除了具备良好的沟通能力,还要系统地学习领导科学和领导艺术,在学校社团的实践中完善自身,提升自我魅力和团队领导力。

专题二 合作:面向未来的生存方式

在经济全球化不断深入的今天,国际社会的联系更加紧密,各个国家之间不论是出于自身利益抑或全球整体利益的考量都需要进行合作。因此,合作也就成为当今社会要求人们需要具备的一项重要能力。培养高校大学生的合作意识成为一项重大课题。下面针对大学校园里的合作形式、合作的意义和竞争与合作的关系展开论述。

一、校园合作的表现形式

大学是社会的组成部分,在这个集体里,大学生要通过沟通与合作学会处理各种社会关系,团队合作和团队意识在大学里无处不在。从宏观上讲,大学本身就是一个团队,这个团队是高校教育系统的一部分,有自己独立的校规校训、独特的办学理念。从微观上讲,大学这个团队本身又有多种多样的小团队。本书主要论述大学校园里的几种典型的团队形式。

(一)以班级为单位的团队

一个班级就是一个团队,一个集体。大学生一入校就有了以专业和年份命名的班级,比如"社会工作1901","文秘1801"等,这样的班级团队不仅代表了一届届学生的分类,更代表了一种专业归属。班集体是一个社会心理共同体,遵循班级授课制的培养目标和教育组织规范,以直接性人际交往和共同学习活动为特征。在班级这个集体中,班主任或辅导员是领头人,来自全国或是全省各地的每位同学就是这个集体中不可或缺的班级成员。只有班级成员和谐相处,班集体才能更具有凝聚力和生命力,而班级成员

的和谐相处离不开沟通和交流。有班主任或辅导员和班级成员的沟通,班主任或辅导员和班委会、团支部成员的沟通,班委会、团支部成员的内部沟通,班委会、团支部成员和其他同学的沟通,班级同学之间的沟通等。这些沟通和互动进一步强化了班级人际关系,使个体与个体、个体与集体、个体与环境相互影响。班级内部的有效沟通对一个班级的班风和学风起着重要作用,能决定一个班级的精神面貌和风气。需要注意的是班集体的形成和发展离不开以教学为中介的共同学习活动,通过课堂教学,师生互动,实现班集体的整合。

(二)高等学校大学生社团

高等学校大学生社团是由高校学生依据兴趣爱好自愿组成,为实现成员共同意愿,按照其章程自主开展活动的群众性学生组织。按活动内容划分社团类型是国内学者最常用的分类标准。大学生社团活动内容丰富多样,主要体现了大学生对知识、文艺、运动、技能的兴趣和需求。国内学者对高等学校大学生社团活动内容的分类,主要围绕理论研究、文艺体育、社会服务几方面实施。按照活动内容分,高等学校大学生社团通常有理论研究类、文艺表演类、体育运动类、科技创新类、创业技能类、社会服务类。

2018年全国教育大会上,习近平总书记指出:"要在增强综合素质上下功夫,教育引导学生培养综合能力,培养创新思维。"这与党的十九大报告中指出落实立德树人根本任务,发展素质教育,培养德智体美全面发展的社会主义建设者和接班人的要求一致。加强高等学校大学生社团建设,是推动我国高等教育内涵式发展、实现教育强国目标的必然要求。高等学校大学生社团建设不仅能提升大学生自身的综合素养,而且关系到担当民族复兴大任的时代新人的培养。大学生社团不仅锻炼和提升了大学生的人际交往能力,同时也成为大学生与社会接触的桥梁,成为大学生提升自身能力的第二课堂。

(三)以宿舍为单位的团队

宿舍也是一个团队,一个组织,更是大学生的另外一个家。大学生活大多以宿舍为圆心展开,宿舍是最小也是最核心的生活圈,在这个生活圈里有大家共同认可的舍长。舍长的责任就是带领大家共同努力,把宿舍建设成文明和谐的宿舍。要想使宿舍这个团队成为有凝聚力、战斗力的团队,所有人都要树立服务意识、竞争意识、学习意识、团结意识和顾全大局的意识。大学生们更喜欢如家人似密友的宿舍关系:大家互相帮助,一起吃饭、学习、玩乐、睡前夜聊,即使放假了也会约出去旅游。一人生病全宿舍照顾,一人心情不好全宿舍逗乐。能够把毫无血缘亲情的舍友当成家人密友一样对待,必然是最和睦最舒适的。

二、团队合作的意义

当今的社会已然是一个充满合作的社会,国家间、地区间和人与人之间为了共同的利益目标无不需要进行广泛、深入、持久的合作。因此,合作意识的重要性不言而喻。大学生作为祖国未来的建设者和接班人,其合作意识的养成对其今后走向社会,走进工作岗位和处理人际关系都有着极其重要的现实意义。

(一) 宏观层面上的意义

首先,有利于大学生适应经济全球化和我国社会主义市场经济的客观现实。合作可以说是当今国际社会的大势所趋,同时我国也正处于社会主义初级阶段,社会主义市场经济正在逐步发展的转型期,这一国内环境处处需要进行合作。因此,大学生只有养成正确的合作意识,才能够在走出校园后适应这种竞争激烈并处处需要与人合作的国际国内大环境。其次,有利于大学生自身全面健康发展。大学生进入大学不仅要学习书本上的理论知识,更重要的是要学会如何做个真正的人,培养自己各方面的能力,只有这样才能够在社会上立足、生存。养成正确的合作意识只是大学生全面发展的一个方面,但是养成正确的合作意识对提升大学生的道德修养、让大学生养成乐观自信的心态、促进大学生心理健康等方面都有着积极的作用,因此,培养大学生的合作意识对大学生全面健康发展大有裨益。

(二) 微观层面上的意义

首先,合作能增强班集体、学生社团等团体的凝聚力,形成积极的团体氛围,促进大学生集体智慧和良好品德的发展。其次,当班集体、学生社团遇到了新的复杂问题需要提出多种可供选择的方案时,大学生间的沟通与合作往往胜过个人的努力。大学生通过合作讨论达成的一致性意见通常对于解决团队问题更有效。再次,能促使大学生积极思考彼此之间的互补性,学会取长补短,启发大学生学会思考和处理人际关系问题。

三、合作与竞争的关系

合作与竞争对大学生意义重大,是对大学生产生影响的集体因素中的两个重要变量。合作是集体中不同的个体为了共同的目标而协同活动,促使某种既有利于自己又有利于他人的结果得以实现的过程。竞争是指为了同一个目标而展开争夺,促使某种只利于自己的结果获得实现的过程。对大学生而言,处理好竞争与合作的关系对大学生活有着重要意义。

(一) 合作与竞争相辅相成

团体里大学生的合作有很多积极作用。当然,团体里大学生间的合作也有不利的一面,最为明显的是,容易忽视个别差异。合作需要求同存异,有时候需要少数服从多数,因此,团队里的不同意见不一定受到重视,可能会影响持有不同意见的大学生的情绪和对团体的认同感,此时,需要具体问题具体分析。

团体里大学生间的竞争同样既有有利的一面,也有不利的一面。有利的一面首先是竞争有助于活跃团体氛围,激活团体生活的生气,减轻大学生在团体例行任务中的无聊感,增加处理和解决团体活动的乐趣。其次,大学生之间的竞争,比如智力竞赛、体育比赛等往往会调动个人学习的积极性,激励个人树立更高的努力目标和抱负,缩小个人的能力和完成团体任务成绩之间的差距,提高大学生的学习与活动效率。再次,竞争能使个人对自己的能力有更符合实际的判断,因为在与他人能力的比较中,个人能更好地认识自己的不足,发现自己尚未完全显示出来的潜能,从而扬长避短或克服自身的某些缺点。不可否认,竞争也有不利的一面。团体竞争过于激烈时,会使部分大学生产生过分的紧张和焦虑感,降低其学习积极性,并有可能引起其对自身能力的低估与不确信,带来对活动的不胜任感,结果面临团体活动不断退缩,无法顺利完成团体任务。竞争也会带来一系列消极的集体氛围,如紧张、敌对、压抑,结果仅以取得胜利为活动的主要目标,而完全忽略了团体活动本身的内在价值和创造性。

大学的生活是多姿多彩的。在大学里,会遇到很多挑战,这要求大学生必须学会竞争,同时,大学生会参加许多社团活动,这又要求他们要学会与人合作。俗话说:单丝不成线,独木不成林。在充满竞争的大学生活中,协作精神是搞好工作不可或缺的元素。但是,不想当将军的士兵不是好士兵,竞争意识也是适应社会的重要能力。值得注意的是竞争是要有原则的。

情景:参加社会实践活动在大学生奖学金评比中占有一定的比例,因此,每年寒暑假同学们都积极参加社会实践,比如爱心支教——到贫困山区给孩子们上课,服务老人——到敬老院陪老人们聊天,关爱特殊儿童——到特殊教育机构和自闭症儿童做游戏……这些活动既丰富了大学生们的社会阅历,也增强了他们的责任心。但是李立请求班长方涛把自己的名字加进某一项社会实践活动中,增加自己的社会实践分数,从而提升奖学金评比的考评分数。班长方涛果断拒绝,并告诉李立要公平公正地参与竞争。

分析:大学生要学会生存,就要善于竞争,勇于竞争。善于竞争,指掌握竞争的技巧和方法,遵循社会竞争的规范和法则,讲道德,讲风格,光明正大,公平竞争。勇于竞争的底蕴在于培养自信心,创新意识、功底和才华、勇气。然而,竞争双方都应该是平等的。同学之间的竞争,应以共同提高、互勉互进为目的。同学之间的竞争,胜要胜得光明磊落,输要输得坦坦荡荡,要以积极的心态投入竞争中去。同学之间的竞争,胜者不必得意忘形,输者也不要垂头丧气,在竞争中大家实现共同进步。

因此,大学生之间的合作与竞争关系不是一成不变的,而是相互影响的,这取决于各自的利益是否得到满足。

如若利益一致,各自的需求都能得到适度的满足,就容易出现合作;如若利益相斥,只有一方的利益得到满足而另一方的利益遭受损害,就会出现竞争。大学生团体活动中,合作与竞争的变化是多样化的,合作与竞争可能同时发生,可能交替出现,甚至长时间以合作模式为主。因此,不能片面地强调合作而忽视竞争,也不能滥用竞争而否定合作,应注重合作与竞争的有益配合。大学生团体领导者应充分发挥自身的领导力,协调合作与竞争的关系,用真诚的沟通去感染他人,说服他人,使大家通力合作为团队未来的共同愿景贡献自己的一份力量。

(二) 合作与竞争的有益形式

在学校的教育教学活动中,必须意识到竞争与合作相互融通的重要性,为大学生营造一个健康的、和谐的既包含竞争又不失合作的良好学习氛围,加强学生"在竞争中倡导合作,在合作中公平竞争"的意识,推动大学生的学习和能力的全面发展。

竞争意识过强或合作意识过剩都可能造成行动的失败。只有当合作与竞争这两种态度相统一达到一个平衡的度时,才能够使个体的力量得到最大化发挥,并最终达到自我实现。合作与竞争的有益形式有以下两种[①]:① 合作性竞争。它强调用合作的意识和态度来指导竞争行为,它将个体之间的竞争转化为群体之间的竞争,强调一个团体内相互竞争的对手之间的相互合作,相互促进,从而实现对个体资源以及团体资源的充分利用,它在某种程度上实现了竞争与合作各自优点的最大化,并避免了各自的缺点对成功的阻碍。合作性竞争追求的状态是群体内相互竞争的每个成员之间的"共赢"。② 竞争性合作。它强调由于群体之间的竞争迫使群体内的成员团结起来,通过合作实现群体目标和个体目标的双赢。群体内的个体由于有着共同的目标,驱使着个体进行合作活动,它迫使个体在为了达成自己的目标而努力的同时必须帮助群体中的其他成员完成他们的目标从而实现群体目标。由于群体利益的分配往往是按个人的能力和对团体的贡献水平进行分配的,因此团体内的成员为了利益分配展开竞争,通过提升自我对团体项目的参与度和对团体目标实现的贡献程度来努力获取高于团体内其他成员的利益分配。但是在总的实现团体目标的过程中,主线还是通过成员之间的合作来实现团体目标,竞争只是为实现团体目标的过程中的利益分配而做出的超越和提升自我的努力。

【课堂练习】

请列举一件大学生活中最能体现你的团队合作精神的事例,你从中收获了什么?

(三) 沟通对合作与竞争的作用

由上文我们知道合作与竞争的有益形式有两种,即合作性竞争和竞争性合作,对这两种形式来说,沟通都起着重要作用,只是沟通的侧重点不一样。要实现合作性竞争和竞争性合作,团体和团体中的每一个成员都需要掌握一些有益于沟通的方法。比如做

---

① 陈欣.合作与竞争统一的教育观刍议[J].教育现代化,2016,3(21):2.

到有准备地沟通：事前对于要参加的团体活动或事务的目的、内容、流程等充分思考，提出问题，有准备地发言，没有准备的话不说；善用情感式沟通：针对对方感兴趣的话题展开交流，引起情感上的共鸣，沟通时保持良好的情绪状态，管理好面部表情和肢体语言，情绪欠佳时少说话或不说话；展开有分寸的沟通：说话时把握好度，做到客观有依据，针对有分歧的意见要以委婉的语言回应或建议，学会委婉地拒绝，没有依据和凭证的话不说。有效的沟通、竞争性合作、合作性竞争三者在一定层面上是相辅相成的。

四、命运共同体：以合作面向未来

"当今世界正在发生深刻复杂的变化，和平、发展、合作、共赢的时代潮流更加强劲，国际社会日益成为你中有我、我中有你的命运共同体。"中国特色社会主义进入新时代更需要准确把握时代发展大势。十九大报告呼吁"各国人民同心协力，构建人类命运共同体，建设持久和平、普遍安全、共同繁荣、开放包容、清洁美丽的世界"。

（一）命运共同体倡议应运而生

习近平主席在纽约联合国总部第70届联大一般性辩论上发表了《携手构建合作共赢新伙伴 同心打造人类命运共同体》的重要讲话。习近平在讲话中全面阐述了以合作共赢为核心的新型国际关系理念，并就维护世界和平提出了一系列切实可行的举措，为进一步完善当前国际秩序注入了新的中国动力。2019年以来，习近平多次在国际重大会议中提到要积极构建新型大国关系，打造人类命运共同体，在国际舞台引起强烈反响。习近平主席首次登上联合国大会讲坛，在演讲中全面系统地阐述了中国"构建新型国际关系、命运共同体"观，并以符合时代潮流的大视野审视世界、亚洲和中国，呼吁各国携手迈向命运共同体、开创世界新的未来，进而推动建设人类命运共同体。习近平站在新的时代高度，以全球视野和面向未来的战略思考，为世界和平与发展事业贡献了中国理念、中国力量。

（二）大学生以合作面向未来的准备

1. 强化大学生的团队合作精神

合作是达成和保持高绩效的关键性能力，随着组织日益多样化，地域分布越来越广，经济全球化日益发展，合作技能成为解决各种利益冲突和紧张局势的必备要素。作为国家和社会未来栋梁的大学生更应具备合作精神，这既是大学生个人成才的需要，也是时代发展的必然。因此，应该充分利用高校思想政治理论课和心理健康教育课加强大学生合作意识和合作精神的培养。教师在讲述个人道德、社会公德、集体主义原则、团体心理等教学内容的同时要重点向大学生同辈群体传达团结友爱、互帮互助等有利于合作、合作意识培养等方面的思想内涵，为大学生团队合作精神的养成奠定基础。班主任、辅导员等应该定期组织开展相应的主题班会活动，通过主题班会的形式让大学生认识到集体、团队合作的重要性,增强大学生的集体责任感、班级的凝聚力和向心力及对班级的认同感。大学生同辈群体当中的核心人物应该充分发挥自己的优势地位,定期组织班级集体和群体成员开展丰富多彩的学习、娱乐活动,把群体成员召集到一起,为群体成员之间的团结合作、增进同辈群体的友谊和亲密感贡献自己的力量。

2. 提升大学生的沟通能力

沟通能力是命运共同体背景下大学生成功面向未来的重要能力。培养大学生沟通能力可以从以下几方面入手。第一,要有积极的心态,敢于沟通。在日常交往中,主动与他人交往,不消极回避,要敢于接触,尤其是要敢于面对与自己不同的人。第二,通过共情,体会他人的感受和需要。共情总是传达出对他人的尊重——尊重他们的身份、经历、过去和现在所处的位置。尊重别人就要求我们关注他们的真实感受,倾听他们的真实需要,只有在共情的基础上才会建立更有效的沟通,因此,要提高大学生的共情能力,为有效沟通打下基础。第三,学会倾听他人。在大多数情况下,在表达自己之前,需要先倾听他人。如果对方还处于某种情绪中,他们就很难静下心来体会我们的感受和需要。当我们用心倾听他们并表达我们的理解时,在得到倾听和理解之后,他们也会开始留意我们的感受和需要,沟通的枢纽也就打开了。第四,在实践中锻炼沟通能力,积极主动参与团体活动。比如积极参加大学里的各类社团活动、比赛和竞选等,在社团活动中提升沟通能力。还要走出校门,积极参加社会中的各种实践活动,比如星期日义务学校、社区志愿活动等,在社会中提升人际沟通的方法和技巧。大学生在沟通中如果能掌握一些基本要领,人际沟通和交往可能会变得更好。比如:记住别人的姓或名,主动与人打招呼,给人以平易近人的印象;举止大方、坦然自若,给人轻松自在的印象;培养开朗活泼的个性,给人以愉快的印象;培养幽默风趣又不失分寸的言行,给人以美的享受。

3. 培养大学生坚忍的意志品质

坚忍是一种可学习和可加以培养的意志品质,具有坚毅意志品质的人在面临严峻的挑战和考验时,更能以积极的态度和顽强的意志应对困难,甚至更容易从失败中复原。未来的世界,既有机遇也有困境,大学生具有坚忍的意志品质才能更好地迎接机遇和战胜困境。心理韧性有三项关键要素:投入、控制和挑战。将逆境转化为优势,不能坐等事情发生,需要先将自己投入其中,必须参与、付出,同时怀有好奇心。当投入其中之后,会发现人和环境对自己都具有极其深远的意义和价值。大学生还要掌控自己的生活,努力影响正在发生的事情,即便所有的尝试都没有获得成功,也不能让自己沉溺于无助和消极之中,要么找出问题,积极应对,要么从头开始。最后,换个视角从积极的角度看问题,比如将挑战视为从经验、教训中学习的机会,心理上就会发生变化,也会变得更坚强。总之,要培养坚忍的意志品质,就需要在面对逆境时,勇敢地迈出第一步,让自己投入其中,掌控环境,影响他人,用积极的心态迎接挑战。有了坚忍不拔的态度,就有了将压力转变为成长动力的可能性。

4. 引导大学生成为主动的学习者

对大学生而言,他们的好奇心、求知欲和在纷繁复杂的情境中做出决策的能力,决定着世界的未来。为了世界的未来,就要帮助大学生深入而广泛地学习,尤其要引导他们学会如何学习,成为主动的学习者。

学习是一项重要技能,这项技能的获得既需要个体自身的内驱力驱动,也有外部因素的影响,重要的是大学生自身的内驱力,即对学习的渴求。当大学生全身心投入学习之中,全神贯注地尝试、反思、阅读或接受指导时,能体会到学习的乐趣,学习越多,体会越深,会越来越感知到学习的重要性,在这个过程中,大学生本身的学习能力也会得到提升,逐渐成长为一个主动的学习者。不仅要从书本上学习知识,还要在实践中学习;不仅从表扬、鼓励自己的人身上学习,还要向对自己提出批评意见的人学习;不仅学习成功的经验,还要吸取失败的教训。为了帮助大学生成长为主动的学习者,学校和教师要创造有利的外部因素,比如提供有意义的学习资源——书籍、学习场所、实验室及设备,还有人力资源(如邀请学者讲解学生们所关心的问题)。教师可以成为引导大学生成长为主动学习者的重要引领人,启迪学生的探究之心。为了实现这个目标,教师应向学生提出有意义的问题,创设积极发言的环境,并在探究过程中为学生提供帮助,引导学生自主发现。

【课堂练习】

在空旷的室外操场或团体活动教室,开展增进合作的团体游戏,分享感受。游戏举例如下:心心相印背夹球。

场地与道具要求:空旷场地,比赛距离20米,每组一条长约5米的绳子,球数个。

游戏规则:假设每队12人(6男6女),每组2人,背夹一圆球,步调一致向前走,绕过转折点回到起点,下一组开始前进,向前走时,双手不能碰到球,否则依次罚停留2秒,球掉后从起点重新开始游戏,最先完成的队伍获胜。

专题三 群体动力:主动构筑"共同利益"

任何社会,无论从社会功能的执行,还是从社会文化的延续角度说,多数人的观念与行为保持一致都是必要的。一个社会需要有共同的语言,共同的价值观与行为方式。从群体角度讲,群体凝聚力是作用于群体成员使之保持在群体内的力量,是衡量群体发展水平的指标。群体士气是指当群体成员认同群体目标,在实现群体目标的过程中获得了对个体需要的认同和满足时产生的一种精神状态。群体压力是指成员感受到来自群体的影响力,这种影响力使成员做出的反应更符合群体的要求和意愿。群体规范要求成员接受和认可一系列有利于群体发展的行为标准,告诉成员在什么情况下应该做什么,不应该做什么。群体凝聚力和群体士气有助于提高群体效率,群体压力和群体规范有助于构筑群体的共同利益,它们都是群体动力的主要构成要素。沟通和激励有助于提高群体士气与群体效率,平衡个体与群体的相互作用过程。群体动力产生于个体与个体,个体与群体的相互作用过程中,因此大学生个人的发展与群体动力息息相关。

一、群体动力与群体效率

(一)什么是群体动力

群体动力,又称团体动力,是内部因素和外部因素相互作用的结果。群体动力是指由两个或两个以上的人组成的相互依赖并相互影响的人群结构,个体与群体及由群体所组成的社会环境发生相互作用的过程。它涵盖了群体与个体的交互方式——群体的活动如何影响个体的思想和行为;在群体的活动中,个体又是如何受群体的影响做出相应的努力从而达到自己的目标,在这一过程中,个体需要在群体中能够适当地进行沟通、交流,借助语言去完成一系列活动。比如班集体这个群体中的各种活动会影响班级中每一位同学的思想和行为,班级中的同学因为受到班集体氛围的影响而努力学习以达到自己考上研究生或通过其他等级认证考试的目标。

群体动力中的"群体"这一概念并不是一成不变的,群体包括正式群体、非正式群体、一般群体、参照群体等,而不论哪种类型的群体都是由两个或两个以上的人组成,并且他们在学习、工作中相互依赖,相互影响,紧密相连。但他们又绝非简单个体的直接相加,群体动力起到了 1+1>2 的效果。群体动力的主要构成因素有群体凝聚力、群体压力、群体规范、群体士气等。

(二)群体动力对群体效率的激励

激励是人类活动的一种内部心理状态,人的一切行为都是由需要、动机引起的。卢因借助"场"理论提出"群体动力"理论,即:$B=f(P,E)$。其中,B 是指群体行为的方向和程度;P 是指群体的内部动力、内部特征;E 是指群体所处的群体环境。可见,群体的行为受群体动力因素,如群体共同目标的影响,这种影响产生积极的作用效果,则称为激励,群体动力越强,越能激励每个个体更加努力,从而提高群体效率。

情景:开学不久,学校迎来了新一年度的校园"十佳歌手"大赛。班长周彤号召全班同学积极参加,然而过了两天却毫无动静,没有一位同学报名。曲直本身喜欢唱歌,私下问班长有没有人报名,当她得知班级没有人报名参加的时候,本想报名的她退缩了,她和班长说:"班级就我一个人参加,搞不好同学们会觉得我是想显摆自己。"随后班长组织了开学以来的第一次班级聚会,并组织了小游戏,让同学们相互认识、增进友谊。在聚会结束之际,周彤说:"我发现我们班的同学挺多才多艺的,不论比赛结果如何,希望大家积极参加此次活动,曲直带头第一个报名,为班级建设出一份力。"随后,其他同学都积极报名,就连毫无特长的小科也踊跃报名负责后勤保障。

分析：当群体有正确的认知，有共同的目标，当大部分学生都为共同目标而努力时，这种群体的动力因素就会发挥激励每个同学的积极作用，从而提高团体效率，推进班集体共同进步。

二、沟通、激励与群体士气

（一）什么是群体士气

对任何一个群体而言，其群体综合实力的衡量因素都少不了群体士气。要使大学生的班级、宿舍、社团综合实力得到提升，激励班级、宿舍和社团的群体士气很有必要，也很重要。群体士气是指群体成员对群体的认同与满意，并愿意为群体目标而奋斗的精神状态。[①] 心理学家 G. R. 史密斯(G. R. Smith)等把群体士气(group morale)定义为"对某个群体或组织感到满足，乐意成为该群体的一员，并协助达成群体目标的态度"[②]。"士气"不仅代表个人需求满足的状态，而且包括以下含义：确认此满足得之于群体，因而愿意为实现群体目标而努力。比如大学生班级群体士气是指班级群体成员愿意为达到个体目标和群体目标而努力奋斗的精神状态和思想状态。班级群体士气来源于班级成员对于班级群体的认同感和满意感。一般来说，班级成员对班级群体的认同感高，对满足自己的需要比较满意，就会形成较高的班级群体士气。班级群体士气是班级群体存在和发展的重要动力之一，是提高班级群体学习兴趣、学习效率和促使班级群体积极参与班级和学校其他各项活动的重要因素。

情景：班长舒瑞组织了一次班会活动，讨论班级群体士气和班级凝聚力的问题，其中让大家讨论的一个问题是：班级群体士气高的特征有哪些？全班同学分组讨论，发表各自的观点，佟雪同学负责整理记录，汇总各小组的讨论结果如下。

班级群体士气高的特征有：有很强的班级凝聚力，班级群体团结一心，认同感和归属感强，目标明确，行动有方向，教师有感召力，集体荣誉感强，矛盾内部解决……

分析：同学们的讨论很有针对性，抓住了班级群体士气高的主要特征，在了解了这些特征的基础上，有针对性地改进班级群体建设中的问题，将会进一步提高班级的群体士气。

（二）群体士气对群体效率的影响

美国心理学家戴维斯(K. Davis)研究了士气与生产率的关系。他认为士气与生产

---

① 卢江，吕孟仁. 组织行为学[M]. 北京：中国商业出版社，1998：128.
② 秦启文. 公共关系心理学[M]. 上海：华东师范大学出版社，2002：98.

率的关系可能出现三种情况,即高士气,高生产率;高士气,低生产率;低士气,高生产率。① 当组织目标与个体需求相一致时,最容易激发士气,提高群体效率。将上述群体士气与生产效率的关系应用到大学生班级群体士气与班级效率上,就会出现这样的情况。如果班级群体士气高,班级同学的学习、活动等都会比较高效,班级凝聚力也会比较强。这是因为每个同学在班级中得到了满足感,同时深刻体验到班级目标与个人的需要相一致,所以每一个班级成员都会努力奋斗去实现班级目标。如果同学们在班级中无法获得满足感,且感觉不到班级目标与个人需求有什么关系,就会表现为各自孤立,也没有为班级贡献力量的驱动力,班级既无群体士气,也无凝聚力和效率。值得注意的是,高昂的群体士气是提高群体效率的必要条件,并非充分条件。

(三)沟通与激励对群体士气的影响

影响群体士气的因素很多,以影响大学生班级群体士气为例,谈谈沟通和激励的作用。第一是良好的意见沟通对群体士气的影响。在班级各项活动中,难免会出现意见不一致的情况,甚至是冲突性意见,这种情况可能会引起班级成员的激烈讨论甚至是争论。如果缺少沟通,将会导致大家互相不理解,互相埋怨,甚至产生更严重的矛盾和误会,不利于激发班级凝聚力和群体士气。如果班级成员能及时沟通,充分分享各自的观点,然后集中讨论,分析利弊,最后相互理解达成共识,将有助于提高班级群体士气。比如,当班级管理中出现尴尬、窘迫的情况时,班长或辅导员可以使用幽默沟通,即用幽默风趣的话语化解尴尬局面,缓解气氛。第二是有效的激励对群体士气的影响。心理学上的激励是指激发人的动机、诱导人的行为,使其发挥内在潜力,为实现追求的目标而努力的过程。激励的方式有多种,只要激励方式恰当就可以起到鼓舞士气,激励学生的作用。比如就目标激励而言,班级管理者可以制定班级工作计划,明确工作分配,鼓励学生将自己的行为与班级发展的近、中、远和大、中、小目标相结合,这种目标激励既能满足学生发挥个人能力的欲望,又能增强学生的主人翁意识。还有物质激励、情感激励等,如果运用恰当都能调动班级成员的热情,激发群体士气。除此之外,班级领导者的素质和管理方式等都会影响群体士气,在此不再赘述。

比如在一次班级趣味运动会活动中,班长秦文从个人喜好角度出发分配同学们参加项目的个数,他喜欢的宿舍就可以参加五六个项目,其他宿舍往往只能参加一两个项目,当同学们看到项目分配情况后,感觉不公平,有几个参加项目少的宿舍决定弃权,直接不参与。最后辅导员与秦文同学谈话,让秦文同学意识到自己在这件事情上有失客观公正,秦文同学认识到自己做得不妥,于是及时与班级同学沟通,承认自己的错误,并制定了合理的活动方案,获得了同学们的一致认可,班级趣味运动会顺利举行,圆满结束。

---

① 秦启文.公共关系心理学[M].上海:华东师范大学出版社,2002:99.

有效写作与沟通

【课堂练习】
电影《勇敢的心》围绕苏格兰起义领袖威廉·华莱士与英格兰统治者不屈不挠的斗争展开。请同学们课后观看影片,课上就主人公激发苏格兰平民的勇气,调动群体士气从而获得自由的过程分享自己的观影感受。

三、沟通、激励与群体凝聚力

(一)什么是群体凝聚力

群体凝聚力即群体内聚力,是指成员被群体深深吸引,聚集并整合成一体的力量。群体凝聚力是作用于群体成员使之保持在群体内的力量,是群体发展水平的指标。高凝聚力群体成员表现的心理感受是对群体的认同感、归属感和力量感。群体成员的目标一致、志趣相投、心理相容和互补,以及外界的压力与威胁等。以大学生班级为例,特征之一是沟通畅快。班级成员之间善于沟通,及时沟通,信息交流频繁,相互之间了解深刻,整个班级关系融洽,民主氛围好。特征之二是班级有向心力。每一个学生都热爱自己的班集体,愿意参加班级的各项团体活动,在团体活动中以获得集体荣誉为荣,班级对每一个学生都有强烈的吸引力。特征之三是班集体中的每个学生都有较强的归属感与自豪感,主动承担更多的有助于班级发展的工作,关心班级的发展并注意维护班级的利益。

群体的凝聚力对任何一个群体的发展都具有重要的意义,它不仅能增强群体效能、实现群体目标,而且是群体存在的必要条件。一个丧失了凝聚力的群体,将不再能吸引它的成员,也将失去本身存在的意义。比如大学生社团内部如果成员之间不团结,对社团的目标无法形成共识,就不能产生高效的行动,社团就不能发挥应有的作用。

(二)沟通和激励对群体凝聚力及效率的影响

研究影响群体凝聚力的主要因素,目的在于运用和创造这些因素,增强群体凝聚力,提高工作效率。研究表明,群体凝聚力与工作效率之间并不存在正相关,即凝聚力高,可能提高工作效率,也可能降低工作效率,其关键在于群体规范的性质和水平。在一个凝聚力高的群体里,成员的行为高度一致,个人有较强的服从群体规范的倾向。如果这个群体的目标与组织目标不一致,则凝聚力与工作效率之间成负相关;反之,群体目标与组织目标一致,则二者成正相关。

反过来思考一个问题:缺乏凝聚力的群体有何表现呢?缺乏凝聚力的群体没有行动力,自然没有工作效率。还有群体内部没有过多的沟通,成员之间缺乏信任和感恩之心。如何提高群体凝聚力呢?第一,群体的领导者很重要。领导者要善于沟通,通过沟

通提高领导力,从而提高群体凝聚力。这里的沟通体现在多个方面,以大学生社团为例来说明。学生会各个社团的领导者要善于与社团内的成员沟通,尊重并信任社团的成员;社团领导者要学会倾听,在社团内培养相互尊重的氛围;社团领导者还要想办法促进社团内成员之间的沟通,比如通过团体游戏开展团队建设,鼓励成员之间互动和分享。社团内部相互间沟通越畅通,越全面,就越有利于提高群体凝聚力。第二,"赢得人心"的激励很重要。《周易》说"众人同心,其利断金",可见"赢得人心"对群体凝聚力和群体效率的影响,而"赢得人心"的有效手段之一就是恰当的激励。在讲群体士气时我们提到了目标激励,这里我们以情感激励中的赞美为例来说明激励对提高凝聚力的影响。曾任卡内基钢铁公司董事长的查尔斯·施瓦普说:"我很幸运地拥有唤起人们热忱的唯一有效的方法,就是赞美和奖励。……我绝不批评人,而是激励人自觉地去发挥他的作用。……只要我认为某个人出类拔萃,就会由衷地给予赞美,并且不惜拿出所有的赞美之词。"①正是由于他善于激励和赞赏自己的员工,才稳固地建立起了他的钢铁王国。赞美有巨大的作用,是最好的激励方式之一,如果大学生社团或班级的领导者能够充分利用好赞美的艺术,来表达对成员的关心和信任,就能提高成员的凝聚力和工作效率。

【课堂练习】

请分小组讨论如何提升班级的凝聚力,并给出切实可行的方法。

四、构筑"共同利益":群体压力与群体规范

(一) 什么是群体压力

群体压力就是指在群体中,多数人的意见对个人或少数人的意见产生的约束力、压力。这一定义的核心是个人服从集体,少数服从多数。因受到群体的影响和压力,故受压人群最主要的特征就是从众,他们的判断与行为倾向于多数人的意见。处于群体压力下的从众有四种表现:表里一致从众,表面上行动跟随群体,内心想法也表现为认同;表面从众,内心排斥,表面上行动跟随大家,内心想法却不认同;表面排斥,内心从众,行动上表现为唱反调,突出自己的特殊性,其实内心想法还是认同群体的;表里一致排斥,表面上行动与群体不一致,内心想法也不认同群体。

(二) 大学生群体压力与"共同利益"

处在群体中的大学生面临群体压力时,更多表现出表里一致的从众,其他三种情况

---

① 肖祥银. 管理心理学[M]. 天津:天津科学技术出版社,2018:157-158.

的从众现象也会有,但是比例通常较小。因为只有表里一致的从众对大学生个体和群体来说,常规情况下都是最能实现"共同利益"的。这里的"共同利益"对大学生而言具体表现为:第一,寻求安全感,远离恐惧。比如偏离群体的一般规范或制度从而影响群体利益时,不仅会遭受来自群体其他成员的排斥,还会感受到来自群体强大的压力,产生恐惧、内疚、自责等负面情绪体验,只有遵守群体规范,与群体保持一致才能得到群体的认可,消除恐惧感和不安全感。第二,有助于大学生适应社会生活。只有具有共同的话题、思想、价值观才能进行良好的沟通交流。对于大学生而言,如果不能与其他学生保持一致,就会被看成群体的"异类",容易被同学孤立。但是如果顺从大多数人的意见,就能融入集体中,获得归属感。对大学生所在的群体而言,如果群体中的每个大学生表面上行动跟随群体,内心想法也认同群体,有助于维护群体的完整性,维持群体的生存和发展,这就是群体的利益。值得注意的是群体压力对大学生的"利益"并不总是积极的,也有消极的影响,比如盲目从众会阻碍大学生的个性发展,不利于激发大学生的创造性思维;被动的从众可能导致大学生心理发展不平衡。所以大学生对群体压力下的从众要有自己的客观判断和选择。

  情景:艾华是一名准备考研的大四学生,虽然立下了考研的目标,每天也都去图书馆看书,自我感觉效率好像不高。学院为了鼓励同学们考研,十月份的时候给考研的同学准备了专门的自习室,建议大家每天到自习室学习。很多同学都加入了自习室考研大军,每天按部就班地集体学习。起初艾华并不想加入,虽然学院给出的建议是自愿参加,但他不想和大家一样。后来艾华跟随宿舍同学一起去自习室学习了一周后,越来越喜欢这种学习氛围。

  分析:最初艾华不想从众,不想和大家一样加入学院安排的考研自习大军,但是自己一个人的学习效率并不高,后来尝试像大家一样去自习室集体学习,感受到了集体氛围对学习的帮助,彻底从众。通过这个情景我们看到从众实现了大学生"考研路上有同学陪伴,不再孤单的利益"。

(三)什么是群体规范

  大一某班的同学们为了一次性全部通过全国大学英语四级考试,早晚自习秩序井然,没有迟到也没有早退的同学,且一进教室大家就不约而同地把手机放在讲桌上,认真地背单词,做阅读理解,班级学习氛围浓厚。

这个情景向我们展示了班级中一致的群体行为,"井然有序地上自习,不约而同地把手机放在讲桌上",班级的群体规范在潜移默化中形成了。群体规范是一种约束成员的准则,这种准则通过统一成员的信念、价值和行为,达到保障群体目标实现的目的。大部分群体规范都是在群体中自发形成的,被群体内的成员所公认,自愿遵守,并用这些行为标准调节自己的活动和行为。

(四)群体规范与"共同利益"

  群体规范对群体利益的实现来说,作用是明显的。首先,有助于群体的思想、行为等保持一致。群体规范有利于大学班级、社团等群体中每个成员的行为保持同一个步调,使班级、社团按照规范和谐发展,形成集体归属感和认同感。其次,有助于达成群体目标。群体规范确定了班级或社团中成员的活动内容,规定了班级或社团中成员的角色和职责,从而促进群体目标的达成。对班级或社团中的每个大学生来说,群体规范带来的直接利益是为成员个人提供安全的决策依据。群体规范具有认知标准化的功能,它像一把尺子,摆在每个成员的面前,使他们的认知和评价有一个统一的标准。作为个体,每个人都有自己独特的观点和看法,但成为群体中的一员后,每个个体既会表达自己的观点又会倾听组织的价值判断,因为从组织中可以获得认同感并满足自身的需要,在判断和评价上会和群体趋于一致,而且这种一致性是内在的、自觉的,成员间统一的意见和看法有助于个人决策。

五、平衡群体与个体:沟通与激励

人类一直是作为群居动物而存在的,即便强调个性独立,今天,个人也无法脱离群体单独存活,那就有必要处理好个人与群体的关系。马克思说:"人的本质不是单个人所固有的抽象物,在其现实性上,它是一切社会关系的总和。"这当然是指每个人在不同的群体中和他人关系的总和。每个人从生到死,都生活在各个不同的共同体之中,扮演着不同的角色。由大量的人聚合组成的不同群体精细化分工协作,造就了在地球上我们人类这个物种独有的灿烂文明。一个个独立的个体被凝聚起来组成不同的社会组织,发挥了巨大的作用,只有群体组织才能完成巨大的工程,一个人造不出飞机、轮船、机器……

群体组织给了个人以认同感和归属感。我们进入每个不同的群体,都必须遵守该组织显性或隐性的规则,组织利益大于个人利益,当组织利益大于个人利益时,个人必须牺牲自己的利益来成全组织利益。这既是个体责任的体现,又是实现个体与集体利益最大化的有效证明。

对每个大学生而言,一个组、一个班、一个宿舍、一个学校就是一个群体,每个个体的成长都离不开群体的作用。群体作用的发挥需要每个个体的沟通与合作,良好的沟通有助于发挥每个个体的优势,从而增强集体的力量。群体制定合理有效的激励机制有助于个体优势和能力的发挥。因此沟通和激励对于平衡个体和群体有重要作用。

本篇小结

本篇《团队素养:和合而立 求同存异》从游戏与团队建设入手,介绍了游戏在增进沟通促进心智发展方面的作用,分析了团队建设中善用沟通的几个关键点。在此基础上介绍了大学生团队合作的意义及以合作面向未来的准备,最后介绍了群体凝聚力、群体士气与群体效率的关系,并分析了沟通对群体士气的影响,通过沟通与激励来平衡群体与个体。在世界全球化发展的大趋势下,大学生良好的团队素养是当今社会衡量大学生综合素质的一项重要指标。合作精神与团队意识的培养有助于促进大学生的全面发展和健康成长。

【拓展阅读】

1. 艾伦·卡特勒. 领导力心理学[M]. 钱思玎,译. 北京:人民邮电出版社,2017.

2. 谢辉,陈曦,权良柱. 与团队共同成长的日子:大学生团队建设实战读本[M]. 北京:中国青年出版社,2007.

3. 叶舟. 聪明人是怎样沟通的[M]. 上海:立信会计出版社,2016.

4. 戴维·W. 约翰逊,弗兰克·P. 约翰逊. 合作的力量:群体工作原理与技巧:第10版[M]. 崔丽娟,王鹏,等译. 上海:上海人民出版社,2016.

5. 考米维斯,等. 大学生领导力:第3版[M]. 马海龙,等译. 北京:中国人民大学出版社,2014.

6. 孙晓敏. 群体动力[M]. 北京:北京师范大学出版社,2017.